U0637822

乐山师院科研处课题（XJR18002）研究成果
感谢教育部留学基金委"建设高水平大学"公派留学生项目
（201206180110）支持

2019乐山师范学院学术专著出版基金资助

美国S部落自治体制

American S Nation's Self-governance System

范薇———— 著

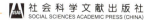

社会科学文献出版社
SOCIAL SCIENCES ACADEMIC PRESS (CHINA)

摘　要

　　作为美国历史的遗留问题，印第安人保留地是联邦体制下地位特殊又饱受争议的自治制度。从 19 世纪 30 年代建立至今，在联邦反复无常的印第安政策调整下，保留地经历了驱赶与隔离、同化、侵占、终止等阶段，终于在 20 世纪 70 年代随着《印第安民族自决与教育援助法》的颁布，走上了自治的道路。此后，印第安部落在与联邦政府的不断抗争中逐渐获得更多的自治权，进行了体制多样的自治探索。由于距离的关系，我国学界对美国印第安部落政府的自治发展知之甚少；因为部落与联邦政府间的历史仇恨和文化阻隔，美国主流学界对大部分尚未完全开放的部落政府也缺乏详细的个案研究。在此背景下，笔者历经艰辛通过美国西北海岸 S 部落的调研审批，对其自治体制进行了长达 2 年的田野调查。通过对文本分析、实地观察、问卷调查、结构性访谈和非结构性访谈等多种研究方法的运用，本书以公共治理的善治要素为依据，对 S 部落自治体制下各级机构的产生、领导、预算和人事管理机制进行了详细的分项考察，最后在总结 S 部落自治体制的独特经验与严峻挑战后，提出了有针对性的完善建议。

　　基于以上研究，本书得到了 S 部落各级机构在善治考察中的得分汇总表，发现全体成员大会、管理委员会和专门委员会三项中高层制度的经验多于不足，具有一定的制度优越性，而总经理和基层部门两项制度得分较低，存在严重的制度缺陷。

　　第一，作为 S 部落最高权力机关，全体成员大会绝对公开的议事过程和"一人一票"的表决制度，给予了部落成员平等的参与权和决策权。作为 S 部落最高纠纷解决和权利救济途径，全体成员大会使部落成员获得了足够的安全感。但大家族在人数上的天然优势影响了一部分成员的参会热情，加上 S 部落部分成员存在严重的吸毒和酗酒问题，导致全体成员到会率极低，参与性不足。此外，全体成员大会议事效率低下，缺乏对管理委员会决议、年度报告、预算报告及重大建设项目的审批权和否决权，从而导致对管理委员会的监督乏力。

第二，S 部落最高自治机关——管理委员会在产生机制（选举制度）上具有较为全面的优势，其法制完备、运行高效，但大家族的投票优势也损害了整体公平性。基于良好的选举制度和集体领导体制，管理委员会拥有较为公开、民主、平等的决策机制，公众对管理委员会的会议参与较多，互动良好。年度预算过程形式完备，公众参与充分。但在缺乏外界有力监督的情况下，管理委员会存在利用议程设置权和决议权日益集权的倾向，它对基层部门的设立和调整不受约束地频繁进行。管理委员会年度报告、预算报告和重大工程信息公开不足，缺乏外界的有力监督。另外，对管理委员会三大常任领导的预算也缺乏有效监督。

第三，在中层机构方面，S 部落的专门委员会和总经理制度存在一定的重合。专门委员会在提高公众参与的广度与效度、提高人才利用效率、降低行政经费、监督部门预算等方面经验显著。但部分委员会缺乏明确的制度规范，职权范围不清晰。多数委员由管理委员会任命的方式降低了公平性，削弱了公众监督力度。对口部门工作人员的加入也导致了"左手监督右手"的形式监督。总经理制度在信息透明性和效率性上表现优异。但由于缺乏明确的法律依据和细致的制度设计，总经理与"委员部长"们互为上级，难以形成有效监督，进而导致其与管理委员会的关系严重失衡，出现任期不稳、权威不足的情况。

第四，S 部落的基层结构存在最为严重的制度缺陷：缺乏统一组织法和主管任期制的约束，出现各自为政的"封闭集权"状态和部门间的巨大差异。通过对基层部门产生、领导、预算和人事管理四项机制的细分考察，笔者发现传统职能部门和新兴项目部在善治要素的各方面表现悬殊，亟待部落进行统一的管理和规范。

因此，本书建议 S 部落重组部落体制、完善各级立法、建设电子政府，从而在法治性、透明性、参与性、责任性、效率性和公平性上全面提升其自治水平。

　　由于首次海外调研的局限性和 S 部落政府的相对封闭性，本书在研究效度上还做不到完全准确。针对相对年轻、欠缺整体规范性的部落政府，本书设计的善治考察表也不够全面与深入。希望在未来对 S 部落的回访和邻近部落的对比研究中，弥补上述不足和缺憾。

Abstract

Indian reservation system in United States has being a historical issue that is unique and full of controversy. Since its formulation in the 1830s, the system has gone through the stages of expelling and isolation, assimilation, elimination, termination due to the constant policy adjustment from the federal government, and finally achieved the self-governance status after the release of the "Indian Self-Determination and Education Assistance Act" in 1975.

Since then, the Indian tribes have acquired more and more sovereign powers through consistent political fighting with the federal government, and developed their self-governance models under different systems. Due to the distance, Chinese experts merely knew about the development of such models of American Indian reservation system. Meanwhile, due to the the historical hatred and cultural resistance, detailed case studies towards the reservation system are lacked among the mainstream academia in the U. S.

This research went through a long and difficult application process and acquired the final approval from the S nation in the northwestern U. S. and conducted a 2-year field study about the self-governance system with the great support from China Scholarship Council. Through the methods of personal observations, surveys and in-depth interviews, this paper made a comprehensive introduction and deep examination of all the S Nation's institutions from the top to bottom, and present the data in an analytical table with 24 terms in 6 factors in accordance with the good-governance theory. Upon the analysis of strengthens and challenges faced by the S Nation self-governance model, this article formulated following suggestions for the improvement of the system:

First, as the supreme power institution of S nation, the General Council has the strength in engaging the participation and decision making of all the tribe members, which was based on its absolute openness during the discussion process and "one person one vote" voting policy without any limits or discrimination in the meetings. However, inadequate public participations and weak supervision on the governments' resolution, reports made the General Council not so powerful as it should be.

Secondly, the Business Council, the tribal governing body which leads the whole government, is quite open, democratic, participative and equal, which largely due to the excellent annual elections and collective decision-making mechanism. However, improvement should be made in the areas like preventing the aggregation of power through the resolution setting and decision-making, and information disclosure in all the officers' formal and informal reports, which should receive more outside substantial supervision.

Thirdly, Committees like the traditional systems are benefited from the expanding of public participation, reducing in the administrative costs and supervising the kinds of departments and programs; while the informal appointments of most committee members, especially when the relevant directors are also in the committee, jeopardized the neutrality and fairness of its supervising. The General Manager system also in the middle ground It is in urgent need of to resolve the systematic dilemma: on one hand, the manager has to manage some department directors who are elected in the Business Council, on the other hand, those directors have the final authority to decide whether to employ or fire him/her even during the arranged terms. Although the manager is very good at improving the total efficiency and standardization, due to him/her contradictory position, unstable term, weak authority, it is very difficult for him/her to perform the duties.

Fourthly, the departments and programs at the local level of S Nation also have many systematic defects: the lack of the tribal organization law made its establishment and adjustment quite informal and frequent. Some closely linked programs are managed through different departments and are in need of a unified reorganization. Without limits on the terms of service nor supervision and evalua-tion, the department heads often serve for many years and become so powerful that can challenge their superior, such as resisting the general manager. Besides, the traditional departments and emerging programs under federal standard have different performance in the participations, transparency, accountability and effi-ciency.

Finally, a list of suggestions were proposed to S Nation for improving their self-governance system: reorganize the whole system by adjusting all the institu-tions, complete the legislation frame to enhance the supervision and build the E-government to have a better transparency to promote more effective and efficient public participation and so on.

It is worth noted that this paper is not perfect in the reliability, which due to the incomprehensive analytic tables partly and as a foreign researcher who con-ducted her first field visit, S Nation is relative closure to the author. A subsequent survey at the possible revisit of S Nation and contrastive research with another tribes are expected to be done in the future.

目　录

第一章

导　论

第一节　选题背景及问题的提出

一　选题背景

众所周知，欧洲移民到达前，印第安人已在美洲大陆繁衍生息了上万年。悠久的历史、迥异的地理环境、不同的部族习俗，形成了印第安人丰富多彩的传统文化。虽然各部落习俗和文化千差万别，邻近部落也常常为了领地交战，但学者一致认为部落组织对所辖土地拥有完整主权。欧洲移民到达初期，均将各部落视为独立主权单位，与其进行谈判和条约签署，但随着双方力量的变化，欧洲移民逐渐撕下虚伪的面具，开始进行赤裸裸的暴力侵略。其后美利坚合众国独立，国家势力日益强大，联邦政府开始以冠冕堂皇的"印第安政策"持续对印第安部落领地进行贪婪的掠夺和侵害。从16～18世纪的侵略、19世纪的驱赶、20世纪上半叶的隔离与歧视，到如今有限度地支持自治，美国联邦政府的印第安政策如同钟摆一般反复调整，印第安人的生活也随着联邦的摇摆政策经受着激烈的动荡，无数文学和影视作品描述了他们的悲惨遭遇，如"失去了土地，失去了语言，失去了信仰，失去了生活，失去了一切"。[①] 根据2010年美国联邦政府人口调查，全美印第安人（含阿拉斯加土著）约2932248人，不足300万人，

---

① 李剑鸣：《文化的边疆——印第安人与白人文化关系史论》，天津人民出版社，1994。

约占美国总人口的 0.9%。① 他们从美洲大陆悠然自得的主人，成为名副其实的"少数民族"，分别属于 573 个被联邦认可的部落，其中只有约 100 万人居住于分布在全国的印第安保留地，不足总人口的一半。

作为一种特殊的自治制度，印第安保留地制度并非出于美国联邦政府明确的政策设计，它是 19 世纪 30 年代联邦政府为了将东部印第安人迁至西部，并将印第安人社区与白人主流社会隔离开来的歧视性措施。在 100 多年的发展过程中，美国印第安人政策几经变迁，历经迁移政策、份地政策、印第安新政、终止政策，直到 20 世纪 70 年代才逐步稳定下来。据美国联邦政府内政部印第安办公室官方网站的定义，美国联邦保留地是依据印第安部落与联邦政府签订的条约和其他协议、行政命令或联邦法律所形成的印第安部落的永久性家园，联邦政府代表部落利益对保留地享有托管权。依据认可的法规不同，目前美国有 326 个联邦保留地和 10 个左右的州保留地。② 保留地面积总计约 225410 平方千米，占美国领土面积（9629091 平方千米）的 2.3%。③ 自 1975 年国会通过《印第安民族自决与教育援助法》，美国联邦政府开始转变之前失败的印第安政策，尝试帮助各部落筹建现代政府，制定部落宪法，向着现代自治的方向发展。30 多年来，因为各自的历史、文化和发展不同，保留地的部落自治制度不仅不同于位处的州政府，即使相邻部落间也不相同。那么，在"自治"道路上发展近 40 年的印第安部落政府，到底是一个什么样的状况？是否如我们从影视或文学作品里看到的，依然处于原始和悲惨的境况？在综合实力居全球第一数十年的美国，命运多舛但又充满文化生命力的印第安部落是如何在与美国政府的抗争中进行自治探索的？印第安部落进行自治探索的经验和挑战是否可以作为我们进行民族行政研究的一个与众不同的样本？带着这样的思考，笔者申请了国家留学基金委"建设高水平研究生项目"出国留学项目，于 2012 年 10 月至 2014 年 8 月赴美学习，试图完成我国第一个对美国印第安保留地部落政府的实证研究。

---

① Karen R. Humes et al., Overview of Race and Hispanic Origin: 2010, Census Bureau of U. S. Department of Commerce Economics and Statistics Administration, 2011.

② 本书所提印第安保留地、保留地，均为联邦保留地。

③ 参见美国联邦政府内政部印第安事务办公室官方网站：http://www.bia.gov/FAQs/index.htm。

二 研究对象的选择

2012 年 5 月，笔者获得国家留学基金委"建设高水平研究生项目"公费留学资格，着手准备赴美学习。2012 年 10 月，笔者到达美国华盛顿州西华盛顿大学，开始在政治系奎斯特·潘瑞思（Kristen Parris）教授的指导下申请对 S 部落①进行实地调研。此中过程颇为曲折，因为潘瑞思教授与 S 部落没有直接的合作关系，在其引荐下笔者向政治系多位教授介绍了自己的研究计划，后来，与 S 部落关系良好的非裔教授沃伦·约翰逊主动提出帮忙联系。在其介绍下，笔者认识了位于 S 部落的某大学的大卫·奥威尔教授，在其帮助下了解到要进入 S 部落进行实地调研的申请程序和各项要求。此后，笔者先后向某大学学术审查委员会、S 部落文化委员会和 S 部落经济发展委员会进行研究计划陈述和答辩。经过 9 个月的漫长申请程序后，笔者终于于 2013 年 9 月获得 S 部落政府最高行政长官蒂姆·巴鲁的签字，最终通过审批，得以展开对 S 部落自治体制和政府管理的深度调研。

S 部落总面积 54378 平方千米。保留地建立基础为 1855 年 1 月 22 日美国联邦政府与印第安部落签订的《博英特·埃利奥特条约》（Point Elliott Treaty）。② 1855 年依据前述条约确定印第安保留地后，一些村庄和邻近部落的居民迁移到 S 部落，成为如今部落成员的先祖。1855 年保留地建立之前，当地人处于半定居的状态，随着季节更替迁往资源富足的地区，主要经济活动包括捕鱼、贝类渔业和野生植物采摘。村庄由政治和经济上独立的依赖亲属关系的"长屋"构成。"长屋"，指那些独立的家庭，它们虽拥有使用同一个雪松厚木板的屋顶，但是各自经济独立。虽然一个长屋内的家庭常常在一定类型尤其是那些需要大量劳动力的经济活动中相互协作，但是它们拥有各自独立的储存间，也各自烹饪。③ 总的来说，好几个长屋构成一定程度的"社区"，或者一个"家庭群落"。根据 1927 年听证会上的证词，1855 年签订条约时 S 部落有 19 个家庭群落、26 个长屋，每个长

① 应调研地审批要求，笔者提交了多份保密承诺，本书所有人名和地名均为化名或缩略名。
② 参见 S 部落的政府官方网站，但为保护研究对象，此处不公开相关网址。
③ Bernhard J. stern, *The S Indians of Northwest Washington*, New York: Columbia University Press, 1934.

屋有 8～10 个家庭单位。① S 部落与好几个邻近的部落说同一种印第安语言。② 很难说清楚这些部落自治和组织的程度，但比起和其他说不同语言的相邻部族，他们彼此通婚和联系的程度很深。③ 事实上，直到 19 世纪被白人赶进保留地，这些印第安人也没有部落的概念。在那之前，一个当地的印第安人以他/她所居住的部族为区分，身份与忠诚感常常扩展至其他邻近部落，但最主要的纽带是共同的语言和文化，而非统一的政治结构。因此，直到 1855 年条约签订，S 部落才成为一个可辨识和区分的"部落"。

如今作为美国联邦政府内政部印第安事务办公室认可的 573 个部落之一，S 部落拥有在册成员 4824 人，其中大约一半居住在保留地，再加上其他族裔，整个保留地居民约 2000 户，人口约 5000 人。④ 从保留地面积和人口方面来说⑤，S 部落属于一个中小型部落，但从政府规模来说，其代表性不容小觑，据不完全统计，2013 年 S 部落政府拥有全职雇员 1055 人，与保留地居民比约为 1∶5。预算方面，2005 年起随着保留地博彩酒店的开业，政府财政收入持续上涨，2013 年度预算接近 1 亿美元⑥，其中约 58%来自联邦和州政府的各项拨款和项目支持。与政府的"富足"相比，S 部落居民的受教育水平、就业率和收入水平仍堪忧。保留地内几乎没有个体经营的便利店和餐馆，但拥有巨额预算的政府在福利方面非常慷慨，保留地内"成员不花钱"的程度让笔者数次震惊：围绕保留地半岛循环往复的公交不收费，50 岁以上老人均可入住的养老院不收费，50 岁以上老人一日三餐前往养老院就餐不收费，中小学和幼儿园不收费，低收入成员上大学不收费，此外数目众多的援助项目还在住房、医疗、食物、就业、教育、健康、娱乐等各方面提供各种各样的补助。

但是，同困扰许多保留地的情况相似，毒品和酗酒问题的泛滥以及由

---

① Daniel L. Boxberger, *To Fish in Common*：*The Ethnohistory of S Indian Salmon Fishing*, Seattle and London.：University of Washington Press, 1999.

② Wayne Suttles, "Past-Contact Culture Change Among the S Indians," *British Columbia Historical Quarterly*, 1954, 93 (1－2), pp. 6－17.

③ Daniel L. Boxberger, *To Fish in Common*：*The Ethnohistory of S Indian Salmon Fishing*, Seattle and London：University of Washington Press, 1999.

④ 参见 S 部落经济与发展办公室经济分析师提供的粗略资料。

⑤ 参见 http：∥www. census. gov/prod/cen2010/briefs/c2010br-10. pdf。

⑥ 2013 年 S 部落年度预算总额约为 9982 万美元。

此引发的犯罪是阻碍 S 部落发展的主要因素。笔者从 S 部落行为健康中心
获得的接受戒毒治疗人数统计和从犯罪受害人中心取得的犯罪受害人统
计，显示了 S 部落面临的严峻挑战，如表 1-1 与表 1-2 所示。

表 1-1　S 部落接受戒毒治疗人数统计（2012～2014 年）

	统计区间	2012 年	2013 年	2014 年
年龄构成（人）	<14 岁	3	6	8
	14～16 岁	28	53	69
	17～18 岁	17	29	31
	19～20 岁	38	41	35
	21～30 岁	260	273	198
	31～40 岁	154	165	120
	41～50 岁	98	109	95
	51～65 岁	66	68	43
	>65 岁	4	4	2
	总计	668	748	601
民族构成（人）	S 部落人	603	674	532
百分比①（%）	印第安	90.27	90.10	88.52
与部落成员比（%）	部落成员（4824 人）	12.5	14.0	11.0

资料来源：S 部落行为健康中心。

表 1-2　S 部落犯罪受害人统计（2007～2013 年）

年度	家庭暴力犯罪（人次）	一般刑事犯罪（人次）	性侵犯（人次）	总计（人次）	与部落成员*比（%）
2007	132	35	44	211	4.37
2008	137	54	45	236	4.89
2009	167	54	51	272	5.63
2010	148	70	55	273	5.65
2011	198	81	60	339	7.03

① $\frac{接受戒毒治疗中的 S 部落成员数}{S 部落健康中心收治戒毒总人数} \times 100\%$

续表

年度	家庭暴力犯罪（人次）	一般刑事犯罪（人次）	性侵犯（人次）	总计（人次）	与部落成员*比（%）
2012	192	60	42	294	6.09
2013	167	42	37	246	5.10

* 截至 2013 年 12 月，S 部落在册登记成员为 4824 人。

资料来源：S 部落犯罪受害人中心。

三 研究问题的提出

通过正式的调研审批前，笔者已对 S 部落的社区生活和政府运作机制进行了一年的定向观察，获得一些初步印象后，笔者对 S 部落的自治体制产生了浓厚兴趣。随着美国联邦政府的反思和印第安部落的全国性联盟抗争，如今 S 部落到底有多大程度的自治权力？它又是如何构建自己的自治体制来实施这些自治权的？S 部落政府是如何进行架构设计、制度完善的？高达 1 亿美元的年度预算是如何被编制、通过、实施和监督的？拥有上千名雇员，近 1 亿美元预算的超级政府是否给不足 5000 人的部落成员带来了富足的生活？豪华气派如同星级宾馆的政府办公楼是否也意味着高效、规范、有序的办公秩序？部落成员对部落体制和部落政府满意吗？部落政府是否得到了大家的信任？是否每位成员都体会到了"当家做主"的权利？是否每位成员都能在部落的自治体制中找到自己的参与方式？在经过历史上各种悲惨、曲折的遭遇后，S 部落成员是否在 21 世纪的今天感到了生活在保留地的安宁与幸福？

因此，笔者希望通过深入的田野调查和分析，从以下几个层次找到答案。

第一，S 部落政府的自治体制是什么样的？与联邦政府一样实行三权分立体制吗？部落与联邦抗争多年，享有怎样的自治权？这些自治权是如何被实施的？

第二，S 部落政府的自治体制是如何构建的？从层级结构方面考察，从上至下它有几级结构？从职能结构方面考察，它有什么样的产生机制、领导机制、预算管理机制和人事管理机制？

第三，S 部落的自治体制是如何运转的？它符合我们对善治的期待吗？

我们对 S 部落自治体制的细分考察，结论如何？我们有何建议？

第四，S 部落自治发展的经验和教训给我们什么样的启示？

第二节　核心概念解析

一　印第安人、印第安部落与印第安保留地

（一）印第安人

印第安人（Indians）是对除因纽特人以外的所有美洲原住民的总称，传统上将其划归蒙古人种美洲支系，使用印第安语，包括十几个语族。多数学者认为，美洲印第安人是在大约 25400 年前分多批从西伯利亚经白令海峡到达阿拉斯加，逐步向南迁徙，一直抵达美洲最南端，散布于整个美洲。美洲大陆辽阔的地域、丰富的资源以及宜人的气候使得印第安人的祖先在那里居住下来。哥伦布 1492 年首次航行到达美洲时误以为到达了印度，因此将当地土著称为"印度人"[1]（西班牙语："Indios"），后人虽然发现了哥伦布的错误，但是原有称呼已经普及，所以英语和其他欧洲语言中称印第安人为"西印度人"，在必要时为了区别，称真正的印度人为"东印度人"。汉语翻译时直接把"西印度人"这个单词翻译成"印第安人"或"印地安人"，免去了混淆的麻烦，到目前仍为最普及的用法。不过到了 20 世纪，许多美洲国家印第安人的地位有了明显提高，一些政府机构或民间组织开始对"印第安人"这一名称进行"正名"，比如印第安人在加拿大往往被称为更加政治化的"第一民族"（First Nations），在美国也多被称为"美国土著居民"（American Natives）。据 2010 年美国联邦政府人口调查，现在美国的印第安人（含阿拉斯加土著）约 2932248 人，不足300 万人，占美国总人口的 0.9%[2]，分别属于全国 573 个被联邦认可的部落，其中大概只有 100 万人居住在印第安保留地，不足印第安人总人口的一半。

---

[1] 《美国的印第安人》，《世界知识》1964 年第 15 期，第 31 页。

[2] Karen R. Humes et al., Overview of Race and Hispanic Origin: 2010, Census Bureau of U. S. Department of Commerce Economics and Statistics Administration, 2011.

（二）印第安部落

印第安人世代生活在自然组成的社会组织中，即"部落"，历史上它是由血缘关系结合在一起的共同体，人们居住在一起，占据一方确定的领土，说一种共同的语言或方言，它是社会的、政治的和宗教的组织。[①] 通常认为，早期印第安人进入美洲的时间不同、背景各异，受地理环境、自然条件等方面的影响，逐渐形成了许多拥有不同语言、不同习俗、不同文化的部落团体，以及形态各异的生活和社会制度。

从历史和法理层面讲，印第安部落是与美国联邦政府缔结条约的平等主体关系（nation and nation），拥有天然的自治主权[②]；从实践层面讲，印第安部落现在属于美利坚合众国内的一种特殊行政实体，受美国国会立法调整，由美国联邦政府内政部印第安事务局具体管辖，与其所处的各州和地方政府之间是互不隶属的平等关系，部落政府享有内容广泛的高度自治权，包括完全的立法权、行政权和有限的司法权。[③] 美国目前有 573 个被联邦正式认可的部落[④]和 326 个联邦保留地，可见印第安部落与保留地并非一一对应关系，有的部落拥有不止一块保留地，有的保留地上有两个以上的部落，还有的部落没有保留地。

（三）印第安保留地

根据美国联邦政府内政部印第安办公室官方网站的定义，美国联邦保留地是依据与联邦政府的条约和其他协议、行政命令或联邦法律所形成的印第安部落的永久性家园，联邦政府代表部落利益对保留地享有托管权。依据保留地建立所依据的法规不同，目前美国有 326 个联邦保留地和 10 个

---

① 程德祺：《关于美国印第安人的若干问答》，《民族译丛》1980 年第 3 期，第 78～80 页。

② 美国联邦宪法承认"nation and nation"。

③ 此处说法有争议：依据美国联邦政府 20 世纪 70 年代以后颁布的一系列印第安法案和印第安办公室的官方网站定义，保留地与美国联邦政府的关系为"政府间"（nation and nation）。但实际上，因为保留地在地理上皆位于各州之内，在教育、医疗、治安等多项公共事务上与州政府往来频繁，许多联邦对部落政府扶助的项目资金皆借由州政府代为转发和管理，因此界内保留地较多的州一般也设有印第安办公室负责相关事务的联络与协调，但多被各部落政府视为非法的"管理"和"干涉"，对此不满。从法理上，笔者采纳美国联邦政府的定义，认为保留地是一种高度自治的行政实体，与州政府互不隶属。

④ 联邦认可部落，指因为符合联邦设立的一定条件而被内政部认可并登记在册的印第安部落，载于 Pub. L. pp. 103－454, Act of Nov. 2, 1994。

左右的州保留地，保留地面积总计约 225410 平方千米，占美国领土面积
（9629091 平方千米）的 2.3%。美国大部分的保留地位于密西西比河以西
地区，土地贫瘠、位置偏僻。有 12 个保留地面积比最小的罗得岛州还要
大，9 个保留地面积大于第二小的特拉华州。① 纳瓦霍保留地（Navajo）是
美国最大的印第安保留地，其面积与西弗吉尼亚州接近。

二　印第安部落自治权与自治体制

（一）主权、自决权与自治权

英语文献中与印第安部落有关的权力通常围绕"主权"（sovereignty）、
"自决"（self-determination）和"自治"（self-governance）三个既有联系又
有区别的概念。

主权，是一个国家对其所管辖的区域拥有的至高无上的、排他性的政
治权力，是对内立法、司法、行政的权力来源，对外保持独立自主的一种
力量和意志。② 主权原则是国际法确认的一项普遍的宪法原则。众所周知，
印第安部落在欧洲移民到达前在美洲大陆持续了长期的部落生活，虽然各
部落习俗千差万别，邻近部落也常常为了领地相互交战，但学者一致认为
部落组织对所辖土地拥有完整主权。欧洲移民到达初期，均将各部落视为
独立主权单位进行谈判和条约签署（即使是交战前后的谈判），但随着双
方力量的变化，欧洲移民开始进行赤裸裸的暴力侵略。20 世纪 70 年代，
美国民权运动高涨，受黑人民权运动的影响，印第安部落也成立了大量联
合组织，开始要求美国联邦政府认可部落主权。③ 虽然 1975 年美国国会通
过了《印第安民族自决与教育援助法》，将联邦政府与印第安部落的关系
明确为"政府间"关系，但在实践层面，美国政府、国会和最高法院仍然
用各种方式使印第安部落沦为非独立的主权实体。

自决权又称"民族自决权"，并非特指少数民族自决，它产生于法国
资产阶级大革命时期，广泛传播于第一次世界大战后世界范围内的殖民地

---

① 参见 http://www.bia.gov/FAQs/index.htm。
② 张文山：《论自治权的法理基础》，《西南民族大学学报》（人文社会科学版）2002 年第 7
　期，第 1～15 页。
③ 吴洪英：《试论美国政府对印第安人政策的轨迹》，《世界历史》1995 年第 6 期，第 26～
　33 页。

独立运动，后正式发展为一项重要的国际法原则。如 1945 年《联合国宪章》第一条第二项宣布："发展国家间以尊重人民平等权利及自决原则为根据的友好关系，并采取其他适当办法，以增加普遍和平。"1952 年联合国通过了《关于人民与民族的自决权》，认为："人民与民族应先享有自决权，然后才能保证充分享有一切基本人权。"1966 年《公民权利与政治权利国际公约》与《经济、社会与文化权利国际公约》明确说明："所有人民都有自决权。他们凭这种权利自由决定他们的政治地位，并自由谋求他们的经济、社会和文化的发展。"1970 年《国际法原则宣言》也规定："一个民主自由决定建立独立自主的国家，或与某一独立国自由结合与合并，或采取任何政治地位，均属该民族行使自决权的方式。"1975 年，美国国会通过了对印第安部落自治影响深远的法律——《印第安民族自决与教育援助法》。2010 年，斯蒂芬·康纳尔（Stephen Cornell）与约瑟夫·P. 坎特（Joseph P. Kala）教授在哈佛项目的一个重要报告以"美国印第安自决：一个成功的政治经济政策"为题，认为"自 20 世纪 70 年代，美国联邦的印第安政策向着通过联邦认可的部落进行自治建设来促进自决的方向发展"。此报告对自治与自决的区分跟笔者一致：自决是部落主权的实现形式和最终目的，自治是自决的手段与初级状态。2013 年的《美国印第安人与爱尔兰帕韦人：通过公平和负责的警察服务获得自决权的斗争》[①]，从社区警察服务的体制、历史和发展论述了美国印第安部落与爱尔兰帕韦人在争取民族自决权过程中的相似性和区别。其中特别强调了美国印第安部落的优势：基于部落与联邦政府的合约以及美国法律的明文认可，二者"政府间"的关系被确定，从而拥有无可争辩的主权与自决权。

"自治"一词是 18 世纪末由欧洲传入中国的，从英文"autonomy"而来。而"autonomy"由希腊语"autonomia"一词演变而来，原义是指"独立、自主"。《牛津词典》中将"autonomy"译为"the right of self-governance or management of one's own affairs"，可见"autonomy"与"self-govern-

---

① Eileen M. Luma-Firebagh，"American Indians and the Pavee of Ireland：The Struggle for Self-Determination Through Fair and Accountable Police Services," *American Indian Quarterly*，2013（1），pp. 317–339.

ance"可混用，均译为中文的"自治"。《辞海》关于"自治"有五种解释：第一，自行管理或处理；第二，修养自身的德行；第三，自然安治；第四，犹自营；第五，民族、团体、地区等除了受所隶属的国家、政府或上级单位领导外，对自己的事务行使一定的权力。显然，民族自治应取第一种意思，指民族国家拥有的自行管理自身事务的权力。美国联邦政府和学界常常在印第安问题上混用"自决"和"自治"，但笔者认为，在中文语境和背景下，二者内涵相同，外延和权力属性存在重大区别。自决权暗含主权原则，与殖民（colonization）对立，是一个国际法概念。① 印第安部落的自决权指部落可以选择自身的政治制度、社会组织形式和文化发展路径等宏观权力。自治权是一个国内法概念，指一种具体的国家内部管理制度，与"他治"对立。②

（二）印第安部落自治权

米里亚姆·乔根森在《主权与部落建设：今天印第安世界的发展挑战》③ 一文中指出，印第安部落自治权是在联邦体制下，部落享有独立管理部落内部事务、不受联邦和州政府干涉的自由④，具体包括以下几个方面。

第一，组建部落政府：各部落可以根据自己的具体情况选择部落的政权组织形式，制定属于本部落的宪法，行使与其他政府相似的职能。

第二，制定部落的入籍标准：依次厘定不合格成员，接纳新成员，确定部落成员所能享受到的待遇等。

第三，管理部落土地：印第安人保留地上的土地有三种类型，一为联邦政府托管地，二为部落或部落成员所有地，三为非部落成员所有地。部

①　张文山：《论自治权的法理基础》，《西南民族大学学报》（人文社会科学版）2002 年第 7 期，第 1~15 页。
②　张文山：《论自治权的法理基础》，《西南民族大学学报》（人文社会科学版）2002 年第 7 期，第 2 页。
③　Miriam Jorgensen, *Rebuilding Native Nations-Strategies for Governance and Development*, Arizona: The University of Arizona Press, 2007.
④　根据历史上印第安部落与美国联邦政府签订的一系列协议及 1975 年《印第安民族自决与教育援助法》对部落与联邦"政府间"关系的认可，不少学者和印第安人认为印第安主权、自决权和自治权发展的最终目标是完全独立于美国联邦政府，其关系受国际法而非美国宪法和法律调整。

落政府行使与其他政府在其领土上应有权力的相似权力，其独特之处在于部落拥有两种其他政府所没有的土地，即托管地与印第安人所有地，并能够管理这些土地上的资源。

第四，管理印第安人私有土地：根据部落的整体利益调整非印第安人个人对其在印第安人保留地内土地的使用方式，确定私人土地的继承人，征用私人土地，对保留地上居民包括非印第安人的商业活动征税和制定一定的卫生、安全和就业规则等。

第五，司法权：部落政府可以拥有自己的法律体系，既可以是传统形式也可以是现代形式，后一种形式主要是在 1934 年《印第安人重组法》颁布后组建，而且各个部落的法律制度在健全程度上也不一致，并非每一个印第安部落都有上诉法院，保留地上的印第安人拥有排他的民事司法权和一部分刑事司法权，保留地上非印第安人一般没有刑事司法权。

第六，征税权：对保留地上的印第安人，部落政府具有征税的专有权力，而对非印第安人的征税近年来受到了越来越多的制约。

第七，管理保留地上经济和贸易活动的权力：部落政府有组建部落公司的权利，并可以在内政部的监管下开发本部落土地上的资源；与印第安事务局签署贷款、出售产品的协议；采取优惠措施吸引外资进入保留地；对保留地上的印第安人和非印第安人的经济活动拥有广泛的管理权；部落政府可以在国会的明确授权下管理酒类、烟草等在保留地的专卖事务。

第八，对非部落成员活动的管理。

（三）印第安部落自治体制

自治体制，指有自治权的组织进行机构设置和自治权力划分的制度。印第安部落自治体制即印第安部落实际选择的以实施自治权的配置方式。如前所述，由于各部落地理环境、风俗习惯、传统文化以及同白人社会接触时间等各方面的差异，印第安部落的自治体制呈现极其丰富的形态。个别规模较大、同白人社会接触较早的部落选择同联邦政府类似的三权分立体制，建立相互牵制的部落法院、部落议会和部落政府[①]，如纳瓦霍部落；

---

① 但这些部落常被批评丧失了印第安部落的传统与文化，被视为被白人社会同化。

规模较小的部落有的仍沿用传统的酋长制，有的采用集体领导的委员会制，后者如本书研究的 S 部落。

三 善治

（一）何为治理？[①]

英语中的"治理"（governance）一词源于拉丁文和古希腊语，原意是控制、引导和操纵。长期以来它与"统治"（government）一词交叉使用，并且主要用于与国家公共事务相关的管理活动和政治活动中。但是，自 20 世纪 90 年代以来，西方政治学和经济学家赋予"governance"新的含义，不仅其涵盖的范围远远超出了传统的经典意义，而且其含义也与"government"相去甚远。它不仅在英语世界使用，并且开始在欧洲各主要语言中流行；不再局限于政治领域，而是广泛作用于社会经济领域。1989 年世界银行在概括当时非洲的情形时，首次使用了治理危机（crisis in governance），此后治理一词便被广泛地用于政治发展研究中，特别是被用来描述后殖民地和发展中国家的政治状况。

在关于治理的各种定义中，全球治理委员会的定义具有很大的代表性和权威性。该委员会于 1995 年发表题为《我们的全球伙伴关系》的研究报告，对治理做出了如下界定：治理是各种公共的或私人的机构管理其事务的诸多方式的总和。它是一个使相互冲突的或不同的利益得以调和并且采取联合行动的持续的过程。这既包括有权迫使人们服从的正式制度和规则，也包括各种人们同意或者认为符合其利益的非正式的制度安排。它有四个特征：治理不是一整套规则，也不是一种活动，而是一个过程；治理过程的基础不是控制，而是协调；治理既涉及公共部门，也包括私人部门；治理不是一种正式的制度，而是持续的互动。

（二）何为善治？

善治即良好的治理，起源于治理理论的飞速发展。学者发现治理可以弥补国家和市场在调控和协调过程中的某些不足，但也不是万能的，在社会资源配置中不仅存在国家的失效和市场的失效，也存在治理失效的可

---

① 俞可平主编《治理与善治》，社会科学文献出版社，2000。

能。那么，如何克服治理的失效，如何使治理更加有效等问题便自然而然地摆到了学者面前。不少学者和国际组织纷纷提出了元治理（meta-governance）、健全的治理、有效的治理和善治等概念，作为对上述问题的回答，善治理论最有影响。尽管人们还在争论之中，但概括地说，善治就是使公共利益最大化的政治管理过程，它的本质特征在于政府与公民对公共生活的合作管理，是政治国家与公民社会的一种新型关系，是两者的最佳状态。最完美的治理，应使社会制度的设计与运行实现经济学意义上的帕累托最优。虽然很难实现，但应成为各个社会组织追求的目标。[①]

（三）善治的普适性与必要性

面对全球化和不确定性日益增加的大变革时代，各个发达国家和发展中国家都在寻找一种更好地适应环境的新治理形式，以便在经济竞争中赢得优势并让社会获得有质量的持续增长。治理理论正成为回应这一变革的强势政治理论话语，支持这一话语体系的价值观和与之相一致的知识文本，修正了主流政治学的统治理论，并在全球范围获得政治家、学者以及官员、实业家的共识。

全球化正成为我们这个时代的最主要特征，全球化的重要特征之一是跨国组织和超国家组织的影响日益增大，民族国家的主权及其政府的权力日益削弱。随着民族国家传统政府权威的削弱，善治的作用日益增大。这是因为国际社会和国内社会在全球化时代同样需要公共权威和公共秩序，但它是一种新的公共权威和公共秩序，不可能由传统的国家政府来创立，只能通过善治来实现。

善治是民主化进程的必然后果，民主化是我们这个时代的政治特征，也是人类社会不可阻挡的历史潮流。民主化的基本意义之一，是政治权力日益从政治国家返还给市民社会。政府权力的限制和国家职能的缩小，并不意味着社会公共权威的消失，只是这种公共权威日益建立在政府与公民相互合作的基础之上。所以，作为公民与政府最佳合作形式的善治势必将日益取代善政，成为我们这个时代的理想政治模式。

[①] 俞可平：《治理与善治：一种新的政治分析框架》，《南京社会科学》2001 年第 9 期，第 40～44 页。

（四）善治的基本要素

关于善治的基本要素，虽然其内涵大体一致，但是各国学者的表述却不尽相同。

1999 年，蒂姆·普伦普特里（Tim Plumptre）和约翰·格雷厄姆（John Graham）在文章《治理与善治：国际和本土的观点》① 中提出，善治的内涵可能包括宪政合法性、民主选举、尊重人权、法治、政治开明（公开）、政策稳定、公平宽容、公共参与、司法独立、财政透明、杜绝腐败、积极和独立的媒体、信息公开、行政合格、行政中立、回应等。

2000 年，托马斯·G. 威斯（Thomas G. Weiss）在《治理、善治和全球治理：观念和实践的挑战》② 一文中提出，善治应包括政治上的参与、负责和回应，经济上的公平、竞争和非歧视，以及公民社会的自组织。

2001 年，弗朗西斯·N. 波奇威（Francis N. Botchway）在《善治：过去、现在、原则和要素》③ 中指出，善治的要素为民主、法治、法制、行政化、分权和合理性。

同年，学者俞可平在《治理与善治：一种新的政治分析框架》④ 中将善治理论引入中国，将善治的要素归纳为合法性、透明性、责任性、回应性、法治性和有效性。但在文中他也指出，这些要素有时彼此重合，如责任性和回应性。

2002 年，哈佛大学梅丽琳·S. 格林德尔（Merilee S. Grindle）教授在《足够好的治理：发展中国家的扶贫和改革》⑤ 中指出，善治的要素包括行政能力、分权和制衡、协调的政策制定体系、公信力、分权、高效的机构、司法和监督、环境保护、新闻自由、法治、公平、信息公开等 29 项。

① Tim Plumptre & John Graham, "Governance and Good Governance: International and Aboriginal Perspectives," *Institute on Governance*, December 1999.
② Thomas G. Weiss, "Governance, Good Governance and Global Governance: Conceptual and Actual Challenges," *Third World Quarterly*, 2000, 21 (5), pp. 795 - 814.
③ Francis N. Botchway, "Good Governance: The Old, the New, the Principle, and the Elements," *Florida Journal of International Law*, 2000 - 2001, 13, pp. 159 - 210.
④ 俞可平：《治理与善治：一种新的政治分析框架》，《南京社会科学》2001 年第 9 期，第 40 ~ 44 页。
⑤ Merilee S. Grindle, "Good Enough Governance: Poverty Reduction and Reform In Developing Countries", Report of the Poverty Reduction Gruop of the Word Bank, 2002.

2006 年，耶鲁大学丹尼尔·C. 艾斯蒂（Daniel C. Esty）教授在《超越国家范围的善治：行政法的全球化》① 中指出，跨国界的善治基础为民主合理性、结果导向的合法性、秩序导向的合法性、系统合法性、结果合法性和程序合法性。

综合以上各家观点，笔者采取以下要素为善治要求，作为本书分析的理论框架。

第一，法治性。法律是公共政治管理的最高准则，任何政府官员和公民都必须依法行使权利，法律面前人人平等。对一个公共组织法治性的考察包括静态的立法层面和动态的执法层面。从静态的立法层面看，法治性要求一个公共组织具备完备、清晰和稳定的法律框架和制度基础；从动态的执法层面看，法治性要求管理人员严格按照法律规定履行义务和职责。

第二，透明性。指政府信息和决策过程的公开性。每一个公民都有权获得与自己的利益相关的政府政策信息，包括立法活动、法律条款、行政预算、公共开支以及其他有关的政府信息。透明性要求上述这些信息能够及时通过各种媒体为公民所知，以便公民能够有效地参与公共决策过程。② 评价一个公共组织的透明性需要考察多个方面。从静态层面讲，需要考察信息和文件公开的广度和深度。从动态层面讲，需要考察决策的机制、过程和结果是否公开。同时，从公开的对象看，还可分为内部公开性和外部公开性。

第三，参与性。行政参与性是衡量一个公共组织民主性的重要指标。考察的要素是公众参与公共事务的广度和效度。从参与的广度方面考察，参与性意味着参与公共决策的人数、次数、渠道的多寡；从参与的效度方面考察，参与性意味着公众能否有效地推动公共政策议程，是否享有提出动议、讨论和修改议案，从而最终表决一项公共决策实施与否的权利。③

---

① Daniel C. Esty, "Good Governance at the Supranational Scale: Globalizing Administrative Law," *The Yale Law Journal*, 2006, 115（7）, pp. 1490 – 1562.

② 俞可平：《治理与善治：一种新的政治分析框架》，《南京社会科学》2001 年第 9 期，第 40 ~ 44 页。

③ Gene Rowe & Lynn J. Frewer, "Public Participation Methods: A Framework for Evaluation," *Science Technology & Human Values*, 2000, （1）, pp. 3 – 29.

第四，责任性。责任性指公共管理人员及管理机构由于其承担的职务而必须履行一定的职能和义务。没有履行或不适当地履行，就是失职，应当承担一定的责任。一个成熟的公共管理制度，应当制定严格的问责机制，以监督公职人员和管理机构的责任性。从监督主体与责任主体的关系方面看，责任性可体现一个公共组织的内部监督机制和外部问责机制；从责任承担的方式方面看，责任性可体现一个公共组织是否承担违宪责任、行政诉讼责任等。

第五，效率性。效率性指公共组织和工作人员从事公共管理工作时所投入的各种资源与所取得的成果和效益之间的比例关系。具体而言，行政效率包括两个方面的要求：其一，达成管理目标的经济性问题，即如何最大限度地降低管理成本，以现有的资源提供更多、更好的服务；其二，达成管理目标的时效性问题，即如何以最低的时限来维持服务的水平。[①] 因此，在时效性层面，需要考察一个公共组织沟通的时效性和决策的时效性；在经济性层面，需要考察一个公共组织的规模、预算收支情况。

第六，公平性。公平性就是一个社会的政治利益、经济利益和其他利益在全体社会成员之间合理而平等的分配，它意味着权利的平等、机会的均等、分配的合理和权利救济（司法）的公正。公平是每一个现代社会孜孜以求的理想和目标，因此，许多国家都在尽可能加大公共服务和社会保障力度的同时，高度重视机会和过程的公平。

（五）关于善治理论的争议

美国印第安学者安吉拉·R. 赖利（Angela R. Riley）于 2007 年 6 月在著名的《哥伦比亚法律评论》上发表长文《土著善治》[②] 抨击全球化的善治理论是一种新形式的文化入侵和强权，土著部落的自治无须遵守国际通行的善治理论，最后提出"土著善治"的要求，即建立在各部落传统和文化基础上的，满足成员和社区公平、平衡发展的治理。

笔者对此观点持否定态度。根据笔者的调研，善治理论的内涵并没有抵触印第安部落的传统与文化，相反，部落政府在 21 世纪要提高自治水

① 周志忍：《行政效率研究的三个发展趋势》，《中国行政管理》2000 年第 1 期，第 37~40 页。
② Angela R. Riley, "Good Native Governance," *Columbia Law Review*, 2007, 107 (5), pp. 1049 - 1125.

平，争取更大的主权，则应该在国际善治理论指导下加强自身建设，理由如下。

第一，就笔者所调研的 S 部落政府而言，年度预算中超过 50% 的来自联邦资金和各种外部福利项目的支持。预算不独立导致部落政府必然与外界紧密联系，从根本上无法关起门搞"独立王国"。同时，联邦政府资金和各种福利项目的支持依赖于部落对相关资金的管理和服务水平，大多数项目都有严格的年度审计。① 如果部落政府能够在国际通行的善治理论指导下完善部落管理，加强政府的透明、效率、参与、公平、责任等各项指标，那么部落政府就可以争取更多急需的财政支持和项目帮助，反之亦然。

第二，自 20 世纪 70 年代以来，政府改革运动在全球兴起，西方国家、新兴工业国家、转轨国家和发展中国家，都不可避免地被卷入这股改革浪潮中，形成了世界范围内的改革趋势，被形象地称为"重塑政府""政府再造"。作为美国的历史问题，联邦体制下的"国中之国"——印第安部落政府也不应回避这股全球化的改革浪潮。经济发展较为滞后、健康问题较为严重、文化较为单一、受教育水平偏低的印第安部落政府的建设和发展更值得我们关注和研究。

第三，善治理论是一种宽松的理论模式。如前所述，各国学者提出了关于善治的不同要素。有的仅三四项要求，有的则多达 29 项甚至上百条细分项。因此善治理论并非一种死板、教条的定量指标，而是一种弹性的分析框架和价值导向。笔者通过为期两年的调研，发现 S 部落政府工作人员和一般部落成员并不抗拒善治理论的内涵，其"参与""公平""透明"等要素与部落传统文化高度吻合，"法治""效率""责任"等现代化要素也符合广大部落成员对政府工作部门的期待。因此，以文化抵触拒绝善治理论的学说并没有实际调查的依据。

第四，美国华盛顿大学著名人类学家郝瑞教授②指出："人类学研究要

---

① Catherine Curtis & Miriam Jorgensen, American Indian Tribes's Financial Accountability to the United States Government: Context, Procedures and Implications, This is an Excerpt From Setting the Agenda for Change in the Aboriginal Policy Research Series, Thompson Educational Publishing, 2013.

② 周悦、朱高磊：《访美国著名人类学家郝瑞——在比较中才能真正了解本民族文化》，《中国社会科学报》2010 年 7 月 22 日，第 5 版。

坚持文化相对论与文化中心主义的结合，即在理解一种异质文化与对其进行价值判断之间找到一种平衡。如果只强调文化相对论，一味地解释、理解，拒绝价值判断会导致人文学者丧失良知与社会责任的风险（如对贩毒集团的解释）；但没有在完全理解的基础上进行评判则带来众所周知的文化沙文主义（如历史上对少数民族文化的判断）。因此掌握这个平衡点很重要，关键是先理解。理解不一定是谅解，但是要先理解才能够去判断。这是一个在实践中很难但又必须坚持的原则。"

第三节　研究设计

一　研究视角

（一）微观考察视角

印第安问题是美国历史中一段无法忽视的污点，印第安部落与美国联邦政府的关系在经历长期的对立、敌视、歧视后终于从 20 世纪 70 年代发展出较为健康的新型关系。本研究着眼于一个印第安部落的内部自治体制，旨在通过对部落政府的结构和运转考察，找出制约其长足发展的制度困境。因此，虽然部落政府与美国联邦政府的外部关系是部落自治的法理基础，二者复杂的历史关系是任何研究印第安问题的学者无法忽视的宏观背景，但二者之间众所周知的政治矛盾及文化冲突已被政治学家和历史学家等深入论述，从而不再是本书的研究重点。本书期待通过对"S 部落"的详细个案考察，说明即使是历史上遭遇了悲惨侵害的印第安部落政府，仍然是现代化进程中的一种"政府组织"，对其研究不能脱离现代行政管理的基本理念与方法。为了尽可能了解甚至比较数目众多的印第安部落政府的自治发展，我们有必要建立一种具有普遍性和推广性的考察方法去深入地了解并分析其自治发展的水平。

（二）批判性考察视角与伦理困境

中外学界从政治学、历史学、民族学和社会学等角度出发，对印第安进行了研究，其中充满了"同情"，只要涉及印第安发展中的挑战和困境等负面因素，必会论述美国联邦政府历史上对其进行的残害和深层次的隔离与歧视，但对其部落自身的问题，尤其是制度上的不足，似乎不忍深究。笔者作为行政管理专业的学生，深受制度主义学派的影响，因此对任何政府机构的设置和运行都不由自主地带着批判性眼光，总期望找到研究的政府机构制度设计的不足和运行的障碍，并提出有针对性的建议。因此，调研过程中笔者不断遇到这样一个伦理困境：部落中的大多数受访者基于信任提供了不计其数的帮助，但笔者在了解大致情况后总是试图探索更多的"负面信息"。对比较熟悉的访谈对象来说，这样的行为涉嫌伤害他们的个人感情，有部分成员委婉地表示"你的问题也许让人不舒服"；对尽职的政府雇员来说，笔者又好似一个"工作间谍"，总是尽力打探部落政府的选举、预算等决策的详情。另外，笔者也在调研过程中无数次反省：自己是否带着"有色眼镜"？能否从一个客观公正的视角进行研究？总之，这样的伦理疑惑自始至终给笔者带来困扰。但是，当两年的调研结束，笔者全面整理访谈记录后，发现自己的研究初衷获得了绝大部分受访者的理解。他们不但没有恼怒于笔者一而再再而三的"打探"，反而深信此研究或将有助于他们对部落自身问题的发现及其未来的发展。数位受访者填写问卷后表示："你的问卷虽然很长，但很有意思。"一位部门主管甚至在邮件中写道："谢谢你的研究，做完你的访谈我思考到许多以前从没注意的问题。"

二　研究方法

本书试图完成一个典型的实证研究，涉及多个学科的相关理论，也交叉使用了几个比较典型的研究方法。

（一）文本分析法

本书主要运用文本分析法对调研地的法律文本、政府工作报告、预算报告和官方报刊等文本进行分析，具体包括：

第一，通过对 46 部部落法律的文本分析，对 S 部落的自治体制、政策法规和立法水平有了全面掌握，并进行了详尽的法治性分析；

第二，通过对 1925～2013 年部落管理委员会委员历史的统计，进行了部落选举的公平性考察；

第三，通过对 2011～2014 年选举特刊的文本分析，掌握了 S 部落选民变化和竞选人情况，主要进行了透明性分析；

第四，通过对 1979～2013 年 S 部落政府工作报告的文本分析，尤其是对 2011～2013 年报告的详尽对比，掌握了 S 部落政府的发展水平，主要进行了透明性和责任性分析；

第五，通过对 2011～2014 年预算报告的比较，得到了 S 部落预算收入和支出的变化，主要进行了预算管理机制的透明性分析；

第六，通过对 2012～2014 年 S 部落通讯部编辑和出版的官方报刊《S 部落人》共计 60 期的文本分析，收集了 S 部落政府官方宣传的重点和主要工作事项，主要进行了调研数据补充以及透明性和参与性分析。

（二）田野调查法

1. 实地观察

2012 年 10 月至 2013 年 8 月，调研通过正式审批前，笔者以远距离观察为主，如以西华大学学生身份参加民族大学课堂；关注在公共听证会上露面的 S 部落成员及其发言；参与部落开放型文化集会等。2013 年 9 月至 2014 年 8 月，获得正式的调研同意后，笔者以参与式观察为主，暴露研究者身份，参加了部落公开的听证会、集会、葬礼和其他重要活动等。在历时两年的各种场景观察中，笔者对 S 部落的社区生活和自治体制有了深切体会，并在此基础上逐步完善了研究计划和方法设计。表 1－3 是笔者观摩 S 部落文化活动一览，由于政府召集或举办的全体成员大会、管理委员会公开会议、部门公共听证会和研讨会列表在第三至六章的具体分析中有涉及，因此不在此重复统计。

表 1－3　笔者观摩 S 部落文化活动一览

时间	地点	事由	主办方	参与人数	备注
2012－10－5	贝林汉某中学	铁路扩建工程听证会	县政府	1000 人	民族服装，敲鼓，极力反对
2013－2－8	大学会议室	电影会	大学	200 人	白人同学很尴尬
2013－3－27	大学会议室	传统编织课程	大学	200 人	很热闹
2013－4－6	部落大厅	葬礼	死者家属	300 人	肃穆
2013－5－10	部落大厅	母亲节帕瓦舞会	部落政府	500 人	热闹

续表

时间	地点	事由	主办方	参与人数	备注
2013－5－26	城市游行	花车	县政府	上万人	传统服装，渔船
2013－6－14 至 2013－6－16	部落海滩	Stomish 划船节	部落	上千人	社区年度活动
2013－10－4	S 部落大厅	独木舟祭祀活动	乔治家族	上百人	传统文化，禁止拍照
2013－10－28	博彩酒店宴会厅	竞选人辩论	部落通讯部	500 人左右	全民参与
2013－11－4	西华大学学术中心	印第安文化	西华大学少数族裔社团	100 人左右	娟丽塔女士讲话
2013－11－25	大学某教室	传统技艺交流：打猎	大学	30 人左右	开放
2014－5－9	西华大学体育馆	帕瓦舞会	西华大学社团	300 人左右	通过跳舞交朋友
2014－5－22	部落学校	"第一条三文鱼"纪念	部落政府	800 人左右	全校人员参加
2014－6－19	部落海滩	Stomish 划船节	部落	上千人	社区年度活动

资料来源：笔者调研过程。

2. 问卷调查

第一年初步观察后，笔者大幅修改研究计划，根据逐步提出的研究问题，设计了包含 72 个问题的较长问卷（详见附录 3），从 2014 年 2 月开始，笔者在 S 部落自行发放。为了使发放更为自然，笔者从国内带去了由京剧脸谱和中国结组合而成的小礼物。具体发放有以下几个渠道。

第一，去政府办公室约访某位工作人员时，对办公室的所有工作人员进行发放。这种发放方式的优点是回收问卷很方便，笔者可以定时去询问问卷是否填写完毕。一般每周问一次，问过两遍之后，愿意填写问卷的人都会交还填写完毕的问卷。这种问卷发放方式的缺点是，笔者无法在一旁"督促"受访者完成问卷，因此问卷回收率不高。此外，对于一些理解有误的问题，受访者无法及时咨询笔者。

第二，对政府大楼大厅闲坐的人进行发放。此种发放方式的难度之一是受访者对笔者来说大多是初次见面的陌生人，笔者需要用较长的时间对问卷的内容和调研的主题进行介绍。此种方式的优点是一旦受访者同意，则会现场完成问卷，因此问卷的回收率较高，受访者填写较为认真。此外，受访者来自社区各个阶层，异质性较强，从而问卷的信度和效度都较高。

第三，对参加社区集会时碰到的人进行发放。社区集会有政府听证会、文化类集会和休闲娱乐类集会等不同种类。相对来说，政府听证会较为安静，参与者文化程度较高，对笔者的调研易于理解和配合。因此笔者常常在听证会召开前半小时进入会场，对提前到来的群众进行发放。有些群众对问卷比较感兴趣，即使听证会已经开始也会继续完成问卷；有的群众对问卷兴趣一般，认为问题太多，或者更为关注听证会的内容，因此在听证会结束后会将未填写完毕的问卷交还给笔者。

第四，笔者在调研后期时间来不及的情况下，请了几位对调研比较了解和支持的朋友代为发放。这些朋友包括某大学奥威尔教授，S部落文化委员会凯茜女士、公诉部斯蒂芬女士、部落医院玫琳凯女士、博彩酒店卡洛斯女士。

表1-4是对以上不同问卷发放方式的比较。

表 1-4 问卷发放方式的比较

编号	发放方式	回收有效问卷数（份）	优点	缺点
1	各部门工作人员	23	a. 受访者理解力强，与笔者相熟 b. 问卷回收地点固定	a. 受访者延时填写问卷 b. 问卷回收率较低 c. 受访者同质性较强
2	政府大厅来客	15	a. 受访者及时填写问卷 b. 受访者异质性较强	a. 发放难度较大（陌生人） b. 受访者中途暂停后很难继续
3	社区集会	15	a. 受访者人数众多，易于发放 b. 受访者及时填写问卷 c. 受访者异质性较强	a. 发放受集会主题影响 b. 受访者填写问卷易受打扰
4	朋友帮忙发放	25	a. 问卷完成仔细、迅速，回收率高	a. 受访者延时填写问卷 b. 受访者同质性较强
	合计	78	—	—

资料来源：笔者发放问卷过程。

通过上述各种途径，本次研究一共发放200份问卷，回收83份，剔除不是部落成员的 5 份无效问卷，得到有效问卷 78 份。图 1 - 1 是对受访者的背景结构分析。

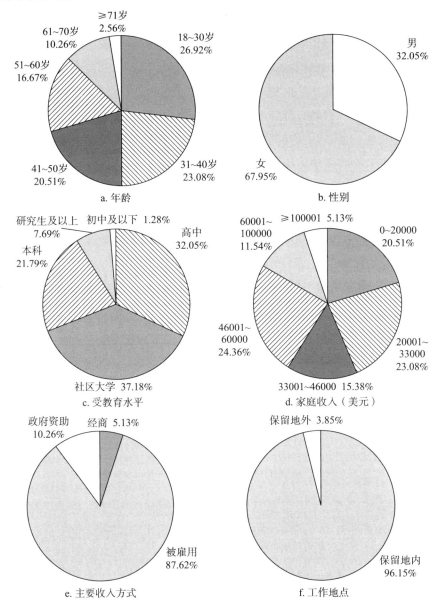

图 1 - 1　受访者的背景结构分析

3. 访谈

调研第一年，笔者主要采用非结构性访谈与在社区中碰到的部落成员攀谈，询问对方对部落体制、选举制度、政府行政管理水平等笔者主要研究的问题及部落文化、经济发展、健康保健、文化保护等背景方面的问题。

调研第二年，从 2013 年 9 月底通过审批后，笔者开始了对 S 部落各部门和领导的比较密集的采访。笔者主要在问卷信息的基础上运用结构性访谈对各个类别的部落成员进行了关于部落体制、选举制度和政府行政管理水平等方面的深度访谈。根据访谈的内容又可将第二年分为三个阶段。

第一阶段（2013 年 9 月至 12 月）：主要任务是信息搜集，因为 S 部落政府网站的信息公开程度普遍偏低，有限的渠道只有政府年度报告和一个月两期的官方报刊《S 部落人》。本研究所需要的更为翔实的数据，只得向各部门领导直接索取。

第二阶段（2014 年 2 月至 4 月），在对获取的信息进行初步分析后，对各部门领导提出各种问题和索取补充信息。

第三阶段（2014 年 5 月至 8 月）：全面的结构性访谈。

访谈过程中，按照受访者的性格和笔者与其互动过程可以将受访者分为以下几类。

第一类：性格随和、开放、约访轻松、工作专业，对笔者的信息索取非常配合。如通讯部的朱莉、家庭服务部的朱莉安、住房保障部部长戴安娜、法院院长玛丽、财政官达瑞·希尔、博彩酒店人力部经理卡洛斯、档案部职员弗雷克、警局行政助理凯伦、某大学行政助理柯琳、文化委员会委员凯茜、退休委员娟丽塔和瑞贝卡等。他们都在笔者做出第一次自我介绍后，就对调研表示欢迎，并在整个过程中高度配合。从这些受访者身上，笔者不仅获取了足够的调研信息，还获得了许多精神上的支持和感情上的互动。比如以下几位。

部落资深委员希尔先生，任 2013 ~ 2014 年财政官，属于部落"高干"，从 2013 年在部落选举辩论会第一次看到笔者调研开始，便对调研提供了多方面的支持，尤其是其主管的预算信息。针对部落选举和预算制度，希尔先生前后接受了两次面访和数次邮件回访。调研结束后，他对笔者的感谢信第一时间回复道："你是我见过最勤奋和聪明的学生之一，如此刻苦，你是想当总统吗？"

总经理预算助理史蒂芬妮女士，初次见面就对笔者的调研表示高度理解，对一些"挑剔"性问题也给予了尽可能客观的回答。此后在每次笔者需要帮助时，她都如同老朋友一般有求必应。

博彩酒店人力部经理卡洛斯女士，听说笔者需要对一些部落籍的员工发放问卷时，主动询问是否需要帮助，并在去医院手术前专门用邮件告知笔者，并拜托同事转交员工完成的问卷。

住房保障部部长戴安娜女士，是一个非常自信、专业、高效的主管。笔者在调研的初期和末期对其进行了几次约访，每一次都得到了极大的帮助，可谓"知无不言、言无不尽"。调研末期，戴安娜女士也热情地在其部门内帮助笔者发放问卷。

来自英国的社会学博士万达女士：由于她刚上任不久，笔者并不知晓其头衔，在儿童福利项目部偶然碰到后，她对其负责的新部门进行了详细的介绍，态度非常真诚。

法院院长玛丽女士：接受了笔者一次面访和数次邮件采访，其专业的精神、随和的态度，给笔者留下深刻印象。

精神健康中心咨询员茱莉娅女士：如她的自我介绍，她"极度外向"，身为非部落成员和现任部落领导的前妻，她从大学毕业进入部落，到如今已二十多年，她拥有社会学硕士学位和心理健康咨询执照。虽然离异，但她与整个印第安家族仍保持良好关系，儿子和女儿都在同一部门上班。对于部落政府的整体氛围和发展态势，她有长期的亲身体会和较为正面的评价。

第二类：反复邀约，最终改变态度，变回避为配合。本次调研中最值得纪念的是，一些刚开始对外部调研比较抵触，对笔者非常冷淡的受访者，在笔者反复约访后，彻底改变态度，对笔者的所有要求尽量满足，并有了一定的感情互动。

如选举办公室[①]主任维拉女士，起初态度非常不友善，不仅拒绝任何受访和文件索取要求，还在笔者约访其部门职员帕崔克时，当面警告说："帕崔克，你要知道，你要以部门的事情为重……我知道她手上有主席的签字批准，但你要知道，虽然你是主席（部落政府）的雇员，但你首先是

---

① S 部落政府选举办公室全称为"登记与选举办公室"（Enrollment and Election Office），负责部落登记与选举两方面的相关事务，本书为了书写方便，大多数时候将其简称为"选举办公室"，有时也称"登记与选举办公室"。

我的雇员，归我这个部门管，你明白吗？"当笔者询问可否打扰两分钟时，也毫不客气地回绝说："我尊重你的调研，但也请你尊重我的工作好吗？现在是我的工作时间，我是不是应该先专注于我的工作啊？"但是采访后期，维拉女士敞开心扉接受了笔者的长时间采访，并对信息索取非常配合。

秘书办主任特萨女士，也在初期对调研采取"绝不"政策，不论笔者提出什么要求，都告知"该信息概不对外"。一次，部落全体成员大会特别会议召开之际，笔者转车几次到达现场，特萨女士竟然当面告知："对不起，部落成员大会不对外开放。你不能待在这里。"当笔者反复告知来一趟不易，只想旁听后，特萨坚持说："不好意思，因为我们不知道现场会发生什么，所以你不能待在这里。"但在此后数次调研中碰面后，特萨终于在一次酒店会议后与笔者长谈，并问起中国的情况，此后对约访、邮件采访和文件索取全力配合。

S 部落某学校的校长琳达·莱顿，由于其办公室不通公交，笔者几次联系后也未能如愿见面。2014 年参加"第一条三文鱼"（First Salmon Ceremony）纪念活动后笔者到其办公室等待 2 小时，见面时莱顿女士表示"谢谢你的等待"，并对采访非常配合。

财政官预算助理罗莎女士，对笔者没完没了的信息索取感到非常疲惫。在预算会议后碰到时，对笔者抱怨说："预算，预算，预算，我要疯了……天啦，你又来了，我恨你，你老是给我布置课外作业。"但是后期，在其主管的支持下，她对笔者提出的文件复印和信息索取要求非常配合。

第三类：态度由配合转为不配合。采访中，有一类采访对象的态度变化让笔者很沮丧，也证明调研方法存在一定的缺陷。比如以下几位。

经济发展部瑞塔女士，与笔者初次见面时非常热情，主动提供了许多信息，如部落主要部门领导联系电话和邮件表。但到了调研后期，当笔者就一些部落体制的敏感问题如预算透明性和选举公平性进行邮件采访时，对方不再回复。当彼此在部落公共场合碰到时，对方态度依然友善，仍然给予一些非关键性的帮助。因此笔者猜测，是调研中的敏感问题让对方产生了警惕心理。

选举办公室的帕崔克先生，在 2013 年 9 月至 12 月，对笔者的信息索取请求、当面约访、邮件访问一一进行了回应。但 2014 年 6 月后，对相似邮件不再回复。笔者估计是邮件中的某个问题让对方不快。

博彩酒店赌场经理阿伦·托马斯，具有 MBA 学历，属于部落精英群体。笔者从《S 部落人》上看到其专栏文章中对部落体制和发展方面的议论较有深度，于是邮件约访。对方在工作极其繁忙的情况下，仍然如约面谈。谈话时，虽然一直接到开会电话，但仍坚持接受采访，表示他会尽力提供帮助。但之后，当笔者试图对一些较为敏感的问题续访时，对方不再回复。

某大学行政助理柯琳，负责笔者此次调研的审批程序，工作专业、热情，当笔者通过最终审批时，她也由衷地表示祝贺。但是在调研结束前，笔者将其视为在部落工作的非部落籍人士进行采访时，发现她对涉及个人情况和部落生活方面的问题经常回避，后来对相关邮件也不再回复。

第四类：未能成功访问和随意爽约的受访者。调研中，有些受访者在笔者当面提出采访请求或邮件约访时都给予热情回应，但此后无故爽约，或者因为自身工作繁忙，笔者最终未能采访成功。

部落主席的父亲蒂姆·巴鲁（一世）给笔者留下较为奇怪的印象。笔者在一次部落集会上与其偶遇，新委员朱莉暗示一定要采访他，因为他是主席的父亲，而且看得出他性格非常随和，也很健谈，在那次会议上他非常认真地完成了笔者递交的问卷。之后在法律委员会的例会上碰到，他对调研进展非常关心，主动问起笔者是否知道位于 S 部落的某大学，认为那里应该可以给调研提供一些帮助。之后笔者通过邮件联系他，于前一晚约好次日上午十点在部落政府大厅采访。但是当笔者如期到达后，对方没有出现，电话和邮件也无法联系到他。大约两小时后，他才发邮件表示"不好意思昨晚工作太晚，刚起床"。因为这样的无故爽约在当地非常罕见，笔者放弃了对他的后续采访。

原副主席和 2013 年度落选委员坎迪斯·奥尔森女士的性格有"两面性"。在 2004～2013 年当了 9 年的委员和 2 年的副主席，在部落非常有威望，"出镜率"也很高，笔者在多个场合都看到她的身影，她在公共场合是个热情、外向的职业女性。但在 2013 年度选举中，她以微小的差距输给首次竞选的朱丽·芬克伯格女士，非常失落。此后大约三个月，笔者在一次听证会上向其提出约访请求，对方一口答应。但此后笔者数次邮件询问采访时间，对方都回应没空、忙或不回邮件。2014 年 4 月笔者在某大学新建的阅览室碰到她时，趁机请求："请问你今天有空吗？我们聊聊？"对方非常不耐烦地回答："不，我今天没空。"看得出奥尔森女士根本不愿意接受访问，她在刻意回避落选的问题。

落选委员威廉姆斯为人骄傲。选举辩论之夜，笔者看到她在卫生间角落仍抓紧时间背诵竞选演讲词，打扮隆重，对选举非常重视。之后在听证会上碰到，笔者认真地向她递交自荐信，介绍调研目的，她给笔者写下自己的全部头衔和个人网址，说："你有空去看看，就知道我是谁了。"但同上述奥尔森女士一样，当笔者提出约访请求时一口答应，但邮件确认访问时间时，几次定下时间又临时取消，让笔者非常怀疑其接受访问的诚意。一次，在部落医院看到威廉姆斯女士，笔者身旁的一位受访者建议道："你应该去采访她。"笔者回应道："是的，我认识她，她对公共事务非常积极。"受访者回答说："她呀，那可不是一般的积极，是太积极了！"几次交涉之后，笔者发现威廉姆斯女士为人比较"傲慢"，说法比较"官僚"，也许是落选的原因之一。

综上，笔者认为田野调查中的深度访谈需要长期的感情培养。缺乏必要的时间积累和互动，研究者和受访者之间无法建立足够的信任。此外，受访者的性格和教育背景对调查的质量影响非常大。一般来说，获得过本科以上学历的受访者，更能理解调研的目的和采访问题的学术动机，也更能提供"有用"和"有效"的信息。性格开放的人，无论笔者如何"刨根问底"也不在乎，对一些敏感的话题常常一笑了之。但是性格保守、行为谨慎的人，对调研就比较抵触，觉得很多问题"让人不舒服"。再者，笔者英语水平有限，对某些问题的表述方式也可能让人不舒服。表1-5是本次调研成功进行深度访谈的受访者统计。

表1-5 深度访谈对象一览

序号	访谈时间	访谈对象姓名	访谈对象身份	访谈地点（方式）
1	2012-11至2014-8	大卫·奥威尔教授	某大学行政官员	办公室、邮件
2	2013-10-4	艾卓	普通成员	部落大厅
3	2013-10-4	格林先生与母亲	普通成员	养老院餐厅
4	2013-10-9	吉瑞福·杰弗森	普通成员	大学咖啡厅
5	2013-10-17、2014-4-15	邦妮	幼儿园园长	办公室、邮件

续表

序号	访谈时间	访谈对象姓名	访谈对象身份	访谈地点（方式）
6	2013 - 10 至 2014 - 8	威尔·拉切尔	档案室助理	办公室、邮件
7	2013 - 10 - 18	史蒂芬妮	总经理预算助理	办公室、邮件
8	2013 - 10 - 25	瑞塔·杰弗森	项目经理	办公室、邮件
9	2013 - 10 - 31	弗雷德	内部审计师	办公室、邮件
10	2013 - 11 - 8	塔妮	家庭服务部部长助理	办公室
11	2013 - 11 - 8 2014 - 7 - 23	戴安娜·菲儿	住房保障部部长	办公室、邮件
12	2013 - 11 - 15	罗莎	财政官预算助理	办公室、邮件
13	2013 - 11 - 15	凯伦	警局行政助理	办公室
14	2013 - 11 - 25	朱莉·杰弗森	通讯部部长	部落大厅、邮件
15	2014 - 2 - 21	凯茜·巴鲁	文化委员会委员	法院、邮件
16	2013 - 11 - 5、 2014 - 3 - 10	桑夏·菲茨吉本	人力资源部原部长、经济发展部项目经理	办公室、邮件
17	2013 - 12 至 2014 - 8	帕崔克·杰弗森	选举办公室行政助理	政府大厅、邮件
18	2014 - 4 - 1	娟丽塔和瑞贝卡	退休委员、普通老人	政府咖啡厅
19	2014 - 4 - 10	沃伦	文化办公室工作人员	政府大厅休息区
20	2014 - 4 - 16	玛丽·卡多扎	法院院长	政府大厅
21	2014 - 4 - 17	达瑞·希尔	财政官	个人办公室
22	2014 - 4 - 22	朱丽尔·杰弗森	档案室前台	个人办公室
23	2014 - 4 - 22	艾登·希尔	自然资源委员会主席	政府大厅
24	2014 - 4 - 25	艾伦·托马斯	普通居民	家里
25	2014 - 5 - 2	阿伦·托马斯	博彩酒店赌场经理	办公室、邮件
26	2014 - 5 - 2	卡洛斯·帕森	博彩酒店人力部经理	办公室、邮件
27	2014 - 5 - 11	特洛伊	自治办公室助理	政府大厅
28	2014 - 5 - 16	托尼·杰弗森	人力资源部部长	办公室、邮件
29	2014 - 5 - 22 2014 - 6 - 19	琳达·莱顿	学校校长	个人办公室、邮件
30	2014 - 5 - 22	玫琳凯·巴鲁	养老院院长	个人办公室

续表

序号	访谈时间	访谈对象姓名	访谈对象身份	访谈地点（方式）
31	2014 - 5 - 22	莉迪亚	白人妇女	现场、邮件
32	2014 - 5 - 29	梅尔·杰弗森	自然资源部部长	办公室
33	2014 - 5 - 30	瑞贝卡·杰弗森	退休老人	政府大厅
34	2014 - 5 - 30	奥伦·兰	管理委员会助理	办公室会议厅
35	2014 - 5 - 31	柯琳	学校行政人员	办公室会议厅
36	2014 - 6 - 5	特萨·巴特	秘书办主任	博彩酒店大厅、邮件若干次
37	2014 - 6 - 5	亨瑞·凯基	管理委员会委员	博彩酒店大厅
38	2014 - 6 - 6	茱莉娅·欧提思	精神健康中心咨询员	办公室、邮件
39	2014 - 6 - 18	克劳德·卡迪	部落副主席	办公室
40	2014 - 6 - 18	莎伦·迪格瑞夫	法律办公室人员	邮件
41	2014 - 7 - 8	朱莉·芬克伯格	新委员	办公室
42	2014 - 7 - 14	罗瑞·雷德福	管理委员会原委员	办公室
43	2014 - 7 - 14	约翰·杰菲	副主席助理	办公室
44	2014 - 7 - 16	汤姆·托普森	总经理	办公室
45	2014 - 7 - 17	塔拉	副总经理	办公室
46	2014 - 7 - 17	米歇尔	青年学术中心主管	办公室
47	2014 - 7 - 23	万达	英国博士	办公室
48	2014 - 7 - 25	维拉	选举办公室主任	办公室、邮件
49	2014 - 7 - 29	迪克森	前任委员、中干	办公室

（三）三角验证法

由于本研究是针对 S 部落的单样本研究，因此为了增加研究的信度与效度，笔者较为广泛地运用了三角验证法。首先，采取了多元的文本资料收集方式，包括部落法律和文件、会议记录、官方报刊和外部研究成果等；其次，问卷和访谈都注意了受访者身份的多元性，如受访者包括普通部落成员、政府雇员、民选官员、落选官员等，笔者在访谈时非常注意将一些有争议的问题反复向受访者确认，如"你认为部落选举中的贿选现象严重吗？""你认为大家族控制了选举吗？"；再次，笔者在调研结束后，撰写论文时，对 S 部落各个层面的分析都尽可能综合运用文本分析、实地观察、问卷调查和深度访谈等多渠道获得的信息,从而使 S 部落的自治体制从笔者所见、所听、所感等的静态和动态信息交织成一个立体模型,供后续研究和思考。

(四) 制度分析法

制度分析法一直被经济学、政治学、社会学等广泛运用。制度分析是指通过分析制度的起源、本质、构成、变迁及其在社会经济、政治发展中的作用,解释社会发展的动力、功能、规律并探索社会发展道路的一种研究方法。[①] 制度分析法有嵌入性分析法、立宪分析法、比较分析法、历史分析法等多种形式。行政管理学中的制度分析就是从制度的角度考察行政管理问题,分析各种制约因素在行政管理中的负效应,找出影响行政管理效率的制度因素,并对不合理的制度进行更新、修正和摒弃,从而探索建构科学合理的行政管理制度,以提高行政活动的效率性、公平性等终极价值。行政管理学中的制度分析法具有着眼于行政环境的变革,能有效促进行政制度的构建;能够监控行政管理活动开展的有效性;能够促使人们更好地理解公共价值;有利于综合、全面地研究公共问题;有利于促进多种研究方法的结合,形成公共行政学研究的"合力"等优势。[②]

本书以善治理论所蕴含的六要素为基础,以善治考察表为依据,对 S 部落政府四级机构的产生、领导、预算管理和人力资源管理等机制进行详细考察,并在逐项分析的基础上总结 S 部落自治制度在设计和运转方面的经验和挑战,最后提出完善的适合 S 部落现代自治发展的制度建议。因此,本书理论分析的框架可简单地归纳为"制度考察—制度评价—制度构建"这一逻辑过程。其中,制度考察就是以笔者设计的善治考察表为依据,对 S 部落各级政府机构的设计和运转方面的 24 项要素进行分项考察;制度评价就是在细分考察的基础上,对 S 部落自治实践的经验和教训进行统计,得到一个评估分数;制度构建,就是对前述考察中发现的制度瑕疵和缺陷提出有针对性的修正建议。

---

① 陈振明:《社会研究方法》,中国人民大学出版社,2002。
② 黄建:《制度分析方法:公共行政学研究的"利器"》,《理论月刊》2008 年第 8 期,第 139~141 页。

三 研究框架

根据前述善治理论，本书拟以表1-6为依据，对S部落的自治体制从善治六要素在制度设计和机制运转的24个环节进行考察，依据田野调查中通过文本分析、实地观察、问卷调查和深度访谈得到的数据为依据，归纳S部落自治体制在上述24个考察点的经验和挑战。为方便计算，本书为每项经验赋值1分，每项挑战赋值－1分，最后进行汇总比较，以获得对S部落自治发展的全面评价和分项对比（见表1-6）。

表1-6 善治考察

善治要素	考察角度	考 察 点	经验	挑战
法治性	立法层面	1. 是否有清晰的法律依据？		
		2. 法律依据是否完备？		
		3. 法律依据是否稳定？		
	执法层面	4. 行政行为是否依法进行？		
透明性	外部透明性	5. 信息对外部成员是否公开？		
		6. 决策过程对外部成员是否公开？		
	内部透明性	7. 信息对部落成员是否公开？		
		8. 决策过程对部落成员是否公开？		
		9. 决策过程是否存在暗箱操作的可能？		
参与性	参与广度	10. 参与渠道多寡？		
		11. 参与渠道是否易得？		
		12. 实际参与人数多寡？		
	参与效度	13. 公众参与能否推动（阻碍）决策进程？		
责任性	外部监督	14. 外部监督方式多寡？		
		15. 外部监督是否有力？		
	内部监督	16. 内部监督方式多寡？		
		17. 内部监督方式是否有力？		
效率性	时效性	18. 沟通是否快捷？		
		19. 决策是否迅速？		
	经济性	20. 规模和花费多少？		
		21. 有无重复或浪费？		

续表

善治要素	考察角度	考察点	经验	挑战
公平性	权利的设定	22. 权利设定是否公平？		
	权利的行使	23. 权利行使是否受不利因素影响？		
	权利的救济	24. 是否有权利救济途径？		

第四节　研究意义与不足

一　研究意义

本书通过进行深入的田野调查，试图用一张原创的善治考察表（表1-6）完成对 S 部落自治体制的详细考察。概括来说，本书试图实现以下研究意义。

第一，完成中文文献中第一个对美国印第安保留地部落政府管理的实证研究。从行政管理学角度，综合运用民族学、政治学、社会学和法学理论，完成对 S 部落政府的细致的个案研究。

第二，完成中英文文献中第一个从善治理论角度考察印第安部落政府自治体制的个案研究。因为历史、文化等复杂的因素，大多数部落政府（尤其是中小型部落政府）仍然不太向外部研究者开放，导致对部落自治体制和行政发展的研究大多局限于宏观角度，没有对某一具体的部落政府自治体制、权力架构、产生机制和运行态势进行微观的诊断式研究。笔者作为一个多重身份的外部研究者（非 S 部落成员、非印第安民族、非白人、非美国人），幸运地通过重重审批获得了进入 S 部落进行田野调查的机会，本书希望以一个耗时两年进行调研、又耗时两年进行写作的细致研究填补这一空白。

第三，作为一个外部研究者对 S 部落的自治体制和行政管理水平进行一次诊断式考察，经过对其各级机构的产生机制、领导机制、预算管理机制和人事管理机制的深度分析，本书将向 S 部落政府提出一份有深度的诊断报告，希望对其自治发展提出有益的建议并被其采纳。

二　研究难点

第一，本研究的对象为海外少数民族部落政府，从而导致了一系列的研究困难,如:关于研究对象的中文文献特别缺乏,所有的资料收集和田野调查均需用英文完成,对英语水平要求较高,研究过程中有大量的中英互译工作。

第二,由于历史原因和主流社会的歧视,美国印第安部落政府对外部调研者采取异常谨慎的态度。笔者在为期九个月的调研审批过程中进行了三次正式答辩,填写了长达数页的申请表格,提供了十几种证明文件。此外,由于调研地政府自身发展的不完善导致笔者对许多常规资料的收集也存在较大难度,比如部落选举的历史资料,在选举办公室、档案办公室和秘书办多次来回申请后,才拿到不完整数据。

第三,理论运用与归纳的困难。对少数民族自治发展的价值判断是本研究的一个难点,在用主流的善治理论作为框架去分析美国印第安部落政府行政发展是否合理时,笔者花费了很多精力去求证。

三 本研究的不足

第一,本次研究是笔者首次赴美学习,对研究对象进行首次调研的成果,在时间上没有一般田野调查那样长期的准备;相关理论储备也不充分。

第二,由于调研时间和个人精力有限,本次研究对象为单个样本,没有对两个及以上美国印第安部落政府的自治体制进行比较。

第三,受英语能力的限制,笔者对相关文件和文献的翻译存在不够准确的地方。调研过程中,与一些受访者的交流和对现场会议的观摩也受到语言能力的限制。

第二章

国内外文献综述

第一节　国外文献综述

国外尤其是美国学界对印第安人的研究历史悠久。其发端于 19 世纪的文学研究，后在历史学、法学、社会学、政治学和人类学等领域全面展开，成果丰硕。但因各种原因，对印第安部落政府尤其是其内部制度建设和现代治理方面的研究，时间不长、著述不多。笔者从以下几方面进行文献回顾。

一　关于印第安部落自治权的研究

1968 年美国国会通过的《印第安公民权利法案》和 1975 年通过的《印第安民族自决与教育援助法》，标志着美国学界开始了对印第安部落自治权的深刻反思和全面论述。1975 年，哈佛大学费德瑞克·马顿教授首次系统论述了美国各界对印第安部落自治权利的争议。文章从国际法、美国宪法、美国国会权力、美国最高法院体系等角度全面回顾了印第安部落在美国联邦制中的初始地位和历史发展，最后指出必须限制美国国会和最高法院在印第安事务上的权力，而部落应当行使其固有的主体地位。1979年，阿尔文·J. 西奥特①论述了马丁案这一《印第安公民权利法案》颁布后第一个在美国联邦最高法院审理的案件判决对印第安部落主权和公民权利的深远影响，指出部落的司法体系应承担起执行《印第安公民权利法

---

① Alvin J. Ziont, "After Martinez: Civil Rights Under Tribal Government," *University of California*, 1979, (12), pp. 1 - 35.

案》的主要责任，尤其是对部落委员会行政行为的审查，而内政部印第安办公室应避免对部落自治的严重干涉。虽然《印第安公民权利法案》还带着美国主流价值的烙印，但是马丁案的判决试图对其进行纠正，使部落有权在其价值框架内解决主权事务。1983 年，史蒂芬·L. 皮尔出版《印第安人与印第安部落的权利》① 一书，在梳理部落与联邦政府关系的前提下，分章论述了部落享有的各项权力，其中第六章"政府自治"中，论述了部落组建自治政府的权力来源、权力限制、和权力范围，并详述了部落政府的各项自治职能。1984 年，内尔·杰瑟普·牛顿② 指出印第安部落在美国联邦体制中的独特性，通过历史回顾详细梳理了美国联邦政府在印第安问题上的政策变化，认为要保护部落主权，就必须牢记联邦权力在印第安问题上的限制。同年，著名印第安专家弗朗西斯·保罗·普查在《伟大的父亲：美国联邦政府与印第安人》③ 一书中揭示了联邦政府与印第安部落之间关系的非平等性，即联邦政府对印第安部落一直有强烈的"父权"观念。1987 年，荣誉大法官威廉姆斯·C. 坎比在华盛顿大学法学院的全美法学年会上发表题为《目前印第安部落在美国联邦法律体系中的地位》④ 的报告，全面回顾了印第安部落在美国联邦法律地位的发展，并用一系列司法解释和联邦判例说明了部落自治的地位、权力来源和限制。1989 年，著名印第安问题专家斯蒂芬·科内尔出版《原住民的回归：美国印第安人的政治复活》。⑤ 该书用同情和犀利的笔触回顾了 16 世纪以来美国印第安部落与欧美移民的关系，并分析了这个关系如何塑造了美国印第安部落当今的政治身份和策略。文章根据印第安部落组织中集体因素的变化和发展，梳理了印第安人在政治上从强势、失势再重获权力的历程。1988 年，理查

① Stephen L. Pevar, *The Rights of Indians and Tribes：The Authoritative Guide to Indian and Tribal Rights*, New York and London：New York University Press, 1983.

② Nell Jessup Newton, "Federal Power Over Indians：Its Sources, Scope, and Limitations," *University of Pennsylvania Law Review*, 1983 – 1984, (132), pp. 195 – 288.

③ Francis Paul Prucha, *Great Father：The United States Governments and the American Indians*, Nebraska：University of Nebraska Press, 1986.

④ William C. Canby Jr., "The Status of Indian Tribes in American Law Today," Presentation at the 1987 Jurisprudential Lecture, Sponsored by the University of Washington, School of Law and the Washington Law Review.

⑤ Stephen Cornell, "The Return of the Native：American Indian Political Resurgence," *American Journal of Sociology*, 1989, 95 (2), pp. 470 – 472.

德·特努德尔在专著《作为主权政府的印第安部落：关于联邦—部落历史、法律和政策的资料读物》，筛选了历史上部落与联邦的重要条约和重要的联邦法律及最高法院的司法解释和重要判决。1989 年，朱迪斯·雷斯尼克发表《不独立的主权：印第安部落、州政府和联邦法院》[①]，论述了联邦法院和对州政府印第安部落主权不同形式和程度的侵害。1992 年，乔治·皮尔·卡斯提尔和罗伯特·L. 李的《州政府与保留地：关于印第安政策的新观点》[②] 和 1995 年格洛丽亚·瓦伦西亚 - 韦伯的《萎缩的印第安世界：州政府对部落主权的侵犯与剥夺》[③] 都将焦点置于州政府对印第安部落主权的干涉和侵害。1994 年，特地·M. 约翰森和詹姆斯·汉密尔顿合著《部落自治：从家长制到授权主义》[④]，梳理了部落自治权的发展历史，并指出了部落自治权的性质已从家长制发展到国会授权主义。1995 年，肯尼斯·R. 菲利普编辑的论文集《印第安自治：从罗斯福到里根时代的印第安同白人关系》[⑤] 汇编了一系列讨论罗斯福到里根时期的联邦印第安政策的论文。

2006 ~ 2008 年，密歇根州州立大学法学院马修·L. M. 福莱彻教授发表了一系列关于印第安部落自治权的文章，如：《恢复印第安部落对当地家园的控制》《最高法院与联邦印第安政策》《改变部落与州政府的死敌关系模式》《最高法院的印第安问题》《对印第安部落政治地位的原始理解》《抵制联邦法院的部落司法权》。[⑥] 其批评联邦政府、同情印第安部落、维

---

① Judith Resnik, "Dependent Sovereigns: Indian Tribes, States, and the Federal Courts," *The University of Chicago Law Review*, 1989, (56), pp. 671 – 759.

② George Pierre Castile & Robert L. Bee, *State and Reservation: New Perspectives on Federal Indian Policy*, Arizona: The University of Arizona Press, 1992.

③ Gloria Valencia-Weber, "Shrinking Indian Country: A State Offensive to Divest Tribal Sovereignty," *Connecticut Law Review*, 1995, (27), pp. 1281 – 1322.

④ Tadd M. Johnson & James Hamilton, "Self-governance for Indian Tribes: From Paternalism to Empowerment," *Connecticut Law Review*, 1994 – 1995, (27), pp. 1251 – 1283.

⑤ Kenneth R. Philp, *Indian Self-Rule: First-Hand Accounts of Indian-White Relation from Roosevelt to Reagan*, Logan, Utah: Utah State University Press, 1995.

⑥ Matthew L. M. Fletcher, "Reviving Local Tribal Control in Indian Country," *Federal Lawyer.* 2006, pp. 38 – 44; " The Supreme Court and Federal Indian Policy," *Nebraska Law Review*, 2006, (85), pp. 121 – 185; "Retiring the Deadliest Enemies Model of Tribal-State Relations ," *Tulsa Law Review*, 2007, (43), pp. 73 – 88; "The Supreme Court's Indian Problem," *Hastings Law Journal*, 2008, (59), pp. 579 – 642; "The Original Understanding of the Political Status of Indian Tribes," *St. John's Law Review*, Vol. 82, pp. 153 – 182, Issue 1 2008, Art. 4; "Resisting Federal Courts on Tribal Jurisdiction," *University of Colorado Law Review*, 2010, (81), pp. 973 – 1025.

护部落主权的观点从文章标题就能很明显地看出来。2008年，亚力克莎·柯尼格和乔纳森·斯坦恩在《联邦主义和州属印第安部落：对州属部落的调查和认定程序》① 一文中详细介绍了美国联邦和州政府认定印第安部落的不同类别和程序。2010年，保罗·马肯齐-琼斯在《我们就是那些贫穷的、无权无势的、口齿不清的、没经验的人》② 一文中强烈谴责了主流社会对印第安人的不公正评价和各种权利的剥夺，使大部分印第安人不能获得公平的发展机会，导致多项社会发展指标低于全美平均水平。2011年，大卫·E. 威尔金斯和海蒂·凯威庭派斯克·史塔克在专著《美国印第安政治和美国政治体制》③ 中梳理了美国印第安政策的历史和国会、最高法院及联邦政府和州政府在印第安政治中的权力。2012年，萨利·哈瑞森发表《我能看你的身份证吗？——选民资格法是如何影响美国土著居民的基本投票权的？》④ 一文，指出了新修改的美国联邦选举法关于选民资格的身份证照片要求侵害了美国印第安部落成员的投票权，提出了弥补这些负面影响的必要措施。同年，凯特琳·德弗罗·刘易斯在《不公平的政策——被孤立的世界：后殖民国家和后工业国家对土著居民政策的对比》⑤ 一文中将印度尼西亚对待土著南巴布亚人和美国联邦政府对待印第安部落的政策发展做了对比，指出后殖民国家和后工业国家对待国内土著居民政策的不同，认为如果印度尼西亚的南巴布亚人如果能更好地利用其自然资源，加强独立性，最终会超过大多数美国印第安部落，因为后者受到了州政府

---

① Alexa Koenig & Jonathan Stein, "Federalism and the State Recognition of Native American Tribes: A Survey of State-Recognized Tribes and State Recognition Processes Across the United States," *Santa Clara Law Review*, 2008, (48), pp. 79 – 153.

② Paul Mckenzie-Jones, "'We are Among the Poor, the Powerless, the Inexperienced and the Inarticulate' Clyde Warrior's Campaign for a 'Greater Indian America'," *American Indian Quarterly*, 2010, 34 (2), pp. 224 – 257.

③ David E. Wilkins & Heidi Kiiwetinepinesiik Stark, *American Indian Politics and the American Political System*, Rownman & Littlefield Publishers, 2011.

④ Sally Harrison, "May I See Your ID? How Voter Identification Laws Disenfranchise Native Americans' Fundamental Right to Vote," *American Indian Law Review*, Special Presentation: Symposium Materials Presented at the University of California at Berkeley Law School, 2012, 37 (2), pp. 597 – 628.

⑤ Caitlain Devereaux Lewis, "Policies of Inequity —a World Apart: A Comparison of the Policies Toward Indigenous Peoples of a Post-Colonial Developing Nation to Those of a Post-Industrial Developed Nation," *American Indian Law Review*, Special Presentation: Symposium Materials Presented at the University of California at Berkeley Law School, 2012, 37 (2), pp. 423 – 465.

越来越强势的干涉。2013 年，K. 提安娜·罗玛魏玛在《公民权与主权的相互关系：美国印第安社会和通往原著美国人的斗争》① 一文中讨论了印第安人享有美国联邦公民权与部落主权的内在矛盾性与关联性，批判了美国国会、联邦政府、最高法院对印第安部落主权的严重干涉，最后呼吁印第安知识分子行动起来，从理论上克服印第安人享有美国公民权和部落主权的内在矛盾性，摆脱被监护的非独立地位。

可见，这一时期美国学界对印第安自治权的研究多集中于法学和政治学领域。在美国联邦政府对印第安部落执行了长达 200 多年血腥、残忍和不公平的错误政策后，学界开始了对联邦政策的深刻反思和部落自治权的重新审视，批评联邦政府错误的印第安政策，呼吁保护印第安部落自治权，促使其回归成为学界的主流。

二 关于印第安部落政府治理的研究

随着 1968 年《印第安公民权利法案》和 1975 年《印第安民族自决与教育援助法》的先后颁布，印第安各部落政府在联邦政府帮助下获得了长足发展，学界对部落政府自身行政发展的研究，始于 1987 年哈佛大学肯尼迪政治学院马尔科姆·温纳社会政策中心印第安经济发展研究项目的成立，并在 2001 年亚利桑那大学尤德尔公共政策中心，印第安领导、管理和政策协会建立后开始了与二者密集的合作。从 1990 年开始，上述项目的联合负责人加州大学社会学和公共行政教授斯蒂芬·科内尔（时为副教授）和哈佛大学政治经济学教授约瑟夫·P. 坎特共同发表了关于部落经济发展的一系列文章，如《告别贫穷：美国印第安保留地上的经济发展与机构（制度）建设》②《部落能做什么？——美国印第安经济发展的战略与机制》③

---

① K. Tsianina Lomawaima, "The Mutuality of Citizenship and Sovereignty: The Society of American Indians and the Battle to Inherit America," *American Indian Quarterly. The Society of American Indians and Its Legacies: a Special Combined Issue of SAIL and AIQ*, 2013, 37 (3), pp. 333 - 351.

② Stephen Cornell & Joseph P. Kalt, "Pathways from Poverty: Economic Development and Institution-Building on American Indian Reservations," *American Indian Culture and Research Journal*, 1990, 14 (1), pp. 89 - 125.

③ Stephen Cornell & Joseph P. Kalt, "What Can Tribes Do? Strategies and Institutions in American Indian Economic Development," *American Indian Quarterly*, 1992.

《主权和部落重建——目前印第安部落的发展挑战》① 《关键在哪里？美国印第安人经济发展的制度基础》② 《美国印第安自治：一个成功的政治经济政策》③，这些文章以来自许多部落的实证数据为基础，全面呈现了印第安保留地的经济困境，深刻地分析了制约部落经济发展的各种内外部因素，并提出了部落要实现经济可持续发展的战略和步骤。

1989 年，沙伦·欧·布莱恩的《美国印第安部落政府》④ 是在全美印第安人大会（National Congress of American Indians，NCAI）资助下的首个从印第安角度撰写的关于部落政府权限、职能和内外关系的专著。1997 年，罗伯特·B. 波特发表的《通过政府改革加强部落主权：问题是什么？》⑤ 一文首先提出印第安部落政府之间由于历史和文化的不同，导致各自的发展和制度千差万别。其次提到部落政府的主要问题有糟糕的行政、对外依赖和内部争斗，并分析了内部争斗的近期原因和历史原因，以及给部落自治带来的伤害。最后提出通过改革治理部落管理顽疾的步骤。

2001 年，艾瑞克·D. 雷蒙德发表《发展部落宪法和政府改革的有效程序：来自切诺基、华纳派、纳瓦霍和北夏延河部落的教训》⑥ 以四个部落的实证经验为例，论述了印第安部落进行宪法和政府改革的历史背景、困难和必要的措施。2006 年，雷蒙德出版专著《美国印第安宪法改革和部落重建》⑦ 系统论述了土著部落宪法改革的紧迫性、必要性和步骤。2007

① Stephen Cornell & Joseph P. Kalt，"Sovereignty and Nation-Building: The Development Challenge in Indian Country Today," *American Indian Quarterly*，1998.

② Stephen Cornell & Joseph P. Kalt，"Where is the Glue? Institutional Bases of American Indian Economic Development," Harvard Project on American Indian Economic Development，Project Report Series，John F. Kennedy School of Government，Harvard University，2000.

③ Stephen Cornell & Joseph P. Kalt，"American Indian Self-determination: The Political Economy of a Successful Policy," JOPNA Working Paper，2010.

④ Sharon O'Brien，*American Indian Tribal Governments*，Norman and London: University of Oklahoma Press，1989.

⑤ Robert B. Porter，"Strengthening Tribal Sovereignty Through Government Reform: What are the Issues?" *Kansas Journal*，1997 – 1998，（7），pp. 72 – 105.

⑥ Eric D. Lemont，"Developing Effective Processes of American Indian Constitutional and Governmental Reform: Lessons from the Cherokee Nations of Oklahoma, Hualapai Nation, Navajo Nation, and Northern Cheyenne Tribe," *American Indian Law Review*，2001 – 2002，26（2），pp. 147 – 176.

⑦ Eric D. Lemont，*American Indian Constitutional Reform and the Rebuilding of Native Nations*，Texas: University of Texas Press，2006.

年，由米里亚姆·乔根森编纂的论文集《重建部落：管理和发展的策略》①选择了12篇有关部落治理的重要文章，分别从部落法院、部落行政、项目管理、部落领导等方面论述了加强部落政府发展的战略和方法。同年，安吉拉·R. 奈利在《哥伦比亚法学评论》发表长文《土著善治》②，提出土著部落无须遵循20世纪90年代以来国际流行的"善治"理论，而是可以提出一套自己的"土著"善治理论，即建立在各部落传统和文化基础上的，满足成员和社区公平、平衡发展的治理。

2004年，加拿大学者凯瑟琳·柯蒂斯和米里亚姆·乔根森发表《印第安部落对联邦政府的财政责任：情形、程序和含义》③，介绍了美国联邦政府对印第安部落各种福利项目的种类和性质，接着在对多位联邦官员和相关部落官员进行采访后，揭示了印第安部落政府管理和使用各种联邦资金的问题和潜在的风险，最后提出部落政府应明确对联邦福利项目和各种财政拨款的责任并加强各种管理资金的方法。

可见，美国学界对印第安部落政府的研究还不够充分。从研究对象上讲，缺乏对某个部落政府内部自治制度的详细介绍；从研究方法上说，缺乏对某一部落政府长期的定向考察和诊断式分析；从研究态度上讲，还缺乏对部落政府自治水平发展的批判性思考（即使有，也还不够深入）；从分析框架来说，也缺乏从国际通行的善治理论角度对部落政府的细微考察。究其原因，笔者认为有两点非常重要。首先，在于印第安部落的相对封闭性。因为历史原因，他们对外来研究者较为警惕，又因为自身发展水平相对滞后，对外来研究特别是对比研究非常谨慎。其次，在于20世纪70年代后美国学界形成了一种主流的声音：反思和批评联邦政府对印第安部落的各种错误，掀起对印第安部落权力的各种保护。在此背景下，深入研究印第安部落政府的自身建设，进行诊断式的考察既不易得到允许，也

---

① Miriam Jorgensen, *Rebuilding Native Nations*: *Strategies for Governance and Development*, Arizona: The University of Arizona Press, 2007.

② Riley, Angela R., "Angela R. Riley. Good Native Governance," *Columbia Law Review*, 2007, 107（5）, pp. 1049 – 1125.

③ Catherine Curtis & Miriam Jorgensen, "American Indian Tribes' Financial Accountability to the U. S. Government: A Report to the Department of Indian Affairs and Northern Development," *Aboriginal Policy Research*: *Setting the Agenda for Change*, Toronto: Thompson Educational Publishing, 2004.

显得不合时宜。但在笔者看来，印第安部落除了加强对联邦政府的批评、加大对自身权力的保护，还得加强对自身问题的审视和自治制度的完善，正如 1997 年罗伯特·波特在《通过政府改革加强部落主权：问题是什么?》一文中所言，只有通过部落自身的政府改革，才能达到对部落主权的最大保护和捍卫。

三　关于印第安部落的实证研究

关于印第安部落的实证研究，在法学、医学、社区健康、教育、人类学等领域成果丰硕、不胜枚举。如，1998 年 M. 迪克森的《部落观点：卫生保健管理方面的印第安自决自治》①；2001 年斯帝沃·韦克林、米里亚姆·乔根森、苏珊·麦克森和曼丽·比盖的《美国印第安保留地政策：一份给全国司法机构的报告》②，该研究来自哈佛大学美国印第安经济发展项目的子项目——印第安保留地的刑事犯罪政策与管理；2005 年凯思林·蛮扭利托的《教育对印第安自治的作用：来自拉马·纳瓦霍社区学校的经验》③；2010 年瓦莱丽·H. 方特、布林克·克尔、琳达·科特切和杰妮芙·莫菲的《被遗忘的少数民族：对州和当地政府中印第安人就业模式的分析》④；2013 年艾琳·卢娜·法尔博的《美国印第安人与爱尔兰帕威：通过公正负责的警察服务争取自治的斗争》⑤。

可见，对印第安部落的实证考察大多集中于印第安社区的卫生健康、毒品防治、经济发展等社会学问题以及语言保护、教育发展、传统文化和

---

① M. Dixon, "Tribal Perspectives on Indian Self-determination and Self-governance in Health Care Management," a Report from National Health Board, 1998.

② Stewart Wakeling et al., Policing on American Indian Reservations: A Report to the National Institute of Justice, Program in Criminal Justice Policy and Management and Harvard Project on American Indian Economic Development, 2001.

③ Kathryn Manuelito, "The Role of Education in American Indian Self-determination: Lessons from the Ramah Navajo Community School," *Anthropology & Education Quarterly*, 2005, 36 (1), pp. 73 – 87.

④ Valerie H. Hunt et al., "The Forgotten Minority: An Analysis of American Indian Employment Patterns in State and Local Governments, 1991 – 2005," *American Indian Quarterly*, 2010, 34 (4), pp. 409 – 434.

⑤ Eileen M. Luna-Firebaugh, "American Indians and the Pavee of Ireland: The Struggle for Self-determination Through Fair and Accountable Police Services," *American Indian Quarterly*, 2013, 37 (4), pp. 317 – 339.

习俗等人类学问题，但是缺乏对某个部落政府自治制度和行政管理发展的个案考察。

四 关于 S 部落的研究

经过对某大学图书馆、西华盛顿大学图书馆、西北太平洋档案馆等的访问，笔者获得以下关于 S 部落的专项研究成果：1934 年哥伦比亚大学出版社出版的《华盛顿州西北部的 S 部落》[①]；1951 年华盛顿大学韦恩·普雷斯科特·夏特的博士毕业论文——《S 部落所在地区的经济生活》[②]；1954 年韦恩·普雷斯科特·夏特的《欧美移民到达前 S 部落的文化变化》；1974 年华莱士·希斯·马克斯韦尔博士和罗伯特·帕顿的《S 部落：1800～1973 年的历史》[③]；1978 年怀恩·德洛丽亚的《印第安社区：太平洋西北海岸的渔夫们》[④]；1999 年西华盛顿大学人类学系丹尼尔·伯克斯伯格教授出版的《一起打鱼：印第安三文鱼业的人种史》[⑤]，该书从人种历史学的角度梳理了 S 部落三文鱼业的历史发展、现代困境和争取相关权力的紧迫性；2005 年在联邦司法部司法协助办公室酒精与药物滥用项目的资助下获得的《最终报告：S 部落关于预防药物依赖的社区动员的参与式评价》，该报告对 S 部落的酒精和药物滥用问题进行了详尽的调查和研究。

可见，对 S 部落的专项研究数量更为有限，领域狭窄，且大都距今有较长的时间。某大学的奥威尔教授认为造成这种情况的原因主要有两点：一是 S 部落的语言没有文字，因此 S 部落文化靠口述传承历史，大部分成员没有相关著作；二是从人口和保留地面积来说 S 部落都属于中小型部落，很难获得外部研究者的重视。但也正因如此，笔者的本次研究充满了原创意义。

---

① *The S Indians of Northwest Washington*, New York: Columbia University Press, 1934.
② Wayne Prescott Suttles, Economic Life of the Coast Salish of Haro and Rosario Straits, a Thesis Submitted in Partial Fulfilled for the Degree of Doctor of Philosophy, University of Washington, 1951.
③ Dr. Wallace Heath et al., "The S Community: A History Before 1800 to 1973," Taken From the S Aquaculture Final Report, 1974.
④ Vine Deloria, Jr., *The S Indian Community: The Fishermen of the Pacific Northwest. American Indian Economic Development*, Hague: Mouton Publishers, 1978.
⑤ Daniel I. Boxberger, *To Fish in Common: The Ethnohistory of S Indian Salmon Fishing*, Seattle and London: University of Washington Press, 1999.

第二节　国内文献综述

一　关于美国印第安人的初始研究

国内文献对美国印第安人的介绍最早始于 20 世纪 50 年代。《世界知识》和《民族译丛》两份刊物起到了决定性的引导作用，其在 60～80 年代发表了一系列介绍性文章，如《印第安人史话》《如此"改善"印第安人的处境》《北美印第安人》《美国的印第安人》《关于美国印第安人的若干问答》。这些文章主要从文化的角度介绍美国印第安人的来源、风俗习惯和历史发展等。

国内对美国印第安人比较专业的研究，源于 20 世纪 70 年代末。丁则民的《美国的"自由土地"与特纳的边疆学说》[①] 一文是国内学者对于美国印第安问题较为前沿的自主研究性文章。黄绍湘的《北美印第安人的原社会，不是美国的古代史》[②] 论述了印第安历史与美国历史的关系问题。

此后，《民族译丛》又发表了一系列国外印第安研究的翻译文献，如《美国对印第安人的政策》（上、下）[③]、《美国城市中的印第安人》[④]、《当前北美印第安人人口统计和社会发展趋势》[⑤]、《美国印第安人政治经济和政治民族的适应与认同》[⑥]、《美国联邦政府及各州和地方政府的印第安人服务概览》[⑦]、《美洲的印第安人》（上、下）[⑧]、《民族重组：美国印第安人

---

① 丁则民：《美国的"自由土地"与特纳的边疆学说》，《吉林师大学报》1978 年第 6 期，第 13～24 页。

② 黄绍湘：《北美印第安人的原社会，不是美国的古代史》，《社会科学》1980 年第 4 期，第 133～140 页。

③ 詹姆斯·奥菲瑟：《美国对印第安人的政策》（上、下），东篱译，《民族译丛》1981 年第 1 期，第 70～74 页；1981 年第 2 期，第 69～74 页。

④ K. B. 柴汉斯卡娅：《美国城市中的印第安人》，常庆译，《民族译丛》1985 年第 3 期，第 16～22 页。

⑤ S. 斯坦利、R. K. 托马斯：《当前北美印第安人人口统计和社会发展趋势》，林小华、关键译，《民族译丛》1987 年第 8 期，第 70～77 页。

⑥ R. 贾文帕：《美国印第安人政治经济和政治民族的适应与认同》，季昂译，《民族译丛》1987 年第 8 期，第 78～79 页。

⑦ 西奥多·W. 泰勒：《美国联邦政府及各州和地方政府的印第安人服务概览》，王大栋译，《民族译丛》1989 年第 3 期，第 75～80 页。

⑧ 何塞·马托斯·马尔：《美洲的印第安人》（上、下），徐世澄译，《民族译丛》1994 年第 1 期，第 49～53 页；1994 年第 2 期，第 66～72 页。

的社会、经济、政治和文化生存战略》①。需要指出的是，这些文章虽然都是对国外相关文献的直接翻译，但在那个特殊的时期，国内的学者很难直接到海外考察，中文文献又很紧缺，这些翻译文献给国内的研究者非常重要的启发和引导。

二　关于美国联邦政府印第安政策的研究

从 20 世纪 90 年代开始，国内对美国印第安人的自主研究日趋增加，大多是对美国联邦政府印第安政策的历史梳理和宏观论述。如，李晓岗 1992 年的《美国政府对印第安人的重新安置及其城市化》和 1993 年的《二战以来美国印第安人向城市的移居》、1995 年吴洪英的《试论美国政府对印第安人政策的演变轨迹》、1997 年李胜凯的《论早期美国政府对印第安人的"开化"政策》、2004 年胡锦山的《二十世纪美国印第安人政策之演变与印第安人事务的发展》、2006 年喻冰峰的《美国城市印第安人的反向移居与印第安人的自治政策》、2013 年雷芳的《论联邦国会对北美印第安人政策及意义》、2014 年戴小明的《美国印第安部落的法律认定》和张骏的《从同化政策到尊重差异——美国印第安人政策演变的思考》。这些文章有两个特点需要指出：一是作者除了历史学专业背景外，大多为外语专业学者；二是文章多为对二手资料，即现存文献的整理和思考。

除宏观的梳理之外，还有对美国印第安人某一特定历史时期的回溯。如 2006 年南开大学丁见民的系列研究——《美国的印第安人新政研究》和《美国土著民族反对印第安人新政的原因》，将研究聚焦于对美国印第安新政的历史回顾和印第安部落对新政的态度分析。丁见民 2009 年的《美国印第安人的土地私有化》、2013 年的《试析二战对美国印第安人的负面影响》和《19 世纪美国印第安人与黑人关系的变迁——以美国东南部五大文明部落为例的考察》三篇文章从历史和文化的角度对美国印第安人进行研究，进一步扩大了研究范围。

此外，国内对美国印第安政策的研究还多见于对美国民族政策的著述中。如 1984 年张友伦的《评价美国西进运动的几个问题》，黄兆群 1990

---

① 乔安尼·内格尔、C. 马修·司尼普：《民族重组：美国印第安人的社会、经济、政治和文化生存战略》，刘静香译，《民族译丛》1994 年第 2 期，第 1～15 页。

年的《熔炉理论与美国的民族同化》和 1993 年的《论美国民族政策模
式》，1997 年马戎的《美国的种族与少数民族问题》，1998 年王铁志的
《美国的民族问题与民族政策》，2008 年杨恕、李捷的《当代美国民族政策
评述》。这些文章大多从政治学的角度批判了美国民族政策的内在矛盾性，
尤其是在印第安政策上犯下的严重错误。

三　关于美国印第安保留地的研究

国内对印第安保留地的介绍始于 20 世纪 70 年代末。如《在美国印第
安人保留地——霍比人、易洛魁人访问记》①、《美国温泉印第安人保留
地》②、《哥伦比亚考卡地区印第安委员会及其组织和纲领》③、《访印第安
人保留地》④、《民族的血液在奔流——美国伦尼印第安人保留区散记》⑤、
《美洲印第安人：被奴役的道路，解放的道路》（上、下）⑥、《访美国昆脑
特印第安保留地》⑦、《"奥伦达加"印第安人保留地》⑧。这一时期的文章
从内容上讲对美国印第安人的介绍更为深入，大部分是关于印第安保留地
的访问，部分文章仍然来自对国外文献或杂志（如美国《国家地理》）的
直接翻译，但究其方法并不属于学术研究，只是介绍或纪实。

我国关于美国印第安保留地的系统研究始于 20 世纪 90 年代，南开大
学历史学教授李剑鸣发表了一系列相关文章。《美国印第安人保留地制度
的形成与作用》⑨ 主要论述了美国印第安保留地制度的形成原因、印第安

---

① 克劳斯·毕格尔特：《在美国印第安人保留地——霍比人、易洛魁人访问记》，周克骏译，
《民族译丛》1979 年第 3 期，第 66～71 页。
② 戴维 S. 博耶：《美国温泉印第安人保留地》，徐先伟译，《民族译丛》1980 年第 6 期，第
65～67 页。
③ 九州同译《哥伦比亚考卡地区印第安委员会及其组织和纲领》，《民族译丛》1980 年第 10
期，第 75～78 页。
④ 魏章玲：《访印第安人保留地》，《世界知识》1984 年第 9 期，第 23～25 页。
⑤ 黄颖：《民族的血液在奔流——美国伦尼印第安人保留区散记》，《民族文学》1986 年第 5
期，第 89～96 页。
⑥ 何塞·格里古烈维奇：《美洲印第安人：被奴役的道路，解放的道路》（上、下），朱伦
译，《民族译丛》1986 年第 5 期，第 7～17 页；第 6 期，第 6～11 页。
⑦ 李绍明：《访美国昆脑特印第安人保留地》，《民族团结》1988 年第 11 期，第 34～36 页。
⑧ 倪世雄：《"奥伦达加"印第安人保留地》，《国际展望》1990 年第 4 期，第 30 页。
⑨ 李剑鸣：《美国印第安人保留地制度的形成与作用》，《历史研究》1993 年第 2 期，第 159～
174 页。

人的反应及保留地制度的历史作用，是国内第一篇系统介绍美国印第安保留地制度的文章；《美国土著部落地位的演变与印第安人的公民权问题》①主要论述了美国联邦政府对印第安部落政策的历史发展和对印第安人的公民权保护历程。《美国印第安人保留地制度现状研究》②则对美国印第安保留地的历史进程和自治权力进行了较为详细的介绍。《美国印第安部落自治的演进及其启示》③也从历史角度梳理了美国的印第安政策。

此外，从文化角度研究美国印第安部落与白人及其他民族的接触和冲突是我国印第安研究的一个热点。如黄淑娉的《文化变迁与文化接触——以黔东南苗族与美国西北岸玛卡印第安人为例》④以田野调查为基础，从文化变迁和文化接触的角度比较了黔东南苗族与美国西北玛卡印第安人的现代发展。李剑鸣的《文化接触与美国印第安人社会文化的变迁》⑤从文化接触方面介绍了白人社会对印第安传统文化的歧视、征服和改造以及印第安社会对白人文化的三种不同反应模式，从而得出结论认为印第安社会与白人社会的矛盾来自文化势差的悬殊与接触的不平等。同年，李剑鸣发表专著《文化的边疆——美国印第安人与白人文化关系史论》⑥，系统总结了自己对印第安问题的研究成果，从文化角度梳理了美国印第安人与白人几百年来的关系历程。邱惠林的《美国印第安悲剧的悖论分析》⑦进一步从五个方面指出了美国印第安民族与白人社会严重的文化冲突。黄剑波的《小民族文化生存的人类学考察——以美国印第安人为例》⑧则讨论了美国

---

① 李剑鸣：《美国土著部落地位的演变与印第安人的公民权问题》，《历史研究》1994 年第 2 期，第 30 ~ 49 页。
② 杨恕、曾向红：《美国印第安人保留地制度现状研究》，《美国研究》2007 年第 3 期，第 50 ~ 69 页。
③ 杨光明：《美国印第安部落自治的演进及其启示》，《黑龙江民族丛刊》2012 年第 2 期，第 16 ~ 24 页。
④ 黄淑娉：《文化变迁与文化接触——以黔东南苗族与美国西北岸玛卡印第安人为例》，《民族研究》1993 年第 6 期，第 33 ~ 40 页。
⑤ 李剑鸣：《文化接触与美国印第安人社会文化的变迁》，《中国社会科学》1994 年第 3 期，第 157 ~ 174 页。
⑥ 李剑鸣：《文化的边疆——美国印第安人与白人文化关系史论》，天津人民出版社，1994。
⑦ 邱惠林：《美国印第安悲剧的悖论分析》，《西南师范大学学报》（哲学社会科学版）1999 年第 3 期，第 122 ~ 128 页。
⑧ 黄剑波：《小民族文化生存的人类学考察——以美国印第安人为例》，《广西民族研究》2003 年第 3 期，第 29 ~ 39 页。

印第安人在白人主流社会以小民族身份生存，并保护传统文化的困难与途径。

四 关于美国印第安人的其他研究

通过 CNKI 检索，笔者发现国内对美国印第安人的研究除了历史、政治和文化角度的宏观梳理外，也有不少学者对印第安人现代发展的具体问题进行了研究，如教育、经济发展等。教育方面有《美国的种族、民族性与学校教育：过去、现状和未来》（上、下）[1]、《美国印第安部落保留地的高等教育》[2]、《论北美印第安人的传统教育》[3]、《美国强制同化印第安人教育政策论析》[4]。经济发展方面有《赌博与迁移：美国印第安人赌场发展中的赢家与输家》[5]、《美国印第安农村人口的经济现状》[6] 等，它们对美国印第安部落的经济状况进行了很好的介绍。此外还有不少文献从宗教、文学、考古、医学、农学等方面扩大了我国对美国印第安研究的范围。

综上，可以看出目前国内外文献都缺乏对一个具体的印第安部落自治体制的详细个案研究。接下来，本书将以善治要求为依据，以表 1-6 为分析框架，对 S 部落自治体制各级机构的制度设计和机制运转进行详细的分项考察。

---

[1] 詹姆斯·A. 班克斯：《美国的种族、民族性与学校教育：过去、现状和未来》（上、下），谢宁译，《民族译丛》1990 年第 9 期，第 16～23 页；1990 年第 10 期，第 18～24 页。

[2] 向明灿：《美国印第安部落保留地的高等教育》，《世界教育信息》1998 年第 12 期，第 13～15 页。

[3] 陈·巴特尔、孙伦轩：《论北美印第安人的传统教育》，《民族教育研究》2013 年第 1 期，第 99～102 页。

[4] 宋银秋、董小川：《美国强制同化印第安人教育政策论析》，《东北师大学报》（哲学社会科学版）2014 年第 9 期，第 270～272 页。

[5] 安赫拉·A. 冈萨雷斯：《赌博与迁移：美国印第安人赌场发展中的赢家与输家》，《国际社会科学杂志》（中文版）2004 年第 1 期，第 126～136 页。

[6] 王晓华：《美国印第安农村人口的经济现状》，《河北理工大学学报》（社会科学版）2007 年第 3 期，第 77～86 页。

|第三章|
对 S 部落全体成员大会的善治考察

"我们是 S 部落人。我们是拥有丰富历史、文化和传统的人。我们是渔夫、猎人、采集者和大自然的收获者。我们将家园看作一个让我们在精神、身体、社区、环境、空间、时间和灵魂上都富足、安全、健康的地方，在这里我们人人都享有成功的机会，而且没有一个兄弟姐妹会被落下。"①

"我们，位于美国印第安保留地的 S 部落成员，为了建立我们的部落政府，回应我们的部落需求，发展我们的社区资源，建立公正和法治，保护我们的部落利益，为了我们和子孙后代的福利，促进经济和社会发展，保护土地、文化和身份，通过该宪法。"②

如图 3-1 所示，全体成员大会是 S 部落的最高权力机关，享有至高无上的决策权、立法权、监督权、人事任免权和部分纠纷终决权。本章在简要介绍其历史沿革、委员资格和权力范围后，将从善治理论的六要素全面分析其制度设计与运行中的经验与挑战，并提出相关的完善建议。

第一节　S 部落全体成员大会的制度建立

虽然 S 部落首次管理委员会（简称"管委会"）直选发生于 1925 年，首部《宪法》制定于 1940 年，但内容齐整的全体成员大会制度直到 1970 年才被《宪法》正式确立。

从表 3-1 可知，虽然管理委员会的委员一直由部落直选，但直到 1970

---

① 译自 S 部落官方网站首页。
② 译自 S 部落《宪法》第一章"序言"。

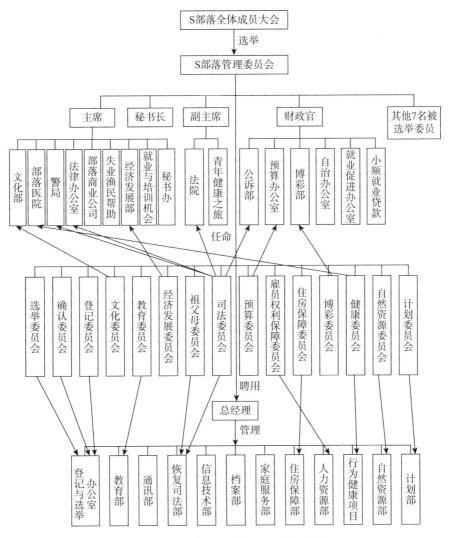

图 3-1 S 部落组织结构（上中层结构）

年部落第二部《宪法》才正式设定全体成员大会制度，而且在全民公决、公民权利法案等章节内容上，进一步扩大和增强了部落成员的权利。

表 3-1 S 部落 1940 年《宪法》与 1970 年《宪法》的内容区别

比较项目	1940 年《宪法》	1970 年《宪法》
总长度	前言 +6 章 + 附则	前言 +9 章 + 附则
前言	前言	合并了前言与目的两部分

续表

比较项目	1940 年《宪法》	1970 年《宪法》
第一章	立宪目的	领土面积与部落管辖权
第二章	成员资格（2 条）	成员资格（6 条）
第三章	自治机关 （管理委员会、被选举权、内部职务选举、委员选举）	全体成员大会 （构成、投票权、职责）
第四章	空缺和罢免	自治机关（未修改）
第五章	管理委员会的权力和职责	空缺和罢免（程序改动）
第六章	《宪法》的修改	管理委员会的权力和职责
第七章	无	全民公决
第八章	无	公民权利法案
第九章	无	《宪法》的修改
附则第一章	管理委员会的职务设定	管理委员会的职务设定
附则第二章	管理委员会的会议制度	管理委员会委员的就职
附则第三章	《宪法》的生效	管理委员会的会议制度
附则第四章	无	《宪法》的生效

数据来源：S 部落 1940 年《宪法》和 1970 年现行《宪法》。

第二节　如何成为 S 部落全体成员大会的成员？

S 部落《宪法》规定，由拥有选举权[1]的部落成员构成全体成员大会，是部落最高权力机关。可见，要成为 S 部落全体成员大会的一员，需要两项条件：第一，必须是 S 部落成员；第二，必须拥有选举权。

一　S 部落的成员资格

（一）S 部落成员的资格获得

1. 获得 S 部落成员资格的肯定性条件

依据 S 部落《宪法》第二章第一条，申请 S 部落成员资格登记的肯定

---

[1] 依据 S 部落《宪法》和《选举法》，年满 18 周岁并合法居住在 S 部落或保留地所在县内连续 6 个月以上的部落成员，拥有选举权。

性条件为：

a. 名字登记在 1942 年官方人口普查表上的具有印第安血统的人（该人口普查表在印第安事务局局长的同意下被 S 部落管理委员会修改过）；

b. 1947 年 1 月 1 日前，任何居住在 S 部落、具有印第安血统而且其名字也出现在 1947 年以前人口普查表上的人；

c. 其他从 1942 年 1 月 1 日到该宪法生效之日（1948 年？）期间，居住在 S 部落的具有印第安血统，并被 S 部落全体成员大会接受的人；

d. 从 1942 年 1 月 1 日到该宪法生效之日之间，所有部落成员新出生的子女，且该子女出生时，其属于 S 部落的父母（一方即可）正居住在保留地；

e. 从 1942 年 1 月 1 日到该宪法生效之日之间，子女出生时父母没有居住在 S 部落，但具有四分之一以上印第安血统的子女；

f. 本法生效之后，任何本部落成员的具有四分之一以上印第安血统的子女。另外，《宪法》赋予了全体成员大会对收养的认可权。

2. S 部落成员资格的否定性条件

根据 S 部落《成员登记法》，申请 S 部落成员资格登记的否定性条件为：

a. 任何登记为其他联邦认可的印第安部落成员的人，即使符合 S 部落成员资格的条件，也不能进行登记，除非本人书面放弃已登记的其他部落资格。但本条不适用于符合本法登记条件的未成年人和成员家属；

b. 任何书面申请放弃其 S 部落成员资格，并已经被其他印第安部落登记为成员的人。但这条限制不适用于其成员资格被其父母或者监护人申请放弃的未成年人。由他人申请放弃了部落资格的未成年人如果符合本法规定的条件，可以申请重新获得成员资格；

c. 来自一个已经被联邦取消认可的部落的人。此条限制也不适用于该部落被取消时的未成年人。

3. S 部落成员资格的申请程序

向登记与选举办公室提交书面申请，经登记委员会审批通过，正式登记为部落成员，获得部落身份证。

（二）S 部落成员资格的丧失

根据 S 部落《成员登记法》，除名和放弃导致部落成员资格的丧失。

1. S 部落成员的除名

（1）导致除名发生的事由。依据 S 部落《成员登记法》第七章第一条，当以下事由发生时，S 部落成员将被除名，失去部落成员资格：

a. 法律上已属于或者登记在其他联邦认可部落的成员，此条不适用于未成年人；

b. 通过欺诈或者舞弊在 S 部落进行的成员登记；

c. 有新证据证明在 S 部落进行的成员登记过程中有失误，从而导致该成员资格不合法；

d. 违反了部落、州或者联邦法律，构成刑事犯罪，威胁了社区福利和经济发展，并对 S 部落及其成员的文化造成影响。

（2）对 S 部落成员进行除名的程序如下：

a. 登记办公室或者其他被授权部门向登记委员会提交一份关于除名某名成员的书面申请，列明申请除名的详细理由和证据，申请书还须具备一名登记办公室工作人员或其他部门被授权代表的签名；

b. 该除名登记针对的成员必须收到登记委员会用邮件或者工作人员亲自送达的除名申请，自收到之日起 30 日内可以向登记委员会提交自己的答辩意见。提交的答辩意见必须是书面的，且要向登记委员会和申请除名的部门提交；

c. 登记委员会在收到当事人答辩意见（或 30 日举证期届满）60 日内应当举行关于该项除名申请的公共听证会。听证会上所有相关的口头或书面证据都应当被登记委员会考虑。除名的申请人（或部门）负有举证责任。被申请予以除名的当事人有权检查对方提出的不利证据，有权提出对自己有利的证人和证据，有权聘请法律代理人（费用自理）；

d. 听证会结束 30 日内，登记委员会应在将听证会上收集到的各方证据和观点整理和总结后，向管理委员会提交同意或拒绝此项除名申请的建议（如果该建议是同意除名，则必须获得全体登记委员过半数同意）；

e. 收到登记委员会的建议后 20 日 ~ 60 日内，管理委员会应当举行关于此项除名申请拟进行决定的听证会。听证会后，管理委员会可以对该项除名申请进行表决，由多数决原则决定对该项申请予以同意、否决或有条件恢复。

予以恢复的条件包括但不限于以下情形：

a. 5 年之内没有再犯导致除名发生的类似罪名；

b. 完成了要求进行的治疗或者健康咨询；

c.（按照公诉人要求）出席全体成员大会的年会，获得到场成员过半数支持，以重新考虑除名或该申请者的成员资格登记情况，全体成员大会应将这类事项放在会议日程的首项；

d. 任何确保 S 部落成员安全的其他情形，如果一个被除名的成员达到了以上要求，并被登记委员会提出，则他们（申请人）应当按照本法要求向部落公诉人提交一份进行成员资格登记的申请。

2. 对 S 部落成员资格的放弃

根据 S 部落《成员登记法》第九章的规定，成员可以放弃其成员资格及享有的一切权利，相关规定如下。

a. 向管理委员会提交放弃成员资格的书面申请。这样申请的成员资格放弃是永久性的，日后不得重新申请获得，而且可能影响子孙后代成为 S 部落成员。

b. 如果对成员资格的放弃是因为成为别的联邦认可部落成员后，因为双重成员资格的限制而被迫的，则无须向管理委员会申请。但是，放弃者必须提交一份经过公证的声明，上面明确记载其全名、出生日期、成员号码和别的部落不允许双重成员资格的说明。

c. 对部落成员资格有条件的放弃。如果申请者要求放弃是为了获得其他部落的成员资格，则放弃可以是有条件的：如果 1 年后别的部落尚未对其申请做出决定，则放弃失效①；如果一年后，申请者仍然要求放弃，则必须提交明确的书面申请，表明其希望继续有条件放弃 S 部落成员资格的意愿。一旦别的部落确定接受该名申请者，则有条件的放弃生效，该申请者失去 S 部落成员资格，且被禁止再次申请成员资格的获得。

笔者调研期间，多次前往 S 部落档案室查询历史文件。几次接触后，档案室前台朱丽尔女士认真负责、亲切随和的态度给笔者留下了深刻印象。某次当笔者试图查询 S 部落年度选举的历史信息时，朱丽尔提到她曾在登记与选举办公室工作多年，对选举制度较为熟悉。基于对 S 部落体制的了解，S 部落成员在雇员招聘和晋升时享有绝对的优先权，因此 S 部落

---

① 该申请者仍然保持 S 部落成员资格。

成员很少被解雇。那么，朱丽尔为何会从登记与选举办公室的行政助理降职到档案办公室的前台工作呢？笔者在熟悉后向其提出疑问。

"因为我中途辞职去了邻近的索罗部落。"（朱丽尔女士）

"为什么呢？记得你上次告诉我说你是 S 部落成员，在这里有大家庭。"（笔者）

"因为我去帮助索罗的选举办公室工作。如果不是索罗的成员不方便，我就放弃了 S 部落成员资格。没想到那边的政府非常糟糕。新的主席上任后，把政府工作人员全部解雇，换成他自己的人。这样我就被解雇了，只好回到 S 部落来求职。由于我不是 S 部落成员了，在求职时没有优先权，只好从前台接线员干起。"（朱丽尔女士）

"对你来说很吃亏呀。你可以重新申请获得 S 部落成员资格吗？"（笔者）

"很难，还得去全体成员大会向大家介绍我的情况，寻求支持。太麻烦了，算了吧。"① （朱丽尔女士）

"你真不容易。"（笔者）

"挺好的，至少我现在有工作。而且这里的人也没有把我当外人。"（朱丽尔女士）

二　S 部落的选举权

根据 S 部落《宪法》第三章第二条和《选举法》第二章第二条的相同规定，获得 S 部落选举权须同时符合以下规定：

a. 登记前年满 18 周岁；

b. 登记前为 S 部落在册成员，享有成员资格；

c. 进行选民登记前已在保留地或保留地所处的县合法居住 6 个月以上。

可见，除去成员资格这一先决条件外，还须满足年龄和居住地两项要

---

① 从上述法律看，朱丽尔的情况是不能重新获得 S 部落成员资格的。难怪她在拥有大家族（杰弗森）支持的情况下，仍然不能重新申请 S 部落成员资格。这也成为 S 部落法律得到较好执行的一个证明。

求才能享有 S 部落的选举权，从而成为全体成员大会的一员，享有对部落重大事务的最高决策权。

第三节　S 部落全体成员大会的会议制度

一　全体成员大会的会议类型

根据 S 部落《宪法》，全体成员大会有以下不同主题的会议，其发起方式和条件各有不同。

（一）年度全体成员大会

S 部落《宪法》第三章第一条规定：每年 1 月第一周，由管理委员会召开年度全体成员大会，部落主席在大会上做年度工作报告，汇报管理委员会在过去一年的工作进展和未来一年的工作计划。

（二）全体成员大会特别会议

1. 一般特别会议

S 部落《宪法》第三章第一条规定：由管理委员会全体委员过半数提议或 20 名以上有投票权的成员联名倡议，可召开全体成员大会的特别会议，讨论某一具体事项。此种全体成员大会须有 25 名以上有投票权成员参加才合法有效。

2. 罢免大会

S 部落《宪法》第五章第二条规定：经管理委员会全体成员过半数倡议或 25% 以上有选举权的成员联名倡议，可发起对任何管理委员会现任委员的罢免程序。管理委员会须在通过（收到）上述倡议后 30 日内召开全体成员大会的特别会议，参加会议有投票权的成员三分之二表决通过，该罢免生效。

3. 公决大会

S 部落《宪法》第七章规定：由管理委员会全体委员过半数提议或 25% 以上有选举权的成员联名倡议，部落主席须在 30 日内召开全体成员大会的公决会议，对倡议人提起的公决事项进行表决。此种全体成员大会须经 25% 以上有投票权的成员参与表决方为合法有效。

4. 修宪会议

S 部落《宪法》第九章规定：管理委员会全体委员三分之二以上同意或 30 名以上有投票权的成员倡议，管理委员会须举行修宪大会。全体成员大会 30% 以上成员参加，且获得三分之二以上成员表决通过，部落宪法和附则可以被修改。

二　全体成员大会的会议原则

a. 会议告示：每次全体成员大会召开前 10 日必须在部落公开场合张贴会议告示。

b. 会议进行：S 部落全体成员大会按照《罗伯特议事规则》进行。

三　全体成员大会的权力范围

依照 S 部落《宪法》第三章第三条的规定，全体成员大会的主要权力包括但不限于以下事项：

a. 依照本法收养原则，执行管理委员会建议的收养事宜；

b. 审查管理委员会上一年度的工作报告、预算报告和重要决议；

c. 向管理委员会提出（希望被采纳的）建议；

d. 任命一个确认委员会，以确认关于管理委员会的所有选举结果；

e. 依照本法第五章第二条，考虑关于管理委员会任何成员的罢免问题；

f. 依照本法第七章，决定任何需要公决的事项。

（一）　最高立法权

全体成员大会具有修改部落宪法和法律的最高立法权，且此项权力没有授权给管理委员会。

a. 宪法修改权：S 部落《宪法》第九章规定，管理委员会全体委员三分之二以上同意或 30 名以上有投票权的成员倡议，管理委员会须举行修宪大会。全体成员大会 30% 以上成员参加，且获得三分之二以上成员表决通过，部落宪法和附则可以被修改。

b. 法律修改权[①]：任何部落法律的修改，须提交全体成员大会过半数

---

① S 部落具体的法律修改程序详见本书第四章第一节，管理委员会的法定职权详见本书第80 页。

参会成员通过。超过 25 名部落成员召开的全体成员大会方为有效。图 3 -
2 为 S 部落修改法律的完整程序。

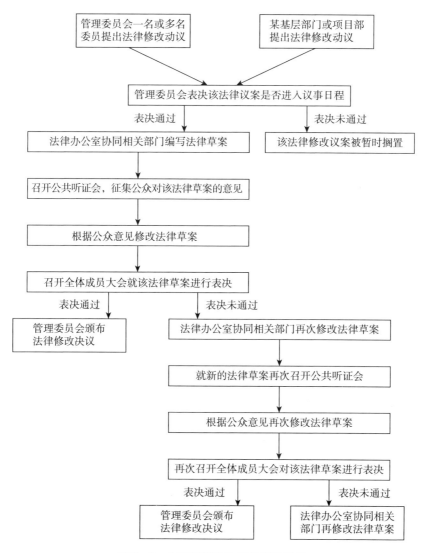

图 3 - 2 S 部落修改法律的完整程序

（二）最高监督权

S 部落《宪法》第三章第一条规定，每年 1 月的第一周，召开年度全
体成员大会，部落主席在大会上做年度工作报告，汇报管理委员会在过去
一年的工作进展和未来的工作计划。另据《财政与预算法》规定，财政官

也须在年度全体成员大会上进行年度预算报告。全体成员据此对主席的工作报告和财政官的预算报告提出建议和批评。如《宪法》原文所言，"全体成员提出（希望被接受）的建议"。

（三）人事任免权

1. 选举和罢免管理委员会委员

（1）根据 S 部落《宪法》和《选举法》，由全体成员大会选举 11 名委员构成管理委员会，是部落的自治机关[①]，如图 3-1 所示，管理委员会是全体成员大会授权下统领部落各机构的最高管理机关。管理委员会选举每年举行一次，轮换 3~4 名委员。

（2）罢免管理委员会委员。

1）罢免的提出：

a. 向管理委员会秘书长提交一份请愿书，拥有 25% 以上有投票权的成员签名；

b. 管理委员会通过内部多数决投票，提议对有渎职或者玩忽职守行为委员的罢免。

2）以上请愿书提交或管理委员会提议之日起 30 日内，必须召开一次关于此项罢免提议的全体成员大会特别会议；在此特别会议召开之日前 10 日以上，被罢免提议的委员必须得到一份关于罢免事由的书面陈述，以使被提议罢免的委员有机会回应针对他（她）的一项或多项事由。

3）参与该次全体成员大会特别会议的有投票权的成员三分之二以上表决通过，罢免生效。全体成员大会的表决具有终决权。

2. 产生专门委员会委员

根据产生各专门委员会的部门法和决议，全体成员大会有权产生一些专门委员会委员，如确认委员会委员。[②]

3. 公决权

a. 由 25% 以上具有投票权的部落成员签字提议，可以决定对部落任何事项进行公决。公决事项由 25% 以上具有投票权的部落成员签字提议，或

---

① 管理委员会的选举制度详见本书第四章。

② 依据笔者在第五章第一节对专门委员会的论述，全体成员大会应当拥有产生更多专门委员会委员的权力。

由管理委员会全体委员半数以上表决要求。

b. 公决大会：管理委员会主席应当在收到以上提议或要求后 30 日内召开一次全体成员大会特别会议，对提议或要求的事项或法律进行全民公决。

c. 表决原则：当 25% 以上有选举权的部落成员参加此次特别大会，过半数的参会人员投票通过决议后，相关事项生效。

4. 具体事务终决权①

根据部落法律规定，全体成员大会对一些具体事务具有终决权。

a. 成员资格恢复权：如前文所述对放弃部落资格的成员是否可以恢复部落资格，须到全体成员大会进行陈述，如获得过半数参会成员支持，可以恢复 S 部落成员资格。

b. 选举争议终决权：依据 S 部落《选举法》规定，选举过程中，对选民名单、选举人资格、初选和大选过程中的争议程序，都须提交全体成员大会，进行终决。

第四节　对 S 部落全体成员大会的善治考察

拥有部落最高决策权、最高监督权、最高立法权、最高人事任免权、具体事务终决权等诸多权力的全体成员大会，其制度的设计与运行是否达到了我们所期望的善治水平呢？以下就根据第一章所制定的善治考察表，进行逐项考察。

一　对全体成员大会的法治性考察

（一）从立法层面考察：全体成员大会具有清晰、完备和稳定的法制基础

1970 年《宪法》、1978 年《选举法》、1999 年《成员登记法》构成了全体成员大会清晰、完备的法制基础。

第一，部落法律详细规定了全体成员大会的产生机制。《宪法》和

① 根据笔者在第四章中对管理委员会权力范围的论述，全体成员大会应当享有更多具体事务终决权而非管理委员会。

《成员登记法》规定了 S 部落成员资格的肯定性条件。《成员登记法》规定了成员资格的否定性条件、丧失和放弃等情形。《宪法》和《选举法》规定了"具有选举权的 S 部落成员构成全体成员大会","S 部落成员的选举权资格",即"年满 18 周岁并居住在 S 部落或其所在县的成员"。

第二,《宪法》详细规定了全体成员大会的权力责任。即通过管理委员会建议的收养事宜;审查管理委员会上一年度的重要决议;向管理委员会提出(希望被采纳的)建议;任命一个确认委员会,以确认关于管理委员会的所有选举结果;考虑关于管理委员会任何成员的罢免问题;对部落重大事项进行提议和公决。

第三,如前所述,《宪法》规定了全体成员大会的会议制度,即年度全体成员大会、特别全体成员大会和公决大会等不同会议的召集方式和会议程序;并规定了普通成员大会举行的最低法定人数为 25 名部落成员。

第四,上述法律维持了较强的稳定性。基于《宪法》这一部落根本法和《成员登记法》《选举法》两部基本法的保障,全体成员大会的制度自产生之日起维持了一贯性。三部相关法律在修改时,也没有涉及全体成员大会基本制度的修改。

(二)从执法层面考察:S 部落全体成员大会严格依法运行

1. 全体成员大会依法召开、讨论和表决

笔者调研期间,时常看到部落公告显示有关某部法律修改的全体成员大会在部落大厅召开,但是参加的人数寥寥,由于不能达到法定人数(25 名以上部落成员),相关法律草案迟迟得不到通过,法律办公室和相关部门只能反复提议召开全体成员大会特别会议。

表 3 - 2 2013 年 S 部落全体成员大会统计

序次	时间	召集方	会议主题	地点
1	2013 - 1 - 8	年度全体成员大会	主席工作报告	部落集会大厅
2	2013 - 2 - 6	管理委员会	未知	部落集会大厅
3	2013 - 2 - 20	管理委员会	未知	部落集会大厅
4	2013 - 3 - 6	管理委员会	《侵权法》修改	部落集会大厅
5	2013 - 4 - 10	管理委员会	《交通法》修改	部落集会大厅

续表

序次	时间	召集方	会议主题	地点
6	2013 - 7 - 9	管理委员会	《烟火法》修改	部落集会大厅
7	2013 - 9 - 23	管理委员会	《儿童保护法》修改	部落集会大厅
8	2013 - 10 - 2	管理委员会	1. 2013 年选举前期事项 2. 选举"确认委员会"委员	部落集会大厅

资料来源：2013 年《S 部落人》上的通知和部落传单。

2. 成员对部落《宪法》的了解有了长足进步

表 3 - 3 是 1999 年部落政府有关部门同外部研究者一起以《宪法》和选举为主题在社区进行的问卷调查，表 3 - 4 是笔者本次调研期间以 S 部落政府善治水平为主题进行的问卷调查。从两个表的对比可以看出，1999 年对 S 部落《宪法》表示"从没看过"的受访者占比高达 44%，2013 年只有 5.1%，可见 S 部落对《宪法》的宣传和普及有了长足进步。但是对《宪法》表示"比较熟"的受访者在 1999 年的占比为 22%，2013 年为 20%，可见受访者对《宪法》的熟知程度并未大幅度提升。

表 3 - 3　问卷调查："你对《宪法》熟悉吗?"（1999 年）

问卷选项	频率（次）	百分比（%）
1. 从没看过	48	44
2. 看过，但是不熟	38	34
3. 比较熟	24	22
合计	110	100

表 3 - 4　问卷调查："你知道部落《宪法》吗?"（2013 年）

问卷选项	频率（次）	百分比（%）
1. 从没听说	4	5.1
2. 听说过	33	42.3
3. 读过	21	26.9
4. 跟人讨论过	20	25.6
合计	78	100.0

二　对全体成员大会的透明性考察

（一）外部透明性考察：全体成员大会对外不公开

作为非 S 部落成员，笔者虽然持有来自 S 部落文化委员会和管理委员会主席颁发的多份调研许可文件，但是在对全体成员大会的调研过程中，还是屡屡碰壁。

从信息公开的静态层面考察，除去开会通知外，S 部落官方网站和报纸《S 部落人》上没有任何关于全体成员大会的具体信息和报道。当笔者向管理委员会秘书办请求查阅相关记录时，秘书办主任特萨女士的表情显示笔者的要求过于鲁莽：

"这是我们部落最高权力机构的会议记录，怎么可能让你翻阅呢？"（特萨）

"那么这些记录向部落成员公开吗？"（笔者）

"是的。部落成员可以看。"（特萨）

"请问他们怎么才能看到呢？因为报纸和网站上面都查不到呀。"（笔者）

"任何成员到我这里来要求查阅，我都会给他们看的。"（特萨）

"除了你这个渠道，还有别的渠道吗？"（笔者）

"没有。我们不可能把它们传到网上。"（特萨）

"有人到你办公室查阅过会议记录吗？"（笔者）

"有时候。"（特萨）

"我可以看看他们来查阅的记录吗？"（笔者）

"不好意思，不可以。"（特萨）

从大会的动态层面考察，全体成员大会的会议过程也向非部落成员关闭。2013 年 3 月，随着调研的深入，笔者观摩了在政府综合大厅举办的多次行政听证会，没有任何工作人员进行干涉，于是看到关于全体成员大会的公告即将在部落集会大厅①举行后，坐车前往。到达会场后，部落主席

---

① 笔者曾于 2012 年 10 月、12 月，2013 年 2 月跟随部落朋友多次前往该集会大厅参加部落成员葬礼和其他传统文化聚会，所遇部落成员都很友好，无人进行询问和阻拦。

和秘书办主任向笔者进行了礼貌性地问候，但随后告知非部落成员不能旁听会议内容。当时天色已晚，笔者向特萨主任表明路途遥远到达不易，能否旁听一次会议，但特萨表示："全体成员大会是我们部落的最高权力机构，会议开始后成员想说什么就说什么，我们没有办法让你旁听。"

此后，当笔者得知在部落生活和工作长达 20 年的柯琳女士也非部落成员时，问起她是否有跟笔者类似的尴尬经历，柯琳女士表示："哦，我知道那些会议对外是不公开（closed）的，所以我从来不去。"

（二）内部透明性考察：全体成员大会会议过程对内公开，但信息不公开

如前所述，全体成员大会的所有常规、特别和公决会议向所有成员公开。参与大会的成员，对会议讨论的事项和决策过程完全知晓。尤其在讨论阶段，每个参会成员享有不受限制的发言机会。但是，全体成员大会的内部透明性在静态层面仍然较差。如果不能亲自参会，部落成员不能从其他渠道便捷查询关于该次会议的主题和结果。每次会议需要讨论的文件也都在会议前临时发放。通过笔者与特萨女士的访谈，可知虽然"理论上"会议记录向部落成员公开，但实践中，一般没有成员前往她的办公室当面提出类似要求。

三 对全体成员大会的参与性考察

（一）全体成员大会提供了广泛参与部落事务的平台

作为一种直接民主形式，全体成员大会向全体部落成员提供了一种直接参与和决策公共事务的方式。如卢梭所言，主权在本质上是由公意构成的，而公意只有公民自己能够表达，通过代表表达是绝对不可能的，不亲自参加统治的人，不可能是真正的自由人。通过选举管理委员会委员、修改法律、审议管理委员会工作和预算报告、表决部落重大事项等途径，每一个部落成员都可以直接享有参与并决策部落事务的权力。无论年龄、性别、财富、学历、职务等如何，所有拥有选举权的部落成员都在全体成员大会地位平等，享有不受任何歧视和限制的发言机会，S 部落在表决时实行严格的"一人一票"和多数决制度。

（二）极低参会率表明全体成员大会参与效度不足

笔者观摩了 S 部落多次公共听证会，发现公众到会率极低；到场了一次全体成员大会，发现邻近开会仍然人数寥寥。后来，笔者向负责组织所有全体成员大会的秘书办主任特萨求证：

> "是的，除了年初第一次全体成员大会到会成员超过 100 人外，其余的全体成员大会到会人数几乎都在 50 人以下，有时甚至不到 10 人，因为不足法定人数（25 名部落成员），不得不反复重新召开会议。"（特萨）
>
> "我在政府综合大厅那边见到好几个人每次都来公共听证会，比如很爱批评的爱伦女士——"（笔者）
>
> "呵呵，跟你在公共听证会上看到的一样，差不多也就是那几个人每次都来（全体成员大会）。"（特萨）

特萨提到的每次都来的那几个人，因为几乎每次都出现在公共听证会上，笔者较为熟悉。其中一两个人热心公共事务但较为反感部落政府，加上自身没有工作，所以对于公共集会几乎每场必到，但对会议讨论事项一般持否定和批评态度。也有几个人因为家庭收入较低、社交范围狭窄，把这些集会当作一种社交场合，到场只是为跟大家聊聊天、品尝免费餐点。另外，这些到会成员以老年人居多，青壮年成员不易见到。对此特萨忍不住抱怨：

> 我也不知道为什么没有人来。也许他们都有更重要的事情需要忙吧。我们（政府工作人员）花了这么多的精力去准备，提前公示，纸质的、网络的，复印这么多传单、文件，到头来却没人感兴趣。而且每次来的都是同一批人，我们听到的都是同样的声音，让人失望。

极低的参会率表明 S 部落在全体成员大会这一层面的公共参与度不够。虽然《宪法》赋予了全体成员大会至高无上的权力和地位，频繁举行的大会也给成员们提供了便捷的参与途径，但是极低的参会率显示公众参与热情较低，仍需进一步刺激和提高。那么，为什么成员不愿意参加全体成员大会呢？笔者分析有以下原因。第一，社区整体教育水平较低，吸毒率和酗酒率较高①，导致相当一部分部落成员反复进出戒毒机构，生活状况不稳定。用特萨女士的话说："他们连自己都照顾不了，还能参与公共事务吗？"第二，由于全体成员大会实行"一人一票"制，因此大家族成员在表决时拥有天然的优势，导致小家族的成员认为"去了也没用，反正都是大家族的人说了算"。第三，全体成员大会没有自身的常设组织机构，所有会议靠管理委员会秘书办负责召开。而全体成员大会和管理委员会之间存在监督和被监督的上下级关系，因此目前的情况不利于全体成员大会发挥自身的监督职能（见表 3－5、3－6）。

表 3－5 问卷调查："你经常参加全体成员大会吗？"

问卷选项	频率（次）	百分比（%）
1. 每次都去	3	3.8
2. 大部分时候去	12	15.4
3. 有时去	12	15.4
4. 不太去	24	30.8
5. 从不去	27	34.6
合计	78	100.0

表 3－6 问卷调查："你为什么参加全体成员大会？"

问卷选项	频率（次）	百分比（%）
1. 因为常常有重要的事情要讨论	26	33.3
2. 因为我可以在那里碰到许多朋友	3	3.8
3. 因为常常都有免费餐	1	1.3
4. 如果我私事很忙，就不去	14	17.9
5. 不感兴趣，因为跟我没啥关系	5	6.4
6. 都不是	29	37.2
合计	78	100.0

---

① 行为健康中心提供的统计资料显示，不足 5000 名成员的部落在册接受治疗的吸毒人员超过 1000 人。

四　对全体成员大会的责任性考察

作为部落最高权力机关,全体成员大会行使部落最高监督权,其主要职能之一是监督管理委员会的工作是否超越《宪法》和全体成员大会的授权范围。经过考察,全体成员大会的监督职能存在重大的制度缺陷。

(一) 全体成员大会对管理委员会年度报告没有审批和否决权

如前所述,虽然在每年 1 月举行的年度全体成员大会上,部落主席将进行年度工作汇报和下一年工作计划介绍,但是对于年度工作报告是否合格,全体成员大会并没有法定的表决程序以及附随的否决权。各基层部门每年的报告格式都存在较大区别,阅读较为困难,信息也不够丰富,甚至有的还存在编辑上的低级错误,它们为什么可以顺利通过年度全体成员大会,曾是笔者的一个疑惑。经过对部落法律的细究以及访谈,笔者才得知上述报告无须经过表决程序。换言之,公众在年度大会上可以获得报告,也可以针对报告进行一定程度的批评或质询,但仅此而已。无论公众言辞多么激烈,都不能对管理委员会造成实质上的压力。无论对管理委员会还是各基层部门、项目部的工作是否满意,全体成员大会对其工作报告都没有进行实质监督的权力。

(二) 全体成员大会对年度预算报告没有审批和否决权

同上,对于数额巨大、涉及整个部落生活的年度预算报告虽然每年都会举行法定的三次公共听证会①,但全体成员大会对其没有审批和否决权。因此,形式上非常充足的三次听证会虽然令人眼花缭乱,有时公众的发言也非常刺耳,却不能达到监督的效果。因为全体成员大会虽有法定的权力,却没有法定的程序可以对管理委员会的预算报告说不。

(三) 全体成员大会对管理委员会决议和行为没有审查权

如前所述,25% 以上的部落成员可以提起对管理委员会委员的罢免程序,对其进行相应的监督。但是,对管理委员会的集体行为和决议,全体成员大会没有进行审查的渠道。

---

① 详见本书第四章第四节"对 S 部落管理委员会预算管理机制的善治考察"。

因此，虽然 S 部落《宪法》赋予全体成员大会最高监督权，以监督管理委员会遵守部落《宪法》，维护部落利益，保护部落财产和成员福利。但是在制度的设计上，存在上述不足。从表 3 - 7 中，也可以看出受访者对目前全体成员大会与管理委员会的关系存在不满，认为"全体成员大会的声音应当比现在更强大"的受访者有 81%，占绝大多数。

表 3 - 7　问卷调查："全体成员大会的声音应当比现在更强大？"

问卷选项	频率（次）	百分比（%）
1. 非常反对	1	1
2. 反对	4	5
3. 中立	10	13
4. 同意	27	35
5. 非常同意	36	46
合计	78	100

五　对全体成员大会的效率性考察

（一）对全体成员大会的时效性考察

第一，全体成员大会沟通效率较高。在现代大部分政体中，如何实现执政者与公众的良性沟通是一个普遍难题。沟通的渠道、方式、程度都考验着执政者的诚意与水平。然而在 S 部落全体成员大会这个实现了直接民主的机构中，这个难题得到了较好的解决。任何成员有沟通需求时，不论是针对公共事务还是个人困难，不论是具体诉求还是单纯的情绪表达，不论是真诚的赞美还是愤怒的控诉，都可以在全体成员大会上毫无顾忌地表达。没有前置审查，没有过程控制，没有信息中转，这种直接无障碍的沟通方式让 S 部落政府和领导者可以在第一时间了解民意，有效地避免了间接沟通方式所带来的信息流失和曲解，如选择性汇报。

第二，无限时发言阻碍了全体成员大会的议事效率。作为直接民主形式，全体成员大会上所有到会成员均有权发言，没有时间限制，除去暴力和污秽语言，也没有内容限制，这样的方式使大会议事效率难以提高，争议不大的事项动辄讨论大半天，争议较大的事项则旷日持久。

比如 2006 年部落发生一起选举争议，参加 H 职位竞选的双方候选人在大选阶段最终相差一票，使落选者进行挑战，启动了选举争议审查程序。其后部落领导、选举办公室工作人员、选举委员会全体委员、选举结果争议审查委员会委员与双方当事人在社区大厅协商长达一个月，除了双方重要的家庭成员外，其他部落成员均难以持续参加。

（二）对全体成员大会的经济性考察

如前所述，由于部落全体大会尚没有自身的组织机构，所有会议由管理委员会秘书办负责召开和组织，因此大会的组织费用可忽略不计。每次大会一般会准备的零食或点心，也从秘书办的预算支出。

六　对全体成员大会的公平性考察

（一）权利的设定："一人一票"、公平决策

从权利的设定层面考察，作为全体部落成员"当家做主"的机构，全体成员大会赋予每个部落成员不受任何约束和限制的公平发言机会，"一人一票"的表决机制更导致每个成员拥有绝对公平的表决权。从问卷调查的情况看，部落成员对部落体制的"公平性"认可度较高，持明确负面意见的受访者只占调查总人数的 32%（见表 3 - 8）。

表 3 - 8　问卷调查："你认为部落管理公平吗?"

问卷选项	频率（次）	百分比（%）
1. 完全同意	1	1.3
2. 同意	19	24.4
3. 不确定	33	42.3
4. 不同意	16	20.5
5. 完全反对	9	11.5
合计	78	100.0

（二）权利的行使：大家族势力在表决中享有天然优势

从权利的行使层面考察，"一人一票"的表决制度是否就一定带来绝对公平的分配结果呢？S 部落的情况给了我们一个"阶级立法"的鲜活

例证。

尚未进入 S 部落正式调研前，一名对 S 部落并不熟悉的西华大学教授告知笔者："听说他们那里有非常有权势（powerful）的四大家族。你在调研中可以注意一下。"随着调研深入，这些"声名远播"的大家族逐渐浮现出来，其在 S 部落公共事务上的影响不容小觑。据不完全统计，杰弗森、希尔、所罗门、詹姆斯、芬克伯格和肯尼六大家族在部落势力庞大，其中杰弗森又当之无愧地被称为"第一家族"。[1]理论上，由于上述大家族在人数上的天然优势，如果每个人投票表决时都倾向于家族意志而非个人对公共事务本身的判断，则"一人一票"的规则必然导致大家族获胜。那么，大家族的天然优势是否垄断了全体成员大会的表决呢？

笔者在访谈中收集到的信息非常有意思，是否来自大家族对受访者的意见造成了明显的影响。一方面，来自大家族的受访者认为家族势力在部落不重要：

"在这里（S 部落）每个人都是亲戚，所以无所谓姓什么，我们都是一个家族。"（来自大家族的达瑞·希尔）

"姓氏啊，你看我虽然姓杰弗森，但我也姓希尔，妈妈那边也姓所罗门，所以我们都是一家人，姓什么并没有关系。"（来自大家族的帕崔克·杰弗森）

"也许你们身为最大家族成员不觉得自己的优势地位吧？但你是否想过社区那些小家族的人是否这样认为呢？我母亲来自一个小县城的大家族，有时候看到同事跟她玩笑——你们是地头蛇，我们惹不起，我母亲对此从不否认。"（笔者）

"我从来没有这样想过。我觉得我们（全体成员）都是相亲相爱的一家人。但是经过你妈妈这个例子，我觉得也许有吧。我需要回去好好想一想。"（来自大家族的娟丽塔·杰弗森）

"我们经常举行家族聚会，联系紧密，无论婚礼，葬礼，我们都会出席。比如今年夏天，我们在河边露营，一共有四个巨型帐篷，每个 100 多人，一共六七百人吧。很开心。"（来自大家族的瑞贝卡·杰弗森）

---

[1]　对部落大家族的具体分析详见本书第四、五、六章相关部分。

另一方面，那些不是来自大家族的受访者认为"家族势力"很重要，如：

"大家族当然势大力沉啊，他们要想定什么还有定不了的吗？"（格林先生）

"大家族人多势众，像杰弗森几百个人，不管选举还是表决都是他们赢啦。"（大卫先生）

"这是一个完全由家族控制的政府。"（部落政府总经理，非 S 部落成员，汤姆先生）

"大家族势力在选举中的优势是肯定的。目前为止我们没有更好的办法。只能通过教育，直到有一天大家认为选适合的人比选亲戚更重要。"（选举办公室主任暨选举委员会委员维拉女士）

所幸，问卷调查的结果对"家族垄断"给出了非常明确的判断。认为大家族"垄断"社区公共事务的肯定性意见占 65.4%，否定性意见只占 12.8%（见表 3 - 9、3 - 10）。

表 3 - 9　问卷调查："你认为大家族控制了部落大部分公共事务吗？"

问卷选项	频率（次）	百分比（%）
1. 完全同意	18	23.1
2. 同意	33	42.3
3. 不确定	17	21.8
4. 不同意	10	12.8
5. 完全不同意	0	0
合计	78	100.0

表 3 - 10　问卷调查："大家族成员更易在社区被雇用吗？"

问卷选项	频率（次）	百分比（%）
1. 完全同意	23	29.5
2. 同意	33	42.3

续表

问卷选项	频率（次）	百分比（%）
3. 不确定	15	19.2
4. 不同意	6	7.7
5. 完全反对	1	1.3
合计	78	100.0

（三）权利救济：重大矛盾的最终解决途径

如前所述，对于成员资格、选举争议等涉及部落成员重大利益的纠纷或困难，任何成员（或成员资格尚待认定的人员），都可以选择全体成员大会这样一个公平开放的平台进行权利救济。在调研过程中，笔者感到在 S 部落公信力最强的既不是法院的判决，也不是管理委员会的决议，而是全体成员大会的表决。如果两位成员之间发生严重的分歧或纠纷，比到法院起诉，大家更愿意选择全体成员大会这个"人人平等，一人一票"的机构去寻求公平和正义。虽然有前述"大家族势力"的无形控制，但部落成员对全体成员大会这个"每个人都说了算"的平台仍报以最深的信任。

第五节　完善 S 部落全体成员大会的制度建议

一　对 S 部落全体成员大会善治考察的小结

根据前述对全体成员大会的逐项考察，我们得出表 3 - 11，可以看到全体成员大会在法治性和参与性方面制度优势较为明显，而在透明性、责任性、效率性和公平性方面尚有完善的空间。

表 3 - 11　S 部落全体成员大会的善治考察

善治要素	考察角度	考察点	经验	挑战	总分：7
法治性	立法层面	1. 是否有清晰的法律依据？	1		
		2. 法律依据是否完备？	1		
		3. 法律依据是否稳定？	1		4
	执法层面	4. 行政行为是否依法进行？	1		

续表

善治要素	考察角度	考察点	经验	挑战	总分：7
透明性	外部透明性	5. 信息对外部成员是否公开？		*	-1
		6. 决策过程对外部成员是否公开？		*	
	内部透明性	7. 信息对部落成员是否公开？		*	
		8. 决策过程对部落成员是否公开？	1		
		9. 决策过程是否存在暗箱操作的可能？	1		
参与性	参与广度	10. 参与渠道多寡？	1		2
		11. 参与渠道是否易得？	1		
		12. 实际参与人数多寡？		*	
	参与效度	13. 公众参与能否推动（阻碍）决策进程？	1		
责任性	外部监督	14. 外部监督方式多寡？	1		0
		15. 外部监督是否有力？		*	
	内部监督	16. 内部监督方式多寡？	—		
		17. 内部监督方式是否有力？	—		
效率性	时效性	18. 沟通是否快捷？	1		1
		19. 决策是否迅速？		*	
	经济性	20. 规模和花费多少？	1		
		21. 有无重复或浪费？	—		
公平性	权利的设定	22. 权利设定是否公平？	1		1
	权利的行使	23. 权利行使是否受不利因素影响？		**	
	权利的救济	24. 是否有权利救济途径？	2		

二 完善 S 部落全体成员大会的制度建议

（一）尽快建立全体成员大会的常设组织机构和独立电子平台

作为 S 部落最高权力机构，应加强全体成员大会的组织性。首先，应尽快设立大会的常设组织机构，如成立全体成员大会秘书办，独立于管理委员会秘书办，专门负责全体成员大会的日程设定、会议组织和日常维护工作。其次，独立的秘书办应建立和维护全体成员大会独立的电子平台，用于及时公开和更新信息。届时，每次全体成员大会的日期、主题和会后的简要记录都可以在此平台上进行公示，方便部落成员及时知晓，并对一些有重要表决事项的大会日程提前做好准备。

（二）赋予全体成员大会对政府报告的否决权和违宪审查权

作为部落最高权力机构，全体成员大会应当具备对管理委员会年度工作报告、年度预算报告和重大工程计划的审批权，以及对管理委员会决议的审查权。虽然全体成员大会实行的是直接民主形式，但由全体成员选举产生管理委员会，管理整个部落政府，则是典型的行政委托代理关系。作为被委托人的管理委员会，必然要接受委托人严格的监督以防止可能的权力滥用。在目前的部落体制下，集立法、行政和司法三权于一体的管理委员会位居"一人之下，万人之上"，拥有过于集中的权力。如同麦迪逊在《联邦党人文集》中所述，"立法、行政和司法权置于同一人手中，不论是个人、少数人或许多人，不论是世袭的、自己任命的或选举的，均可公正地断定是虐政"。① 因此，应当尽快通过对《宪法》以及《财政与预算法》等相关部门法的修订，使全体成员大会拥有审批和否决管理委员会年度工作报告、年度预算报告以及重大工程计划的权力。

此外，由于部落尚无行政诉讼的相关制度，管理委员会的决议在目前的制度下具有"一决终决性"而无须接受任何形式的审查。② 因此，为了限制管理委员会此种不受约束的权力，部落应当尽快赋予全体成员大会违宪审查权，从而实施对管理委员会决议的审查制度。届时，可以参照目前部落《宪法》中关于公决的程序，由一定百分比的成员联名发起对管理委员会某一项决议的审查，如果全体成员大会认为被审查的决议违宪或违反其他部落法律，应当予以撤销。

经过上述权力的加强，全体成员大会对管理委员会的最高监督权才能够得到落实，而非目前的"橡皮图章"。

（三）完善大会议事规则，提高参会率和议事效率

第一，应当按照著名的《罗伯特议事规则》③ 完善全体成员大会的议

---

① 汉密尔顿等：《联邦党人文集》，程逢如等译，商务印书馆，1980。
② 详见本书第四章第三节"对 S 部落管理委员会领导机制的善治考察"。
③ 亨利·马丁·罗伯特撰写的《议事规则袖珍手册》（*Pocket Manual of Rules of Order*）于1876 年首次出版，几经修改后于 2000 年出了第十版。该规则内容非常详尽，包括讲主持会议的主席规则，会议秘书规则，参会者不同意见的提出和表达规则、辩论规则、不同情况下的表决规则等。笔者在此不再详述。S 部落《宪法》中规定了全体成员大会按照《罗伯特议事规则》进行，但实践中并未如此。

事规则，提高议事效率。部落邻近城市的一次市政听证会为此提供了很好的借鉴。在关于一项市政设施的建设可行性听证会上，面对上千名公众，大会组织人员在公众排队时开始发放号牌，听证会开始后，每个人按照号码顺序依次上台发言，不论代表有多少人，每人不超过 2 分钟，如果还希望继续发言，可以再次从大门工作人员处领取号牌。这样，在有序的组织下使现场大部分人得到了发言机会，既提高了公众的参与热情，又有效遏制了冗长无序的发言。更重要的是，主办方听到了尽可能多元的民众意见。

第二，作为 S 部落的最高权力机构，全体成员大会应尽力提高成员的参会率从而完善其参政议政的广度和效度。S 部落政府拥有 1055 名雇员，其中 672 人为部落成员[①]，对这一部分学历高、基本素质好、参与公共事务能力强的群体，政府应当采取相关的激励措施引导他们出席大会，如一年出席 5 次以上作为年度考核优秀的必要条件等。而 S 部落成员大多拥有大家庭，这些政府工作人员在激励政策的导向下出席大会时也极有可能带着家庭成员，那么对提高参会率、普及参与意识、提高参与能力都有极大的辐射作用。同时，可将一些部落福利与出席大会挂钩。如食品、衣物等物资的定期发放可放在大会之后进行，使一些为了领取福利的成员"顺便"参加会议，加深对全体成员大会的了解，逐渐在习惯的基础上形成自发性。

（四）通过教育水平的提高防止大家族实施"多数人的暴政"

在直接民主形式下，如何防止"多数人的暴政"和"阶级立法"是一个亘古不变的难题。少数服从多数的民主原则，相比君主专制无疑取得了历史性进步。但多数人的决定就一定是正义的吗？古今中外无数由多数派导致的非正义事件给了我们有力的否定。法国知名学者托克维尔在其著作《论美国的民主》中将这种以多数人名义行使的无限权力称为"多数人的暴政"。[②] 对如何防止"多数人的暴政"，托克维尔提出了两个办法。一是在多数人的权威与个体公民之间建立一个缓冲地带。这个缓冲地带由无数的公务员和法官构成，使得多数人不可能真正有能力伤害到少数人。二是

---

① 数据来源于 S 部落政府人力资源办公室主任。
② 托克维尔：《论美国的民主》，董果良译，生活·读书·新知三联书店，1988。

通过司法权威防止民主暴政。

但上述方法并不适用于目前的 S 部落，可取的途径之一是加强基础教育和对现代民主理念的传播。首先，随着受教育水平和谋生能力的提升，部落成员可以在经济能力上降低对血缘关系和家族谱系的依赖。其次，随着知识结构的完善和现代民主理念的普及，大家族成员在表决中将逐渐以部落整体利益和长远发展为重而非以家族利益为重。再次，根据马斯洛需求层次理论，当那些低收入部落成员解决了生存、安全等低层次的需求之后，会转向社交、尊重以及实现自我价值等更高层面的追求。笔者在对一些部落精英①的采访中，明显感到他们对"部落利益""服务社区""自我实现"等价值的追求。如经济发展部项目经理（人力资源部原部长）桑夏女士早已获得硕士学位，在受访时告诉笔者 2014 年秋季她打算申请攻读华盛顿州州立大学的博士学位，由于已是三个孩子的母亲，且在部落政府发展顺利，笔者忍不住打探她的求学动力：

> "我知道攻读美国博士学位非常不易，而你们这些部落主管读书的同时还需保持全职工作，这样逼自己受苦的动力是什么呢？"（笔者）
>
> "学习（并获得学位）是我的特长之一，我希望以一己之力更好地为部落服务。"（桑夏）

此外，毕业于华盛顿州州立大学的阿伦先生也在采访中直言不讳地表示：

> 部落很多人需要思考生命的意义，大家都希望提高生活质量，获得更多福利，但这些需要我们自己通过奋斗去争取，而不是靠家族，靠政府。

---

① 依据调研情况，笔者将部落中那些接受了社区大学以上教育、收入稳定、家庭和谐的成员视为部落精英，与之对应的是那些受酒精和药物等影响，没有正式工作、没有稳定收入，甚至生活混乱、时有违法行为的成员。

第四章

对 S 部落管理委员会的善治考察

"我们是美国联邦认可的自治性部落①，……服务着大约 5000 名的部落成员，管理着保留地内 52 平方千米的土地。千百年来，我们就是独立和自给自足的人民。我们的使命就是继续我们的生活方式。我们会继续寻求部落的经济发展，使我们的人民在保持部落价值的同时使用最现代的技术。我们深知要在现代社会保护传统的同时谋求发展的挑战，因此愿意聆听我们的先哲，保护我们的土地和水资源，教育我们的孩子，提供家庭服务，以加强我们同外部世界的联系。"②

如图 4 - 1 所示，管理委员会由全体成员大会选举产生，领导部落政府，集立法、司法、行政三权于一体的自治机关。本章将在简述管理委员会法定职权后，从产生机制、领导机制和预算管理机制三方面对其公共管理的善治水平进行考察。

第一节　S 部落管理委员会概述

一　管理委员会的常任领导

根据 S 部落《宪法》附则第一章，部落管理委员会设置以下常任

---

① 美国联邦政府根据对印第安部落的项目帮助方式将其分为自治性部落与自决性部落，总的来说自治性部落享有更多预算调整权。参见 Catherine Curtis & Miriam Jorgensen, American Indian Tribes' Financial Accountability to the U. S. Government: A Report to the Department of Indian Affairs and Northern Development, *Aboriginal Policy Research: Setting the Agenda for Change*, Toronto: Thompson Educational Publishing, 2004, (2), pp. 17 - 34。
② 参见 S 部落网站首页。

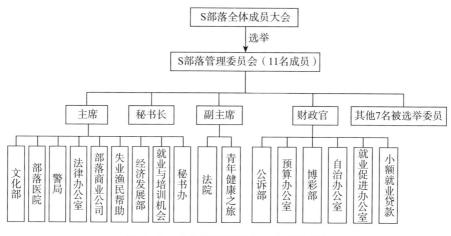

图 4 - 1　S 部落组织结构（上层结构）

领导。

主席（Chairman）：S 部落管理委员会的主席应当主持所有的管理委员会会议和全体成员大会会议。在所有表决进行时，只有当票数难分胜负时，主席才能进行投票（以决胜负）。他应当行使管理委员会特别授予的任何权威。

副主席（Vice-Chairman）：S 部落管理委员会的副主席应当在需要的时候协助主席履行职责。主席不在场的情况下，副主席应当主持所有会议，而且当他主持时，享有和承担主席的所有权力、义务和责任。

秘书长（The Secretary）：秘书长应当负责部落的所有来往信函，未经管理委员会授权，不得签署任何文件或者告示。秘书长应当制作和保存管理委员会和全体成员大会所有的会议记录。

财政官（The Treasurer）：财政官应当对管理委员会的所有资金负责，将部落资金保存在联邦认可的银行或管理委员会直接指定的其他地方，并保持所有的记录。在年度全体成员大会会议上，经管理委员会要求，财政官应对部落资金的收支情况和每一笔资金的使用性质进行报告。除非管理委员会授权，财政官不得支付任何开销，所有支票都需要财政官本人签字。管理委员会应当决定当财政官处理的资金达到一定量的时候，进行年度审计。届时财政官须提交所有账本和记录给一个称职的审计官或印第安事务局任命的联邦雇员进行审计，财政官需要向管理委员会和西华盛顿机构的负责人提交履约保证。履约保证金由部落支付。

其他被任命的官员或委员会：所有被管理委员会任命的委员会或官员的职务应当在任命的决议里被明确描述。这些被任命的委员会和官员，应当在管理委员会要求时，定时或不定时地向管理委员会进行汇报。当其行为和决定侵害的对象（行政相对人）向管理委员会进行申诉时，管理委员会有权对其进行审查（行政复议）。

二　管理委员会的法定职权

根据 S 部落《宪法》第六章，管理委员会作为部落自治机关，"在不违反由联邦法律和美国联邦《宪法》明示的限制外，拥有以下权力"：

a. 管理部落财产；

b. 向联邦政府或别的机构贷款，管理这些资金的用途用于生产性目的，或向部落成员借款（按照第二章关于部落成员的要求）；

c. 在部落的排他管理范围内，积累或者消费任何部落资金，推荐别的部落资金的消费；

d. 以 S 部落的名义购买或者租赁任何土地或者其他资产，受益人是整个 S 部落；

e. 为了保护部落的财产、鱼资源、野外动物及整个自然资源，执行由部落决议、条例和法律所包含的法律规定；

f. 在 S 部落全体成员大会同意的前提下，向在保留地范围内的非部落成员从事商业或取得特别许可权征收许可费；对进行需要特别许可事项或者从部落财产获益的成员宣传法律，征收许可费等；（修改于 1997 年 2 月 11 日，决议案 97 - 38 号）

g. 代表部落名义与联邦政府、州政府和当地政府（邻近的县政府和市政府①）交涉、谈判；

h. 在全体成员大会的同意下，聘请法律顾问以及支付相关费用；（修改于 1997 年 2 月 11 日，决议案 97 - 38 号）

i. 未经全体成员大会批准，保护部落土地或土地产生的孳息不被出售；

j. 依据全体成员大会通过的条例，驱逐未经合法批准进入保留地限制

---

① 美国大部分州仍使用州、县、市政府三级行政区划，县政府高于市政府。

区域的个人；（修改于 1997 年 2 月 11 日，决议案 97 – 38 号）

k. 依据全体成员大会的授权，制定和执行法律，管理部落成员的行为，通过建立法院（规定其职责和权力），管理和维护整个保留地的法制和司法秩序；（修改于 1997 年 2 月 11 日，决议案 97 – 38 号）

l. 为了保护和促进保留地的和平、安全、道德及各方面的幸福，规制商业行为和对保留地财产的配置使用，如果该条例直接应用于保留地的非部落成员时，须得到全体成员大会的同意；（商业规制权）（修改于 1997 年 2 月 11 日，决议案 97 – 38 号）

m. 有权发布决议规范管理委员会自身及其下属机构（所有对其拥有司法权的机构）、部落职员的行为；

n. 促进公共健康与教育，鼓励印第安传统工艺，管理慈善，保护和利用自然资源，以及促进部落社会发展的其他服务；

o. 管理委员会的权力之一是在不与此法（部落《宪法》）冲突的前提下，制定规则和程序管理所有部落选举，其中最重要的是坚持秘密投票；

p. 将前述的任何权力下放给（授权给）对所有部落成员开放的下属机构或合作组织，但管理委员会有权审查任何基于这些授权做出的行动，且所有最终决定必须由管理委员会做出。

据此，我们可以归纳出《宪法》授予了管理委员会以下三方面的权力。

（一）管理委员会享有的立法权

基于印第安部落与美国联邦的条约关系，除 S 部落《宪法》需要印第安事务局同意生效外[①]，S 部落拥有不受外部机构（如印第安事务局）干涉的完整立法权。而根据上述第 11 条（k），"依据全体成员大会的授权，制定和执行法律，管理部落成员的行为"，可知 S 部落《宪法》授予了管理委员会一定范围的立法权。根据调研，笔者发现部落对表 4 – 1 中基本法律的修订都需要提交全体成员大会，只有涉及管理委员会内部制度的行政事项，才可以通过管理委员会决议予以制定，其流程[②]如图 4 –2 所示。

立法过程中，法律办公室（Tribal Attorney Office）是协助管理委员会

---

① S 部落《宪法》后有印第安事务局主管的签字。

② 参见 S 部落法律 Title 27《行政法》和 Resolution 97 – 134 关于法律修改程序的规定。

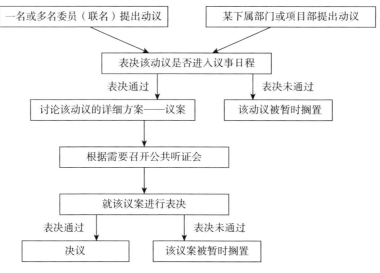

图 4-2　S 部落管理委员会决议流程

进行条文起草的重要机构。现任主任玛丽女士拥有法学博士学位,并取得华盛顿州律师执业资格。在她的带领下,S 部落的法律办公室呈现较高的专业水平。如表 4-1 所示,除了行政立法较为薄弱外,S 部落拥有较为全面的法律体系。

表 4-1　S 部落法律体系

法律部门	部门法名称（生效年份）
根本法	《宪法》（1970）、《驱逐法》（1974）、《选举法》（1978）、《成员登记法》（1999）
行政法	《公用事业调整法》（1968）、《法院建立与管理法》（1974）、《行政法》（1981）、《预算与财政法》（1991）
刑法	《刑法》（1974）、《交通法》（1974）、《交通肇事法》（1974）、《治安与警局法》（1974）、《强制总则》（1974）、《摩托车扣留法》（1974）、《家庭暴力法》（1997）
民法	《民法》（1974）、《侵权法》（1974）、《房屋租赁法》（1975）、《住宅权威法》（1976）、《雇员权利保障法》（1985）、《家庭关系法》（1987）、《雇主责任法》（1996）、《居住设施执照法》（2001）、《租赁抵押法》（2002）、《遗嘱法》（2005）
经济法	《建筑法》（1968）、《商业法》（1971）、《酒法》（1971）、《商业规制法》（1971）、《烟草法》（1972）、《烟火法》（1977）、《税法》（1981）、《博彩法》（1982）

法律部门	部门法名称（生效年份）
社会法	《儿童保护法》（1974）、《老年和弱势群体保护法》（2006）
环境资源法	《自然资源保护法》（1964）、《土地使用与发展法》（1968）、《滩涂法》（1970）、《动物管理法》（2000）、《文化资源保护法》（2001）、《水资源保护法》（2004）、《固体垃圾法》（2004）、《洪水预防法》（2005）、《土地占有法》（2005）、《地下水与水区法》（2008）
程序法	《诉讼法》（1974）、《驱逐程序法》（1992）

资料来源：S部落各部门法。

（二）管理委员会享有的司法权

1. 管理委员会享有的司法权范围

基于印第安部落与美国联邦不断抗争的结果，如今印第安部落享有一定范围的司法权，具体范围根据刑事司法权和民事司法权有所不同。

（1）印第安部落享有的刑事司法权范围。在印第安人保留地上，行使刑事司法权的既有联邦政府，也有州政府，还有部落政府，但它们都不具有对保留地上刑事案件排他和绝对的司法管辖权，而是在这三者之间进行一定的划分，具体如表4-2所示。

表4-2 印第安保留地刑事司法权的划分

刑事案件性质	重罪与否	刑事司法权归属	法律依据
印第安人犯罪，印第安人受害	是	联邦政府或部落政府	分别为《重罪法》和部落固有主权
	否	部落政府专有	部落固有主权
印第安人犯罪，非印第安人受害	是	联邦政府或部落政府	分别为《重罪法》和部落固有主权
	否	联邦政府或部落政府	分别为《印第安人领地犯罪法》和部落固有主权
非印第安人犯罪，印第安人受害	是/否	联邦政府专有、州政府专有	《印第安人领地犯罪法》
非印第安人犯罪，非印第安人受害	是/否	州政府专有	—
印第安人所犯的无受害人刑事犯罪	—	部落政府专有	—

续表

刑事案件性质	重罪与否	刑事司法权归属	法律依据
非印第安人所犯的无受害人刑事犯罪	—	州政府专有	—

资料来源：杨恕、曾向红《美国印第安人保留地制度现状研究》，《美国研究》2007 年第 3 期，第 50～69 页。

（2）印第安部落享有的民事司法权范围。相对于刑事司法权而言，印第安人保留地上的民事司法权较为简单。它遵循的基本原则是，部落对于保留地上的印第安人（包括非部落成员印第安人）拥有广泛的民事司法权，州政府对保留地上非印第安人的活动一般拥有民事司法权，而联邦政府未经国会的同意不得在保留地上行使民事司法权（见表 4－3）。

表 4－3　美国印第安部落政府享有的民事司法权范围

属人条件	部落是否有管辖权	
	保留地内	保留地外
部落成员之间的民事纠纷	有	有
部落成员与其他印第安人之间的民事纠纷	有	有
部落成员与非印第安人之间的民事纠纷	有	无
非部落成员之间的民事纠纷	有	无

资料来源：杨恕、曾向红《美国印第安人保留地制度现状研究》，《美国研究》2007 年第 3 期，第 50～69 页。

与其他联邦认可的保留地一致，S 部落也享有上述受限制的司法权。而根据上述第 11 条（k），"依据全体成员大会的授权，制定和执行法律，管理部落成员的行为，通过建立法院（规定其职责和权力），管理和维护整个保留地的法制和司法秩序"，可知 S 部落《宪法》授权管理委员会行使上述部落所享有的有限司法权。

S 部落中行使司法权的机关有警局、法院、公诉部等，这些机构都通过司法委员会受辖于管理委员会。

如图 4－3 所示，为了权力的相互制衡，部落在三权合一的情况下，让管理委员会主席分管警局，副主席分管法院，财政官分管公诉部。对此较为粗略的机构设置，资深雇员罗莎女士介绍说："我们都知道司法部门应该独立，警局、公诉部和法院这些职能上有所制衡的司法机构应该彼此独立，但是现行体制下，我们只好让不同的管理委员会领导分管，达到起码的独立。"

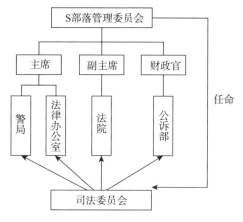

图 4-3　S 部落司法机构

2. 管理委员会对司法权的行使方式

（1）人事领导权。第一，领导司法委员会。由于司法委员会的委员由管理委员会提名、任命和罢免，因此管理委员会通过人事管理权间接控制着司法委员会的工作。第二，选任法官。S 部落《法院建立与管理法》"法官的任命与免职"（1.03.020）规定，部落的主审大法官（Chief Judge，又译作"法院院长"）由管理委员会任命。从管理委员会同意的法官候选人名单中，主审大法官选择法院的专业法官。第三，罢免法官。S 部落《法院建立与管理法》（1.03.060）规定：当 S 部落的主审法官、上诉法官和普通法官在 6 年的任期内，因为不当或失职行为，可以被管理委员会解雇。

部落法官的选任和罢免均由管理委员会行使终决权，与美国联邦法院系统的法官终身制有较大区别。对此，主审大法官在采访中表达了自己的看法。①

"是的，这是我们工作的难度之一。你知道，我们需要从管理委

---

① 采访法院院长时，其专业性和对调研的配合让笔者惊讶。该院长具有德国和印第安裔的混合血统，整个家庭都生活在 S 部落保留地。出任部落法院院长前，她在加州从事职业律师 6 年，并获得了加州和华州的双重律师资格证。

员会取得工作合同。在他们的分工中，副主席分管我们，所以（对诉讼结果不高兴的）人们总是去找他和司法委员会投诉。他们希望大家都开心，但法律不会让所有人都开心。所以我只能坚持斗争，坚持我的法律理想。"（主审大法官）

"你希望部落进行关于法官终身制的改革吗？"（笔者）

"当然，但他们（管理委员会）不会愿意的。"（主审大法官）

"为什么呢？"（笔者）

"呵呵，方便他们管理不听话的法官吧？"（主审大法官）

此外，管理委员会卸任委员艾登·希尔在向笔者表达对管理委员会的不满时，着重提道："他们（管理委员会）现在多了不起呀，连法官都由他们选了，还有什么办不到呢？联邦政府可以任命法官吗？"

（2）预算管理权。通过对院长的采访，部落法院的预算额属于年度预算表中管理委员会有权调整的项目，由管理委员会统一审批和拨付，使用时受司法委员会严格监督。因此，同那些接受外部单独审计（管理委员会无权削减）或预算来源更广阔的部门相比，部落法院的预算管理权较小，管理委员会对其管理的力度更强。例如，在司法委员会的例会日程中，法院院长需要向司法委员会说明预算的使用情况，并提交相关设备的购买申请。

（3）具体争议终决权。除了通过人事和预算两项途径间接行使司法权外，管理委员会还在成员资格的申请、取得和放弃等事项的争议程序中直接享有终决权，具体行使一定的司法权。如 S 部落《成员登记法》第二章"对成员的除名"（34.02.040）规定："针对除名倡议，管理委员会应当在登记委员会收到书面倡议之日起 20 日~60 日内召开一次公共听证会。管理委员会可以投票决定实施除名、否决除名和有条件地实施除名。管理委员会的决定为最终决定，本部落不再支持任何形式的上诉或复查。"该法第八章"申诉"（34.08.010）规定："S 部落管理委员会对本法规定的所有申诉享有排他性司法权。"上述规定表示，与成员资格有关的争议事项在 S 部落没有通过诉讼途径进行救济的可能。

（三）S 部落管理委员会享有的行政权

对前文所述由 S 部落《宪法》明文规定的管理委员会职权，除上述立法权和司法权外，大部分属于行政管理权的范围，包括外交权、机构组织权、选举管理权、土地管理权、资金管理权、商业规制权、特许经营许可权、驱逐权、社会保障与管理权等。对这些内容广泛的权能，管理委员会主要从以下途径予以执行。

1. 机构设置权

管理委员会进行机构设置主要有内外部促进两种方式。

第一，内部促进：管理委员会在实际工作中发现部落政府某项职能需要加强，通过管理委员会提议、讨论和决议组建某个职能部门或者项目部。如登记与选举办公室、人力资源部、教育部、总经理等，都是从部落政府内部的运行需要出发进行设置的。

第二，外部促进：由于某项联邦政府拨款或全国统一的项目设置，部落政府组建相关的部门或者项目部进行配套设施，如住房保障部、社区服务中心、早教中心等。

2. 人事任免权

a. 大部分专门委员会的委员任免：依据专门委员会设立依据的不同，绝大多数委员会的委员产生由管理委员会决定。

b. 总经理任免：统领部落大多数基层部门、对年度预算履行重要监督权的总经理，由管理委员会负责遴选、聘用和解雇。

c. 基层部门的领导任免：管理委员会通过决议任免所有部门领导。

3. 预算管理权

虽然部落成员不足 5000 人，但 S 部落的年度预算总额在 2013 年达到了 99864811 美元，接近一个亿。因此，庞大的预算管理是管理委员会行使自治权的一项重要权能。如表 4-4 所示，2013 年预算收入的构成显示部落自主收入只占全部收入的 41.8%，超过一半的预算额仍然来自联邦政府和第三方机构各种各样的项目支持和资金转移。

据此，可以看到由 11 名民选委员组成的管理委员会是 S 部落政府的最高机构，行使着立法、司法和行政三方面的广泛权力。接下来，我们将以善治考察表为基础，对管理委员会的产生机制、领导机制和预算管理机制进行分项考察。

表 4 - 4　2013 年 S 部落预算收入

单位：万美元，%

来源		金额	百分比
部落自主收入	1. 博彩酒店利润	3570	35.8
	2. 税收收入	514	5.1
	3. 土地租金	9	0.1
	4. 其他收入	80	0.8
	小计	4173	41.8
外部扶助项目和资金	1. 印第安事务局（自治性合同）	475	4.8
	2. 印第安事务局（自决性合同）	215	2.2
	3. 印第安健康署（自治性合同）	1779	17.8
	4. 印第安健康署（自决性合同）	53	0.5
	5. 内部服务基金	933	9.3
	6. 其他扶助项目	2358	23.6
	小计	5813	58.2
总　计		9986①	100

第二节　对 S 部落管理委员会产生机制的善治考察

如前所述，S 部落管理委员会由全体成员大会选举产生，因此管理委员会产生机制即管理委员会选举制度。从 1925 年首次进行部落选举后，S 部落从 1933 年至今已进行了 80 多年部落选举。笔者调研期间，有幸观摩了 2013 年度选举的全程。

一　S 部落管理委员会选举制度概述

依据 S 部落《选举法》，S 部落管理委员会完整的选举程序如下。

---

① 具体数额为 99864811 美元。

（一）选民登记

1. 适格选民条件

根据 S 部落《宪法》3.2①和 S 部落《选举法》2.2 的相同规定，成为 S 部落选民须同时符合以下条件：

a. 登记时年满 18 周岁；

b. 登记时为 S 部落在册成员，享有成员资格；

c. 登记时已在保留地或保留地所处的县合法居住 6 个月以上。

2. 选民登记程序

S 部落《选举法》2.4 规定：

a. 选民进行登记时提供符合选民资格的所有证明；

b. 选民登记申请表不得迟于初选或特别选举前 15 日，大选前 10 日在工作时间内向选举办公室提交。

根据对选举办公室业务助理帕崔克先生的采访，部落成员并不需要每年到选举办公室重复进行选民登记，只要曾经登记过一次，并保持投票记录，则在更换家庭住址前都不需要再次登记。但是连续三年没有投票记录的已登记选民，会收到选举办公室的书面通知，如果不进行再次登记的话，会被移出选民名单，不能参加当年投票。因此每年选举季开始，S 部落选举办公室的工作人员不仅要整理当年新登记的选民名单，还要核对前一年的选举名单上那些连续三年未投票的选民，并及时发出书面通知。此外，选民登记期间并不局限于每年的选举季，选民可以在任何时间前往选举办公室进行登记，但是迟于每年初选前两周截止时间登记的选民，只能参加次年选举。

（二）竞选人登记

1. 竞选人资格

S 部落《宪法》4.2 规定：任何适格选民只要在选举前合法居住在保留地或保留地所属县内超过一年，均享有竞选资格。

2. 竞选人提交竞选提名

S 部落《选举法》3.2 和 3.3 规定，竞选人须通过选举办公室向选举委员会提交竞选提名：

---

① 3.2 意为 S 部落《宪法》第三章第二条，本书所有法规后面的数字都遵循此意。

第一，提名书上须列明竞选人意欲竞选的具体职位（A－K），且提交之后不得更改；

第二，每位竞选人的提名书上须有不少于 20 位 S 部落已登记选民的联名倡议；

第三，每位竞选人须缴纳 25 美元的登记费，该款项只能用于竞选事宜。

（三）S 部落管理委员会初选

S 部落《选举法》4.1 规定：初选时，投票箱开放时间为上午八点至晚上八点，所有投票为秘密投票。[①] 每一项职位下获得选票最高的两位竞选人进入大选。如果某项职位下只有两位竞选人，则该职位无须初选，直接进入大选。2013 年 10 月 29 日为 S 部落初选日，晚上八点半，初选结果在脸书网站主页公布。

（四）S 部落管理委员会大选

S 部落《选举法》4.2 规定：大选当天，投票箱开放时间为上午八点至晚上八点，所有投票为秘密投票。每个职位下获得最高票数的竞选人当选。2013 年 11 月 2 日是 S 部落的大选日，晚上八点二十五分，大选结果在脸书网站主页公布。

（五）管理委员会内部选举：产生管理委员会常任领导

根据 S 部落《宪法》，当年度选举结束后，新一届管理委员会委员将由内部不记名投票产生管理委员会的常任领导：主席、副主席、财政官和秘书长。

二　对 S 部落管理委员会选举制度的善治考察

结束对 2013 年度选举全程的观摩后，笔者在选举办公室和档案室多次往返[②]，终于从选举办公室获得了自部落 1925 年举行首次选举以来历届管

---

① 通过对选民大卫先生的采访，笔者获知每位选民领到的选票外有两层信封，外层信封需写上选民的名字，以备选举办公室的人进行统计，内层的信封则不能进行任何书写。选票上有 4 个职位及其各自的竞选人，选民像做选择题一样在 4 个职位下勾出所选的竞选人后，将选票放入最内层的信封。如果内外层信封放置错误，则该选票无效。

② 刚开始两个部门都对笔者踢皮球，告诉笔者相关选举资料保存在对方办公室，大概分别拜访了三次以后，选举办公室新晋助理帕崔克先生终于被笔者的诚意打动，提供了上述资料，并在采访中对相关问题给予了详细解答。

理委员会委员的名单。虽然该名单有部分缺失，从 1925 年、1933～2014 年，共计 80 多次选举中 11 年的数据有所缺失①，但约 70 年的信息统计，给予了本研究珍贵的原始资料。

（一）对管理委员会选举制度的法治性考察

1. 立法考察：详细的法律条文给选举提供了完备的制度基础

S 部落《选举法》只有 6 章 21 条 85 款，却囊括了选举委员会的构成、选民登记、竞选职位、选举流程、不在场投票、争议等与选举有关的整套内容。如前文对 S 部落选举制度的介绍，《选举法》对部落选举的所有环节做了详细规定，使 S 部落的选举制度不仅在理论上"有法可依"，更在实践中有一套可详细遵循的规则，无论部落领导和相关工作人员如何变更，选举制度均可在预设的轨道上平稳进行。此外，在选举常规环节的程序设置外，S 部落《选举法》还设置了争议审查、亲属回避、不在场投票等特殊程序，切实保障了所有部落成员的选举权与被选举权。基于这样细致和公平的程序保障，笔者发现不论是公共场合还是私下聊天，从未听到任何民众质疑部落选举制度的程序正当性。

2. 执法考察：稳定的法律程序使年度选举依法举行

从 1948 年颁布的第一部部落《宪法》设定了选举制度的基础框架，到 1978 颁布的《选举法》详细设计了一系列配套程序，S 部落的选举制度形成了一套稳定的法律程序。其中《宪法》对选举制度的条文从无更改，《选举法》有 14 次修订，但只针对具体程序而未涉及根本制度。依据 S 部落的立法程序，所有法律制度的修改必须提交部落最高权力机关，即全体成员大会通过，因此严格的立法程序保证了法律制度的相对稳定，从而保障了选举制度的稳定与公开。纵观 S 部落 2013 年度选举的全过程，笔者感到整个流程非常清晰，大众、选民及竞选人对选举过程都非常熟悉，足见稳定的制度保证了部落成员对选举程序的共识。从选民登记、竞选人登记，到初选、大选，选举过程的各个环节都依赖于一套成熟稳定的制度以保证其依法运转。

---

① 委员信息存在部分或者全部缺损的年份是 1941 年、1942 年、1947 年、1953 年、1954 年、1956 年、1958 年、1969 年、1976 年、1977 年、1978 年。

(二) 对管理委员会选举制度的透明性考察

1. 外部透明性考察：信息公开，过程不公开

作为一个外部访问者，笔者可以进入 S 部落通讯部在脸书的官方主页。选举期间，该主页会实时更新选举的进程。如前期通知选民前往登记，预告初选和大选时间，公布选举结果等。此外，笔者还可以下载《S 部落人》的选举特刊，获得选举委员会和确认委员会名单、当年选民名单以及各职位候选人名单和竞选词。但对笔者来说，因为《S 部落人》选举特刊上的竞选人介绍非常粗略，所以除了直接约访很难从上述渠道获得竞选人的有效信息，以 2013 年为例，一共 4 个竞选职位 20 位竞选人，其中竟然有 3 位候选人没有向选举特刊提供自我介绍和竞选词。[①] 而在刊登的 17 份自我介绍中，也很难获得竞选人详细的个人背景，比如重要的学历和职业背景等，以及比较明确的施政纲领。17 份自我介绍大多是对其家族谱系的介绍，对选民的感谢，以及参选的动因陈述和竞选宣言。总之，空泛的语言多，具体的内容少。

2013 年 10 月 19 日，是 S 部落的年度初选日。早上十点左右，笔者来到投票点（部落法院大厅）打算进行观摩和随机采访。因为是周六，又下着小雨，路上行人并不多，周围非常安静。从投票点外 500 米左右的主公路处，一直有写着"投票在这里"的路牌引导选民到目的地。笔者也顺着路牌来到这里，发现大厅外有两位工作人员，旁边的茶几上摆放着糕点和水果。当笔者向认识的工作人员蒂娜表明采访目的后，她客气地表示需要请示大厅内的选举委员会成员。笔者向她进去的方向看，7 位选举委员会的委员端坐在大厅一侧，对面是投票箱。大厅前方悬挂着横幅"S 部落 2013 年度初选"，横幅下面是选民用于填写选票的柜台，当时只有两三位选民在填写选票，气氛非常严肃。遗憾的是，前台工作人员请示后到门厅告知笔者：S 部落选举不对外开放，非部落成员不得入内。返回后，笔者关注通讯部在脸书网站主页对选举的报道，从早上八点半起，一共有五条更新提醒选民前往投票点投票；晚上七点半，再次更新"初选结果即将揭

[①] 笔者在对其中一位竞选人的采访中获知，选举办公室通知他提交自我介绍时，他正在外地出差，所以错过了。但在笔者与其联络时，得知他可以熟练使用电子邮箱，所以从技术上说，这个借口并不成立。

晓"；八点半，公布初选结果（见表 4-5）。2013 年 11 月 2 日，大选结束后，选举结果仍由脸书网站主页公布（见表 4-6）。因此，S 部落的选举信息对外部有限公开，选举过程对外部封闭。

表 4-5　S 部落管理委员会 2013 年度初选结果

职位 H① 选票（张）	Ca. Wilson 251	Ju. Finkbonner 217	Ra. Kinley 106	Go. Adams 112	Jo. James 48	
职位 I 选票（张）	Sh. Martin 224	Je. James 89	Me. Jefferson 135	Ra. Morris 90	Na. Wilbur 118	El. Hillaire 78
职位 J 选票（张）	Le. Deardorff 139	Ch. Sanders 317	Ha. James 72	Sh. Williams 187	Ra. Charles 19	
职位 K 选票（张）	Vi. Johnson 215	St. Toby 377	Ta. Jefferson 60	Re. Priest 78		

资料来源：S 部落在脸书官方网页信息。

表 4-6　S 部落管理委员会 2013 年度大选结果

职 位	竞选人	选票（张）	竞选人	选票（张）
职位 H	Ca. Wilson	340	Ju. Finkbonner	482
职位 I	Sh. Martin	527	Me. Jefferson	291
职位 J	Ch. Sanders	443	Sh. Williams	372
职位 K	Vi. Johnson	397	St. Toby	426

资料来源：S 部落在脸书官方网页信息。

2. 内部透明性考察：信息公开、过程公开

信息公开方面，部落成员从官方得到的信息与笔者并无区别。但由于 S 部落是一个成员不足 5000 人的部落，加上保留地生活的相对封闭性，因此从访谈中得知，相比《S 部落人》选举特刊上的介绍和竞选人辩论大会等正式渠道，选民一般更看中竞选人在生活中的表现。如选民西塔说："我们都是亲戚，年轻人只要说他（她）的祖父母是谁，我们一下就知道

---

① S 部落管理委员会 11 名委员位次编码依次为 A、B、C、D、E、F、G、H、I、J、K，2013 年换届的是 H、I、J、K 四个位次。

他们家为人如何了。"这也解释了为何竞选人论坛和辩论大会上，每位竞选人发言时首先介绍家庭成员。

选举过程方面，所有环节向部落成员公开。[①] 尤其是管理委员会内部选举，连计票环节也全程公开，现场气氛非常热烈。2013 年 12 月 9 日下午五点，笔者来到部落政府综合大厅观看"新委员宣誓仪式"，平时举行一般听证会时空荡的大厅人山人海，会场中间 100 个左右折叠椅和四周的长凳坐满人后，陆续前来的人直接站在大厅后面和过道处。上一届 11 名委员坐在主席台，会议由主席主持。会议开始后，第一项内容是感谢即将卸任的 3 名委员（2013 年度选举中谋求连任的 3 名委员都没有成功）；第二项为新委员宣誓，带领宣誓的是着正式法官袍的部落首席法官，"誓词"全文为：

> 我，_____，在此庄严宣誓：我会遵守和保护美国联邦《宪法》和 S 部落《宪法》，我会忠诚和无私地尽我所有能力履行我的职责，我会协调、促进和保护我们部落的最佳利益。

宣誓后，卸任的 3 名委员离开现场[②]，新当选的 4 名委员进入主席台就座。新一届管理委员会开始内部选举部落长官，按照主席、副主席、财政官、秘书长的顺序进行。每位领导选举时，先由委员介绍提名人选，由会议秘书（秘书办主任）输入电脑，主席台后面的大型显示屏及大厅显示器同步播放。此后全体委员进行投票，由秘书长现场唱票，会议秘书电脑同步记录。因此，每当两位候选人之间得票较为接近时，现场气氛极其紧张，任何候选人得到过半数的 6 票后，全场又爆发出热烈掌声。2013 年管理委员会内部选举情况如表 4-7 所示。

表 4-7 2013 年度 S 部落管理委员会内部选举结果

职位	提名人一	被提名人一（得票数）	提名人二	被提名人二（得票数）
主席	Da. Hillaire	Di. Ballew（7）	Ch. Sanders	Sh. Martin（4）

---

① 此外，监票计数环节只有选举委员会 7 名委员在场，即使是选举办公室普通工作人员也不得观看。

② 除了坎迪斯手捧鲜花，保持微笑，留在观众席外，其他 3 位卸任委员都离开了现场。

续表

职位	提名人一	被提名人一（得票数）	提名人二	被提名人二（得票数）
副主席	He. Cagey	Cl. Cultee（6）	Da. Hillaire	Sh. Martin（5）
财政官	Be. Thomas	Da. Hillaire	无	无
秘书长	Be. Thomas	Je. Julius（7）	Cl. Cultee	Ch. Sanders（4）

资料来源：笔者实地观察。

（三）对管理委员会选举制度的参与性考察

1. 竞选人论坛和辩论会给部落成员提供了广泛的参与机会

初选前的竞选人论坛和大选前的竞选人辩论会均在豪华的部落博彩酒店宴会厅举行，不设门禁，大多数部落成员是全家老小同来。当笔者五点整到达时，大约 500 平方米的宴会厅已经坐满了人，工作人员还在不停摆放新增的餐桌。论坛前大家先享用丰盛的自助餐，笔者也不例外。大概六点半，主持人上台宣布年度竞选人论坛/辩论开始。论坛和辩论均进行了两个小时左右，除去前期的自我介绍外，竞选人讨论的问题均由部落成员提前向组织者（S 部落通讯部）提交或者现场提交。因为不设任何门槛，问题范围比较广，既有"你为何参加选举？"这样较为浅显的个人意愿问题，也有"你如何看待今年的政府预算？""如何看待我们的卫生环境？"这样较为宏观的公共话题。客观地说，这样的竞选人论坛和辩论会并不像美国总统大选辩论那样专业，并非每个问题都涉及具体的施政纲领，部分竞选人的表现也差强人意，甚至引起场内善意的哄笑。但是从民主参与方面来说，的确是笔者所见最好的形式。无论年龄、学历、职业等条件如何，部落任何成员都可以参加这个辩论会，都可以提前或者现场书写一个或者多个问题投递到主持人的帽子中。甚至，书写有困难的民众可以随时请身边的朋友帮忙，换句话说，这样的辩论会对未接受教育的知识障碍者也不设限。

从对现代选举制度的象征性意义来说，S 部落这样民主、公开、平等的氛围可谓最佳代表。选民即便认为自己单薄的选票无法决定最后的选举结果，自己所书写的辩论问题也无法左右竞选人的能力高低和现场表现，但是通过这样不设任何条件的全民参与，让部落成员感受到真切的选举氛围，感到自己真实地行使了一份神圣不可侵犯的权力，那就是可以亲眼见证并亲自选举自己信赖和认可的部落领导。

2. 选举动员不足，成员参与度不高

如前所述，S 部落是一个不足 5000 人的小型社区。大多数部落成员从出生、上学、工作、成家、养老都在保留地，彼此之间非常熟悉，也有大量相互叠加的人际关系（如同学、同事、亲戚等）。理论上讲，在这样的小型传统社区搞全民直选，是比较容易开展选举动员工作的。但根据选举办公室提供的成员登记情况和选民数据，S 部落 2013 年的选民登记率只有56.9%，着实不高（见表 4-8）。究其原因，笔者认为有以下两点。

表 4-8 S 部落 2013 年度选民数据

全体成员	适格选民	登记选民	选民登记率	投票选民	投票率
4824 人	2502 人	1424 人	56.9%	833 人	58.5%

资料来源：S 部落选举办公室助理帕崔克先生。

第一，大多数印第安保留地的受教育水平、就业率等远远低于美国联邦平均水平，S 部落也不例外，然而，酗酒和吸毒的比例很高。[1] 因此，在很多受教育程度低、就业不稳定，甚至长期接受救济和行为矫正的成员心中，选举这样重要的公共事务并不值得参与。在笔者的随访中，一些这样的部落成员表达对了对选举的淡漠。

"我喜欢 S 部落，但是不喜欢政治。你知道，选举，都是那么回事。"（男，26 岁，初中文化水平，戒毒人员）

"选举嘛，你知道大家都说那样的话，没意思，都是为了选票。"（男，50 岁，初中文化水平，文化委员会成员）

第二，如第三章所述，部落存在一些人多势众的大家族，他们的天然人数优势导致其对选举结果有一些大的影响。[2] 长此以往，大家族以外的成员对选举日益淡漠，认为即使参加，也无法改变结果。

笔者对选民的投票频率、投票或不投票原因的调查结果如表 4-9 至表

---

[1] 除了前述酗酒和吸毒的人员数量，政府报告也数次提到酗酒和毒品是影响部落发展的首要问题。

[2] 详见本节第六点"对管理委员会选举制度的公平性考察"。

4 - 11 所示。

表 4 - 9　问卷调查："可以投票后你投票频率如何?"

问卷选项	频率（次）	百分比（%）
1. 每年	27	34.6
2. 大部分时候	11	14.1
3. 许多次	8	10.3
4. 有时候	8	10.3
5. 很少	9	11.5
6. 从不	13	16.7
小计	76	97.4
系统误差	2	2.6
合计	78	100.0

表 4 - 10　问卷调查："一般你去投票的原因是?"

问卷选项	频率（次）	百分比（%）
1. 履行宪法权利	19	24.4
2. 部落成员义务	10	12.8
3. 对部落自治很重要	10	12.8
4. 支持我认识的人	16	20.5
5. 享受比较竞选人的过程	2	2.6
6. 因为投票有很多好处	2	2.6
7. 有些竞选人叫我支持他	2	2.6
8. 以上都不是	17	21.8
合计	78	100.0

表 4 - 11　问卷调查："一般你不去投票的原因是?"

问卷选项	频率（次）	百分比（%）
1. 个人事务太忙	14	17.9
2. 个人事务忙，没空为别人投票	1	1.3
3. 今年我没人想支持	2	2.6
4. 去比较竞选人太头疼了	1	1.3

续表

问卷选项	频率（次）	百分比（%）
5. 又改变不了结果，我没必要去投	3	3.8
6. 我不在意选举结果	3	3.8
7. 以上原因都不是	54	69.2
合计	78	100.0

（四） 对管理委员会选举制度的责任性考察

责任的考察从监督者与被监督者的关系来说可分为外部监督和内部监督。由于部落的天然主权以及与联邦政府的抗争，S 部落的选举结果无须提交外部机构（如联邦印第安事务局）审批后生效。[①] 因此 S 部落管理委员会选举制度没有外部监督机制，内部监督考察结果如下。

1. 对竞选行为限制与违规责任规定严格

《选举法》（29.03.040） 第一款规定，任何竞选人须遵守下列对竞选行为的限制：竞选人及其支持者不得在部落办公楼、商业区、教学区、部落医院等公共区域墙面签名；不得在上述公共区域 30.48 米范围内聚集；不得在上述公共区域及投票站 30.48 米范围内张贴拉票广告；不得在竞选传单上使用部落或部落机构的标志；不得使用部落的设备、汽车和其他材料。

第二款规定，任何人发现竞选者违反以上规定，可向选举委员会检举：检举人在检举的违规行为发生 2 日内须向选举办公室提交书面检举报告；选举办公室须在收到检举报告 1 日内向选举委员会转交；选举委员会须在收到书面检举报告 48 小时内决定被检举的行为是否成立，如果成立，则在收到报告第 7 日~9 日内举行相关听证会，被检举的竞选人须在听证会前 3 日收到书面通知，并有权对被检举的事项做出回应；听证会上，检举和被检举的双方都有权在选举委员会面前陈述和提供证明。选举委员会

---

① 从其他印第安部落的实践看，有一些部落内部无法解决的选举争议被成员提交到美国联邦法院，这引发了学者的争议：基于部落的天然主权，联邦法院是否有权力管辖部落内部的选举纠纷。参见 Derek H. Ross, "Protecting the Democratic Process in Indian Country Through Election Monitoring: A Solution to Tribal Election Disputes," *Columbia Law Review*, 2007, 107 (5), pp. 1049 – 1125.

应审查所有相关证据，并与相关各方面谈后，在事实的基础上做出相关违规行为是否成立的决定，此决定为最终决定。

该条第三款规定了对违规竞选行为的相关处罚：初次犯规，250 美元；再次犯规，500 美元；三次犯规，1000 美元。

2. 缺乏对贿选行为和相关责任的规定

访谈中，当笔者问起部落选举中是否有不公平的现象发生时，一些受访者提道：

> "我听说啊，有时候大家看到同样一辆车，拉着不同的人来，应该是某竞选人花钱雇人来投票的。"（沃伦女士）
>
> "你知道花多少钱吗？"（笔者）
>
> "这个说不清楚，20、50 美元吧，也不多。"（沃伦女士）
>
> "好像花费并不多呀？"（笔者）
>
> "20、50 美元说起来不多，买成东西的话可就是一大堆了。"（希尔先生）

可是，当笔者与积极推动部落领导直选的尼克森先生交谈时，对方对贿选问题态度十分轻松，但也默认了贿选现象的存在。

> "我们的《选举法》有禁止贿选吗？你去看看。"（尼克森先生）
>
> "好像，是没有相关规定。"（笔者不能确定）
>
> "对嘛，我们的法律根本没有禁止（贿选）呀。"（尼克森先生大笑起来）

同时，也有对贿选问题不在意的部落成员。

> "我不认为（你说的那些情况）是'贿选'，即使有花钱雇人去投票的，但我们采用的是匿名投票，投票人完全可以按照自己的意思选择，花了钱的人只是帮助部落增加了投票人数，但并不能保证这些人一定投他呀。"（对部落政府常常持批评意见的爱伦女士）

从表 4 – 12 问卷统计的情况看，对部落选举可能存在的贿选现象，明确持否定意见的占 26.9%，持明确肯定意见的占 29.5%，相差不多。结合访谈的信息，可见 S 部落选举中的贿选现象并不严重。但从法制的完备性方面，S 部落《选举法》应补充对贿选行为的界定及相关责任的处罚。

表 4 – 12　问卷调查："你认为选举中有贿选等不当行为发生吗？"

问卷选项	频率（次）	百分比（%）
1. 我不认为	21	26.9
2. 我不知道	15	19.2
3. 也许吧	19	24.4
4. 是的，有时候	18	23.1
5. 是的，我认为一直都存在	5	6.4
合计	78	100.0

（五）对管理委员会选举制度的效率性考察

1. 时间性考察：人员精干、组织高效

精练的工作人员和提供志愿服务的选举委员会带来了选举工作的高效性。作为常设的政府职能部门，选举办公室的工作人员仅全职三人、兼职一人。笔者从 2013 年 9 月开始约访，选举办公室前台秘书蒂娜态度和蔼，但总表示"我们最近实在太忙了，过一阵再约吧！"选举当天从会场的布置、门厅的点心和纯净水准备，到圆珠笔、投票箱的搬运，全靠选举办公室工作人员自己负责。笔者在交谈中问起"你们加班吗？"蒂娜无奈地笑了"加啊，天天加班"。而选举委员会、确认委员会和选举争议审查委员会这三个由志愿委员组成的临时性委员会，更加体现了 S 部落高效的组织特点。平日，部落政府无须为这些志愿委员支付工资，在选举活动进行时，这些委员会却可以无须通过重复培训①就实现高效运转。委员们在选举过程中所展示的专业、严谨的公共服务精神，让笔者数次惊讶。采访后得知，这些委员会委员认为能被全体代表大会选出，是一种至高无上的荣

---

① S 部落《选举法》29.01.050 规定，对新入选的选举委员会、确认委员会和选举争议审查委员会成员，选举办公室负责在大选前确定一个培训的时间。

誉，没人在意工作是免费的。此外，经历了长久集体议事传统的部落生活后，他们对如今部落政府的代议性质有一定的抵触和怀疑，认为如果不加强监督，政府总有违背民意的倾向。以下是笔者对选举委员会成员之一迪南女士进行的简单采访：

　　"你们都是志愿工作者吗？"（笔者）

　　"当然，这是我们的荣耀。我们都是被全体代表大会选举出来的。"（迪南）

　　"我看你们工作非常认真，为什么呢？"（笔者）

　　"如果我们不来，都由政府的人管理选票，谁知道他们会对选票做什么呢？所以需要我们来监督没人在选举过程中作弊。"（迪南）

　　2. 经济性考察：相关机构花费低

　　经济性方面，确认委员会没有年度预算拨款，选举委员会 2013 年度预算为 24940 美元，选举办公室 2013 年度预算额为 21 万美元①，相比许多拥有"巨额"预算的部门②，部落为意义重大的年度选举支出不多。问卷调查显示，对选举工作的效率性持明确负面意见的受访者不多，只有 6.4%。

表 4-13　问卷调查："你认为部落选举的组织工作高效吗？"

问卷选项	频率（次）	百分比（%）
1. 完全同意	8	10.3
2. 同意	31	39.7
3. 不确定	33	42.3
4. 不同意	4	5.1
5. 完全反对	1	1.3
合计	77	98.7
系统缺失	1	1.3
总计	78	100.0

---

①　由于选举办公室全称为"登记与选举办公室"，因此此预算额还包括登记事务的支出。

②　详见本书第六章第四节"对 S 部落基层结构预算管理机制的善治考察"。

（六）对管理委员会选举制度的公平性考察

1. 管理委员会选举权利的设定公平吗？

S 部落《宪法》和《选举法》的制度设计让全体部落成员平等地享有选举权与被选举权。比如对竞选人资格，《选举法》只规定了年龄和家庭住址的要求。符合这两项要求的成员要想参加竞选，只需要获得 20 位其他成员的签名和缴纳 25 美元的选举费用，这无疑为普通部落成员提供了最低的参与门槛。细看 2013 年度 20 位选举人的背景资料，年龄最大的 65 岁，最小的 28 岁；有硕士毕业生，也有中学毕业生；家庭背景方面有经商者，也有普通工作人员。因此，各方面背景悬殊的竞选人一起参加年度选举，正是 S 部落选举制度在实践层面实现了人人平等的一个有力证明。因此，"一人一票"、没有任何限制的被选举权和选举权表明，S 部落管理委员会的选举制度在权利的设定方面达到了公平性。

2. 管理委员会选举权利的行使公平吗？

（1）无任期限制，资深委员普遍。从表 4 - 14 可以看出，运行 80 多年的部落选举中，一些资深委员的续任时间较长。究其原因，笔者认为有以下两点。

第一，20 世纪尤其是七八十年代部落的教育条件较为落后，部落人才极为匮乏。一些既有家族威望，又接受一定现代教育、见多识广的部落精英，极易得到部落成员的认可和支持，同时，部落的管理和发展也必须依靠这些精英的能力和见识来领导，如表 4 - 14 中排名前 10 的那些委员。

表 4 - 14 S 部落管理委员会部分资深委员任期统计（1925 ~ 2014 年）

排名	委员姓名	任期长度①（年）	任期时间
1	沃伦·兰	35	1964 ~ 1998
2	威廉姆斯·琼斯	29	1979 ~ 2007
3	詹姆斯·威尔森	24	1979 ~ 1986、1996 ~ 2011

① S 部落管理委员会委员一届任期为 3 年，所以正常情况下每个委员的任期长度是 3 的倍数，表中任期不是 3 的倍数的主要由两个原因造成：第一，信息缺失；第二，个别委员在任上去世或者辞职。

续表

排名	委员姓名	任期长度（年）	任期时间
4	厄尔·托马斯	21	1946～1966
5	达瑞·希尔	20	1995～2014
5	山姆·凯基	20	1968～1975、1981～1992
7	奥古斯特·马丁	17	1925，1933～1945，1950～1952
7	詹姆斯·亚当斯	17	1970～1986
7	亨利·凯基	17	1990～1992、1994～1998、2003～2005，2008～2010、2013～2015
7	亨利·希尔	17	1959～1975
7	维克多·琼斯	15	1948～1952、1959～1968
12	拉瑞·肯尼	14	1979～1989、1999～2001
13	阿方索·华盛顿	13	1925、1933～1940、1951～1952、1959～1960
14	罗伯特·詹姆斯	12	1939～1940、1943～1946、1948～1952、1955
14	欧内斯特·杰弗森	12	1979～1990
14	梅尔·杰弗森	12	1988～1990、1994～1996、2000～2005
14	蒂姆·巴鲁	12	1995～2000、2003～2005、2012～2014
18	乔治·詹姆斯	10	1925、1938～1941、1943～1945、1949～1950
18	福瑞斯·肯尼	10	1951～1952、1959～1966
18	坎迪丝·威尔森（女）	10	2005～2014
18	谢丽尔·赛瑟斯（女）	10	2007～2016
22	皮特·奎纳	9	1925、1933～～1940
22	詹姆斯·所罗门	9	1943～1946、1959～1961、1965～1966
22	威尔恩·约翰逊	9	1973～1975、1994～1999
22	谢瑞·威廉姆斯（女）	9	2002～2004、2006～2011
26	约翰逊·芬格伯格	8	1959～1964、1966、1979
26	杰威尔·詹姆斯	8	1979～1983、2002～2004
26	爱德华·约翰逊	8	1982～1987、1993～1994
29	伊萨多·汤姆	7	1967～1973
30	亚历克斯·马尔科夫	6	1941、1943～1946、1948
30	阿·查理斯	6	1948～1952、1959

续表

排名	委员姓名	任期长度（年）	任期时间
30	爱德华·杰弗森	6	1925、1933、1934、1936~1938
30	费雷克斯·所罗门	6	1938~1940、1943~1945
30	赫布·琼斯	6	1943~1945、1948~1950
30	维克多·约翰逊	6	1943~1948
30	阿诺伊修斯·查尔斯	6	1959~1964
30	福罗瑞德·阿尔比斯	6	1961~1963、1964~1966
30	雷·莫瑞斯	6	1961~1963、1999~2001
30	玛丽·普拉斯特（女）	6	1964~1969
30	詹姆斯·麦基	6	1966~1968、1973~1975
30	丹尼斯·芬克伯格	6	1973~1975、1979~1981
30	福瑞德·兰	6	1981~1986
30	罗恩·芬克伯格	6	1984~1989
30	凯·詹姆斯	6	1985~1987、1988~1990
30	雷迪·肯尼	6	1987~1989、1993~1995
30	理查德·杰弗森	6	1989~1994
30	威廉姆斯·普瑞斯特	6	1994~1999
30	史蒂夫·所罗门	6	1995~2000
49	弗朗西斯·肯尼	5	1959~1963
49	乔治·亚当斯	5	1979~1983

资料来源：S 部落选举办公室。

第二，在信息相对封闭的 S 部落，在任委员谋求续任是否比新人入选更容易呢？问卷调查的统计支持了笔者的假设。持肯定意见的受访者占总数的 42.3%，持否定意见的受访者占总数的 25.7%，不确定的受访者占32.1%（见表 4-15）。

但是，问卷调查对是否应该修宪以改变目前没有限制的任期，受访者的态度比较明确：持肯定性意见的占 53.8%，持否定性意见的只有 21.8%（见表 4-16）。

表 4 – 15　问卷调查："在职委员连任更易当选吗?"

问卷选项	频率（次）	百分比（%）
1. 完全同意	7	9.0
2. 同意	26	33.3
3. 不确定	25	32.1
4. 不同意	18	23.1
5. 完全反对	2	2.6
合计	78	100.0

表 4 – 16　问卷调查："你对没有竞选连任限制怎么看?"

问卷选项	频率（次）	百分比（%）
1. 应该有连任限制	42	53.8
2. 只要可以赢得选举，没必要连任限制	17	21.8
3. 很难说	19	24.4
合计	78	100.0

（2）大家族控制了部落选举吗？在第三章第四节分析 S 部落全体成员大会的公平性时，本书已初步介绍了大家族势力对 S 部落公共事务的无形控制和受访者对此倾向性的意见。那么对于选举这一最重要的公共事务来说，大家族的控制是否也十分明显呢？

首先，笔者通过历届管理委员会委员的检索，发现部落存在显赫的家族树（见表 4 – 17）。

其次，笔者比较了部落最近四年①的选民名单，发现大家族的登记选民数量稳定，使其在投票阶段占据明显的人数优势（见表 4 – 18）。

最后，问卷和访谈的结合情况显示，大家族势力对选举结果有很大的影响，非大家族成员对此较为反感。如表 4 – 19、表 4 – 20 所示，问卷统计对大家族在选举中的影响给出了十分明确的答案。78.2% 的受访者认为大家族更易当选，55.1% 的受访者认为管理委员会中大家族的委员太多了。但访谈的信息继续显示出两面性。一方面，来自大家族的受访者认为

———————————

① 由于《S 部落人》选举特刊从 2010 年开始出版，笔者只能获得最近四年的选民名单。

表 4-17　S 部落大家族部分获选管理委员会委员及其任期时长统计

关系	序号	杰弗森	希尔	所罗门	詹姆斯	肯尼	芬克伯格
直系血亲	1	梅尔（12 年）	达瑞（20 年）	詹姆斯（9 年）	乔治（10 年）	拉瑞（16 年）	乔治（9 年）
	2	厄内特（10 年）	亨利（17 年）	菲雷克斯（6 年）	杰威尔（8 年）	福瑞斯（8 年）	丹尼斯（6 年）
	3	爱德华（6 年）	詹姆斯（4 年）	史蒂夫（6 年）	罗伯特（12 年）	雷罗德（6 年）	罗恩（6 年）
	4	理查德（6 年）		米歇尔（4 年）	吉艾（6 年）	雷迪（6 年）	
	5	安吉拉（5 年）				弗朗西斯（5 年）	
女婿	1	威廉姆斯·乔治（27 年）	厄尔·托马斯（21 年）	沃伦·兰（35 年）			
	2	山姆·凯基（20 年）		拉瑞·肯尼（14 年）			
	3	乔治·格林（4 年）		亨瑞·凯基（17 年）			

资料来源：S 部落选举办公室。

表 4-18　S 部落选民的家族姓氏统计（2010～2013 年）

单位：人，%

排名	家族姓氏	2010 年各家族姓氏选民人数	占当年登记选民（1151 人）比例	2011 年各家族姓氏选民人数	占当年登记选民（1248 人）比例	2012 年各家族姓氏选民人数	占当年登记选民（1292 人）比例	2013 年各家族姓氏选民人数	占当年登记选民（1302 人）比例
1	杰弗森	84	7.30	83	6.65	84	6.50	87	6.68
2	詹姆斯	63	5.47	69	5.53	64	4.95	69	5.30
3	兰	51	4.43	48	3.85	54	4.18	54	4.15
4	所罗门	42	3.65	65	5.21	64	4.95	58	4.45
5	芬克伯格	35	3.04	35	2.80	36	2.79	34	2.61
6	希尔	34	2.95	34	2.72	33	2.55	33	2.53

排名	家族姓氏	2010年各家族姓氏选民人数	占当年登记选民（1151人）比例	2011年各家族姓氏选民人数	占当年登记选民（1248人）比例	2012年各家族姓氏选民人数	占当年登记选民（1292人）比例	2013年各家族姓氏选民人数	占当年登记选民（1302人）比例
7	巴鲁	29	2.52	29	2.32	26	2.01	26	2.00
8	菲儿	27	2.35	28	2.24	28	2.17	32	2.46
9	卡基	24	2.09	25	2.00	25	1.93	28	2.15
10	劳伦斯	23	2.00	23	1.84	22	1.70	20	1.54
11	约翰逊	22	1.91	25	2.00	25	1.93	25	1.92
12	卡迪	21	1.82	22	1.76	22	1.70	22	1.69
13	伊威	21	1.82	24	1.92	28	2.17	29	2.23
14	鲍勃	20	1.74	20	1.60	19	1.47	20	1.54
15	肯尼	20	1.74	18	1.44	22	1.70	22	1.69
16	华盛顿	20	1.74	19	1.52	22	1.70	19	1.46
17	马丁	19	1.65	19	1.52	20	1.55	20	1.54
18	刘易斯	18	1.56	19	1.52	21	1.63	21	1.61
19	拉夏尔	17	1.48	23	1.84	25	1.93	26	2.00
20	托比	17	1.48	22	1.76	23	1.78	19	1.46
21	汤姆	15	1.30	16	1.28	17	1.32	16	1.23
22	乔治	14	1.22	20	1.60	23	1.78	24	1.84
23	威尔森	15	1.30	16	1.28	15	1.16	19	1.46
24	琼斯	13	1.13	12	0.96	12	0.93	13	1.00
25	斯卡特	13	1.13	12	0.96	12	0.93	13	1.00
26	威廉姆斯	13	1.13	15	1.20	17	1.32	17	1.31
27	亚当斯	12	1.04	15	1.20	15	1.16	15	1.15
28	华布茨	11	0.96	11	0.88	9	0.70	10	0.77
29	格林	10	0.87	9	0.72	10	0.77	9	0.69
30	莫瑞斯	10	0.87	12	0.96	13	1.01	13	1.00
31	卡莫夫	9	0.78	8	0.64	10	0.77	10	0.77

续表

排名	家族姓氏	2010年各家族姓氏选民人数	占当年登记选民(1151人)比例	2011年各家族姓氏选民人数	占当年登记选民(1248人)比例	2012年各家族姓氏选民人数	占当年登记选民(1292人)比例	2013年各家族姓氏选民人数	占当年登记选民(1302人)比例
32	奥森	9	0.78	10	0.80	10	0.77	11	0.84
33	托马斯	9	0.78	9	0.72	11	0.85	10	0.77
34	爱德华	9	0.78	11	0.88	10	0.77	9	0.69

表 4 – 19　问卷调查："大家族成员更易当选吗?"

问卷选项	频率（次）	百分比（%）
1. 完全同意	22	28.2
2. 同意	39	50.0
3. 不确定	12	15.4
4. 不同意	4	5.1
5. 完全反对	1	1.3
合计	78	100.0

表 4 – 20　问卷调查："大家族成员当选的委员太多了?"

问卷选项	频率（次）	百分比（%）
1. 完全同意	17	21.8
2. 同意	26	33.3
3. 不确定	26	33.3
4. 不同意	8	10.3
5. 完全反对	1	1.3
合计	78	100.0

家族因素对选举没有太大影响，而其余的人认为大家族控制了选举。以下是笔者对兼任文化委员会和法律委员会委员的格林先生的访谈，访谈日期为 2013 年 12 月 5 日，2013 年度选举结束后。

"大家族的人参加选举更容易吗?"（笔者）

"那是肯定的。他们（来自大家族的竞选者）都不需要拉票的,随便家族中哪个人参选,家族成员都会选他（她）的。"（格林先生）

"那其他人没意见吗?"（笔者）

"当然有,但有什么办法?他们（大家族）也不好意思,就让家族中的不同人员轮流参选,比如某某家族,这次不就选了个小女孩（年轻女性）来参选（赢得职位I的）吗?她什么经历都没有,不也选上了吗?"（格林先生）

"那小家族的人就不参与竞选了吗?"（笔者）

"除非那个人非常出色,或者非常擅长政治。但是总的来说,你知道,寡不敌众,大家觉得大家族的人在控制形势。即便小家族的人参加（竞选）,也需要大家族的支持。"（格林先生）

另一方面,来自大家族的受访者一般持这样的观点:

"我不认为。每年不是也有那么多姓杰弗森的竞选者输了吗?"（J.杰弗森）

"但你们被选上的和参加竞选的人数的确比别的姓氏多很多啊。"（笔者）

"那是因为我们人多呀,按照平均概率,我们也应该有更多人参选或者被选上对不对?"（J.杰弗森）

……

3. 关于管理委员会选举权利的救济公平吗?

实践中,不存在完美的制度,因为各种主观或客观因素常常导致程序失灵。那么,权利的救济渠道公平和通畅,就成为保证结果公平的一条重要途径。S部落管理委员会的选举制度,也对各种可能的争议进行了救济方面的程序设置。

（1）登记申诉和选举名单争议。任何被选举办公室拒绝登记为选民的部落成员有权向选举委员会提交申诉（29.02.050）;任何申诉须不迟于初选或大选前10日以书面形式提交给选举办公室;选举委员会收到申诉之日起 5 日内，举行相关听证会；选举委员会基于听证会内容做出的决定为最终决定 （29. 02. 060）。

（2）选举争议程序。任何竞选人对竞选结果有争议，可启动选举争议程序：在选举结果公布的第一个工作日向选举争议审查委员会提交书面异议；审查委员会 2 日内将决定争议事项是否成立，如果成立，将设定公共听证会；基于听证会上各方陈述和相关证据的展示，选举争议审查委员会将做出最终决定。

实践中，2009 年，竞争 H 职位的两位候选人在大选阶段得票数只差一票，从而造成落败方启动了选举争议程序。在部落大厅举行的公共听证会上，选举办公室主任暨选举委员会副主席维拉女士被争议方提出质询，从而在公共听证会上进行了长达一小时的陈述，最后被选举争议审查委员会认定无工作过错。

采访中，大部分受访者对此事较为回避，相比之下维拉女士态度很直接：

> 我认为那次争议程序被启动的主要原因是落败一方与获胜者得票很接近，所以感情上接受不了，他们找不到可以责怪的人，只好归咎于我。我在全体成员大会上的答辩获得了满堂喝彩，大家的眼睛是雪亮的，没人认为我有过错。

最后，问卷调查显示过半数受访者对管理委员会选举制度的公平性给予了肯定。

表 4 - 21　问卷调查："你认为部落选举过程公平吗？"

问卷选项	频率（次）	百分比（%）
1. 完全同意	6	7. 7
2. 同意	43	55. 1
3. 不确定	24	30. 8
4. 不同意	5	6. 4
合　计	78	100. 0

三　小结

根据前述分项考察，我们汇总出表 4 - 22。从中可以看出，S 部落管理委员会的选举制度无论是静态的程序设计还是动态的制度运行，都显示了较为成熟的水平。

表 4 - 22　对 S 部落管理委员会产生机制的善治考察

善治要素	考察角度	考察点	经验	挑战	总分：13
法治性	立法层面	1. 是否有清晰的法律依据？	1		4
		2. 法律依据是否完备？	1		
		3. 法律依据是否稳定？	1		
	执法层面	4. 行政行为是否依法进行？	1		
透明性	外部透明性	5. 信息对外部成员是否公开？	1	*	2
		6. 决策过程对外部成员是否公开？		*	
	内部透明性	7. 信息对部落成员是否公开？	1		
		8. 决策过程对部落成员是否公开？	1		
		9. 决策过程是否存在暗箱操作的可能？	1		
参与性	参与广度	10. 参与渠道多寡？	1		2
		11. 参与渠道是否易得？	1		
		12. 实际参与人数多寡？		*	
	参与效度	13. 公众参与能否推动（阻碍）决策进程？	1		
责任性	外部监督	14. 外部监督方式多寡？		*	0
		15. 外部监督是否有力？		—	
	内部监督	16. 内部监督方式多寡？	1		
		17. 内部监督方式是否有力??	1	*	
效率性	时效性	18. 沟通是否快捷？	1		4
		19. 决策是否迅速？	1		
	经济性	20. 规模和花费多少？	1		
		21. 有无重复或浪费？	1		
公平性	权利的设定	22. 权利设定是否公平？	1		1
	权利的行使	23. 权利行使是否受不利因素影响？		**	
	权利的救济	24. 是否有权利救济途径？	2		

第三节　对 S 部落管理委员会领导机制的善治考察

一　对管理委员会领导机制的法治性考察

相比部落整体较为齐整的法制框架，管理委员会一级的立法来源广泛、质量参差不齐。

（一）完备的程序法使管理委员会的会议制度明确清晰

以讨论为主要内容的会议制度是管理委员会最主要的制度；全体委员表决形成决议，是其核心的决策方式。

因此，对于这种权力集中，涉及立法、司法、行政等部落公共领域各方面的会议制度，除了 S 部落《宪法》附则外，管理委员会专门于 2004 年和 2008 年通过两次决议（2004 – 118 号与 2008 – 05 号）对其进行了详细的规定（见表 4 – 23）。

表 4 – 23　S 部落管理委员会会议制度

编号	条款题目	条款内容
1	会议类别	常规会议、特别会议、外出会议
2	会议的取消	a. 会议预定日期前一天四点半以前还不能获得法定会议人数，则会议取消； b. 如果预定会议日期同任何葬礼或祈祷活动同一天，主席可以取消会议； c. 会议预定时间开始 15 分钟后，法定人数尚未到齐，主席宣布会议取消
3	参会补贴	每次会议补贴 125 美元。① 具有独立办公室预算的三位常任领导不能领取
4	议事日程	a. 事项发起人——所有议案须在秘书办主任规定的截止日期前以电子邮件、U 盘或纸质文件的方式向秘书办提交；迟延提交的议案会被顺延到下一次管理委员会常规会议； b. 所有提交的议案须遵循统一的程序，完成政策、法律和财政三项清单要求； c. 截止日前提交的议案须附有以上规定的支持性文件、陈述人姓名，以获得主席（主席缺位时的副主席）同意从而进入会议议事日程； d. 会议期间提交的议案相关附件须通过管理委员会表决获得同意
5	表决的法定人数	管理委员会会议必须在 6 名以上委员到会的条件下才能召开。秘书办在周四下午及周五（需要时）征集委员们能否参会的信息，如果开会之日前仍不能达到法定人数，秘书办将告知主席将该次会议取消

---

① 此标准取代了 20 世纪 90 年代中期开始实行的每次会议 50 美元标准。20 世纪 90 年代中期以前管理委员会委员工作为志愿服务。

续表

编号	条款题目		条款内容
6	缺席	可获谅解的缺席	生病、受伤、工作导致，参加葬礼、文化活动等，出差等。其他有疑问的缺席原因须经过管理委员会一致同意决定
		不可获谅解的缺席	承诺可以出席又未能出席，或者事先未能告知秘书办缺席原因的缺席视为不可原谅的缺席
7	表决①		在所有表决进行时，只有当票数难分胜负时，主席才能进行投票（以决胜负）
8	会议原则②		所有管理委员会会议按照《罗伯特议事规则》进行

资料来源：S 部落《宪法》、管理委员会 2004 – 118 号决议与 2008 – 05 号决议。

（二）缺乏组织法，使管理委员会频繁调整政府结构

由于关于下属委员会和部门的组建以及下属官员的任命，只有一条可适用的法律条文，即"所有被管理委员会任命的委员会或官员的职务应当在任命的决议里被明确描述。这些被任命的委员会和官员，应当在管理委员会要求时，定时或不定时地向管理委员会进行汇报。当其行为和决定侵害的对象（行政相对人）向管理委员会进行申诉时，管理委员会有权对其进行审查（行政复议）"。因此在实践中，管理委员会运用"合法"的决议任意增减下属部门，并频繁调整各部门的归属领导，导致政府的整体结构变化无常，政府大厅至今无法张贴统一的组织机构图。笔者从不同部门拿到的机构图，在短短两三年之内都有不同变化。对此，秘书办主任说："这都是他们（管理委员会）内部调整的。只要有人提出来，大家表决通过，他们就可以改。"笔者苦恼于搞不清楚大大小小的部门之间的关系，向一位中层领导暗示"不是一般的政府大厅都会展示一个组织机构图供外访者快速了解吗？"对方无奈地表示："应该有的。但是你知道，我们是相对年轻的部落政府，今年刚刚搬进新大楼，对于规范性方面的东西，我们还有很多需要改进。"S 部落管理委员会常任领导分管部门变化统计（2009～2013）如表 4 – 24 所示。

---

① 此项规定并非来自上述决议，而是来自 S 部落《宪法》附则第一条第一款，为了方便介绍，将此一并放置在此表内。

② 此项规定并非来自上述决议，而是来自 S 部落《宪法》附则第一条第一款，为了方便介绍，将此一并放置在此表内。

表 4 - 24　S 部落管理委员会常任领导分管部门
变化统计（2009~2013）①

年份	常任领导	分管部门								
		1	2	3	4	5	6	7	8	9
2009	主席	秘书办	政策分析办	通讯部	法律办	自治办	博彩部	失业渔民帮助		
	副主席	青年健康之旅	帮助系统	法院						
	财政官	政策办	公诉部	就业促进办	小额就业贷款	预算办公室				
2010	主席	秘书办	政策分析办	通讯部	法律办	自治办	博彩部			
	副主席	恢复司法部	失业渔民帮助	青年健康之旅	帮助系统	法院				
	财政官	政策办	公诉部	就业促进办	小额就业贷款	预算办公室				
2011	主席	秘书办	政策办	通讯部	法律办	自治办	博彩部	部落服务组织		
	副主席	青年健康之旅	法院	帮助系统	失业渔民帮助					
	财政官	政策办	公诉部	就业促进办	小额就业贷款	预算办公室				
2012	主席	秘书办	警局	经济发展部	法律办	文化部	就业与培训机会	自治办	失业渔民帮助	
	副主席	青年健康之旅	法院	帮助系统						
	财政官②	政策办	公诉部	就业促进办	小额就业贷款	博彩部	预算办公室			

① 表中阴影部分表示该项目管辖在该年发生变化：或从总经理直辖调整到管理委员会领导直辖，或在三大领导之间变化，或在该年被撤销。此外，本表主要根据 S 部落年度工作报告形成，但由于其报告存在重大疏漏，没有对一些项目进行完全统计，因此本统计也存在不完整的地方。

② 2012 年 11 月财政官新上任，所以几乎没有具体内容。

续表

年份	常任领导	分管部门								
		1	2	3	4	5	6	7	8	9
2013	主席	秘书办	警局	经济发展部	法律办	文化部	就业与培训机会	部落医院	部落商业公司	失业渔民帮助
	副主席	青年健康之旅	法院							
	财政官	公诉部	就业促进办	小额就业贷款	自治办	博彩部	预算办公室			

资料来源：2009~2013 年 S 部落政府工作报告。

二　对管理委员会领导机制的透明性考察

（一）外部透明性：管理委员会决议和决策过程对外不公开

管理委员会最主要的工作成果是针对表决事项的决议，但是对于这些涉及部落公共生活各个领域的重要文件，除了政府雇员依据工作需要有所触及外，普通的部落成员和笔者这样的外访者，难以获得。因为这些决议文件不在上述任何渠道公开，仅从 2012 年始，年度政府报告中开始刊登当年所有决议的目录，含有每项决议的编号、通过时间及主题。那么如此重要的决议存放在哪里呢？当年的决议由制作文件的秘书办保管，年终统一交由档案部作为机密文件保管。对于这些文件是否应该更具公开性及更易于被普通民众查找，特萨女士解释说："这些决议是管理委员会针对部落内部事务进行管理的记录，我们没有必要公开到网站上，让那些对我们部落不感兴趣的人来翻看或挑刺。内部成员有需要的话，可以到我这里来复制，任何时候都可以。"而当笔者前往部落档案部要求复印管理委员会某项决议时，档案部工作人员答复道："部落决议属于机密内容，除了你所出示的调研审批上有部落主席签字外，我们还需要秘书办主任的签字，因为这些决议是由她交给我们保管的。"

（二）内部透明性：管理委员会决策过程对内相对公开，决议有限公开

第一，管理委员会决议对内有限公开。如上所述，管理委员会决议对

外不公开。那么对政府雇员和普通部落成员是否公开呢？笔者从档案部年度报告中获知，管理委员会所有决议的电子版均已制作完成，但仅对一定级别的领导公开，普通雇员申请调取必须提交统一格式的申请表，写明使用需求和范围，并获得部门领导的同意和签字。可见，即使在部落内部，管理委员会决议的公开范围和程度也非常有限。作为管理委员会集体决策和领导部落政府的主要依据，管理委员会决议相当于我国的行政法规，具有管理部落各部门和委员会的规范性作用，本应同部落法律一样，公开到网络上供各界人士随时查阅。然而部落对决议的保守态度，折射出他们对外部环境还存在一定程度的防御心理。

第二，管理委员会决策过程对内相对公开。首先，管理委员会决策过程在 11 名委员内部绝对公开。如前所述，会议是管理委员会主要的工作方式，充分讨论是会议的主要内容，多数决是其唯一的决策方式。[①] 经秘书办、总经理办公室、各专门委员会及项目部等途径上报管理委员会审批和决策的事项，都在这些会议上经过充分讨论后投票决定。由于讨论在 11 名管理委员会委员中是完全公开的，每名委员的意见都无法被掩饰，投票也是一目了然的举手方式，因此这样的决策方式虽然有效率低、责任不明、不利于处理突发事件等不足，但在公开方面的确难以挑剔。其次，管理委员会决策过程在全体部落成员面前相对公开。根据《管理委员会会议制度》，其会议类型分为常规会议、特别会议和外出会议。但是对会议地点，该决议并未明确规定。因此通过详细调研，笔者发现管理委员会在以下三个地点召开的会议，其公开程度各有不同。

a. 政府综合大厅。位于新办公大楼一楼西翼，可容纳 200 人左右。会议室主席台被布置成弧形，开会时委员们端坐在主席台，面对观众席，中部设有约 100 把折叠椅，窗边和墙边还有一些长凳。管理委员会会议在此举行时，类似于一个公共听证会。部落通讯部会提前分发传单和网络告示，欢迎部落成员前来观摩。[②] 会议进行时，不设门禁，观众可以安静地随时进出。会议由主席主持，一般设有公众发言时间。即使未到该环节，

---

① 依据 S 部落《宪法》附则第一条第一款，当管委会进行表决时，只有当票数难分胜负时，主席才能进行投票（以决胜负）。此规定也不违背管理委员会的多数决原则。

② 11 月 20 日的关于预算的管理委员会会议，脸书主页上有告示，内容为："管委会正在一楼大厅举行会议，快来讨论吧！"

公众也有中途发言的情况。会议进行时，秘书办主任或助理会在一旁进行会议记录（与公共听证会一致）。2013 年管理委员会共计 36 天会议中，有 28 天在此举行，从而使笔者得到多次观摩的机会。

b. 部落集会大厅。位于部落半岛海边，毗邻部落学校，内部长约 100 米，宽约 50 米，中间是传统立柱，四周有 5 层观众席，可容纳上千人，是部落举行全体成员大会及各种传统聚会的主要场所。当管理委员会会议在此召开时，通讯部会提前发布也许含有①会议主题的小传单和电子信息，通知大家及时前往。从表 4-25 可以看出，2013 年有 3 次管理委员会会议（共计 4 天）在此举行。

c. 部落博彩酒店②专门会议室。当管理委员会会议在此召开时，不提前对外公示，只有 11 名委员能够参加，由秘书长（委员之一）负责会议记录。2013 年有 3 次会议（共计 4 天）在此举行。笔者发现这个会议地点纯属意外。2013 年 10 月 22 日早上九点左右，笔者赶到博彩酒店采访其人力资源部部长，意外看到不少委员在走廊处的一个不起眼的会议室门口拥抱寒暄随后进入，而平时总是忙于会场布置和会议记录的秘书办主任在会议开始后从会议室退出，坐到门外的走廊长凳等待。于是笔者带着对管理委员会这个"私密"会议室和主任今天难得"悠闲"的双重好奇对特萨女士开始了闲聊似的采访。③

　　"特萨，你好，今天什么事呀，我看到好多委员都到这里来了。"（笔者）

　　"他们今天在这里开管委会会议。"（特萨女士）

　　"哦，我还不知道管委会会议除了在政府大厅（你知道我常去），还会到酒店来。"（提前没有传单或网络告示）（笔者）

　　"是的，有时候。"（特萨女士）

---

① 时有时无，不一定。

② 自联邦《印第安博彩法》通过后，联邦给予印第安保留地部落政府经营博彩酒店的专属权，因此大部分美国保留地开有博彩酒店，S 部落博彩酒店在 2013 年创造了 3000 万美元利润，占部落年度预算的 30%。

③ 整个"采访"持续了两个小时，给了笔者调研至今最好的机会，后半程特萨女士甚至问起了中国的传统文化和她感兴趣的问题。

"嗯，那我看平时在综合大厅开会时，你都忙于现场记录，今天不用吗？"（笔者）

"嗯，今天不需要，因为我不是委员，今天的讨论我不能进去。"（特萨女士）

"那你何苦来呢？我看你平时都很忙，现在却坐在这里等（白白浪费时间）。"（笔者）

"因为我得来布置会场。"（特萨女士）

综上，可以看到管理委员会会议依据不同的地点有高低不同的公开程度。在部落综合大厅和部落集会大厅举行的管理委员会会议，类似公共听证会，透明性较高；在博彩酒店会议室举行的会议，非委员不得旁听，透明性较低。可见，通过提前设置，管理委员会有选择性地将一些决策过程向部落成员封闭，如 2013 年 10 月 21 日和 22 日关于年度预算分配的讨论。① 当笔者在上述面谈无法求证后，再次邮件采访，向特萨请教到底谁可以决定管理委员会会议的不同地点以及是否有相关法律或决议予以参照时，特萨回答"他们自己（决定）"。

表 4 - 25　2013 年 S 部落管理委员会会议统计②

会议地点 会议性质	政府综合大厅（月 - 日）	部落集会大厅 （月 - 日）	博彩酒店 会议室 （月 - 日）	总计 （天）
常规会议	2 - 1、3 - 5、3 - 19（全勤）、5 - 7（全勤）、5 - 22、5 - 28、6 - 4、6 - 18、7 - 2、7 - 23、7 - 24、8 - 6、8 - 8、8 - 20、9 - 3、9 - 20、10 - 8、11 - 5、11 - 19、11 - 20、12 - 4、12 - 5、12 - 18、12 - 19		4 - 22、8 - 19	26
特别会议	2 - 19、4 - 18、10 - 30、11 - 7		10 - 21、10 - 22（全勤）	6

① 会后，主席在当期《S 部落人》上的更新贴出了会议的照片和内容，可见也并非完全绝密，只是会议过程不公开。

② 2011 年度报告首次出现对管理委员会会议的统计，但是只含有 2011 年 10 月至 12 月的数据，3 个月的时间召开了 3 次常规会议、4 次特别会议，以及 13 次其他各种会议。

续表

会议性质 \ 会议地点	政府综合大厅（月－日）	部落集会大厅（月－日）	博彩酒店会议室（月－日）	总计（天）
外出会议		1－7、6－19、11－23、11－24（全勤）		4
总计（天）	28	4	4	36

资料来源：2013 年《S 部落人》第 1～24 期、部落传单、实地观摩。

三 对管理委员会领导机制的参与性考察

（一）从参与广度考察，管理委员会决策过程中参与形式充分

如前所述，管理委员会在参与性方面的主要措施是将一些涉及重大公共议题的管理委员会会议放置在公共可以旁听的政府综合大厅或者部落集会大厅举行。每当这种具有公开性质的管理委员会会议召开前，通讯部会提前分发传单，在脸书主页发布电子告示："政府综合大厅将（正在）召开管理委员会会议，快来发表意见吧！"虽然此类通知通常都没有会议主题，但还是给了公众一个及时的信息。公众来旁听这样的管理委员会会议无须任何审查，不论是会议开始前还是开始后，公众都可以随意来去。一般这样的会议由部落主席主持，委员们内部的讨论较少，更多时间留给公众发言。笔者观摩多次后，发现一些因性格或者个人事务对管理委员会不满的公众，几乎每次都会参加这样的公开会议，但目的不是参与讨论，而是发表自己对管理委员会或者个别委员的不满，当到公众发言环节时，他们大多争相发言（有时甚至贸然起立），但是发言内容较为空洞，与会议内容毫不相关，他们情绪激昂，台上的委员们面面相觑，一般不会轻易打断。如果发言者为老者时，委员们不仅不敢打断，还会在老者发言后鼓掌，会议主持人或者之前最后一个发言的委员会对老者的发言予以简短回应，感谢她/他的批评或建议。

（二）从参与效度考察，管理委员会决策过程中公众参与力量微弱

公众参与的效度指的是公共决策过程中，公众能否提出动议，推动议程进展，最终决定或否决一项公共决策。首先，如前所述，因为公开

进行的管理委员会会议大多具有多项议程，因此通讯部发布的会议告示很少涉及主题，前来观摩的公众提前并不知晓会议内容。与专项听证会不同，秘书办一般不会在前台准备会议日程的复印件，因此如果不是从一开始就到场的公众，得听一阵大家的讨论才知道会议的主题。其次，如前文所述，管理委员会对其会议是否公开提前有所选择，据此我们可以怀疑，是否那些向公众公开的会议，其决策过程已被控制？那样的话，普通成员是否到场参与讨论，对相关事项的最终决策有何作用呢？最后，据特萨介绍，对于部落领导直选的提案，大众呼声较高，采访中大部分受访者都表示支持直选，但对该项提案，管理委员会内部予以了否决，使其止步于公共听证会和全体成员大会之前，使公众无法参与到实质的公共政策制定过程中。

四　对管理委员会领导机制的责任性考察

（一）对管理委员会领导机制的外部监督不力

管理委员会唯一的外部监督主体是全体成员大会，监督方式有选举、罢免、质询等。

第一，选举是一种重要的监督方式。选民将选票投给在部落口碑较好、行为端正的竞选者，从而使口碑不好或行为不端的委员不能进入委员会。但仅有这样的方式是不够的，因为选民不是法官，他们没有足够的精力和能力来判断众多的候选者中谁更遵纪守法，谁更廉洁。如卸任委员娟丽塔女士在采访中表示：

"我之所以对现在的管委会很悲观，是因为我觉得有些坏人进来了。不像以前，都是愿意为部落奉献的好人。"（娟丽塔女士）

"为什么呢？"（笔者）

"因为现在部落有钱了，给委员们各种预算。那时候（20 世纪 90 年代）我们当委员是没有报酬的。"（娟丽塔女士）

"委员都是大家选举的呀，怎么会把坏人选进来呢？"（笔者）

"因为大家被他们（坏人）的花言巧语蒙骗了。"（娟丽塔女士）

第二，管理委员会委员的任期是每届三年，如果一个"好人"进入管理委员会后发生渎职行为，又恰巧被公众知道了，任期届满之前公众有什么办法呢？理论上，罢免是对上述假设的最佳答案。但遗憾的是，笔者无法获得 S 部落从 1925 年举行首次选举以来，是否发生过对现任委员的罢免公决的信息。

第三，全体成员大会的质询。如第三章所述，由于部落《宪法》没有赋予全体成员大会对管理委员会年度工作报告、预算报告以及重大工程计划等事项直接的审批权和否决权，因此"质询权"在实践中不能给予管理委员会足够的监督力度。笔者调研发现，管理委员会委员对公众的"质询"和"批评"总是态度端正，但实质性的回馈却不多。曾在 20 世纪 90 年代任管理委员会委员，在部落享有较高威望的娟丽塔女士表示："我认为他们（管理委员会委员）在获得部落成员的信任和更多授权后越来越一意孤行了。不再在意大众的看法，想干什么就干什么。"

（二）对管理委员会领导机制的内部监督不明

管理委员会外部监督机制不健全，内部监督机制如何呢？首先，根据 S 部落《宪法》第五条第二款，管理委员会内部可以通过多数决启动对现任委员的罢免程序，再到全体成员大会的特别会议上进行表决。但遗憾的是，笔者未能获得相关信息，以确认 1948 年 S 部落《宪法》确立对管理委员会委员的罢免程序，以及 1970 年《宪法》修改相关罢免程序后①，部落是否启动过实际的罢免。其次，根据调研，S 部落没有与行政诉讼或违宪审查相关的法律规定和实践。如果公众对管理委员会的决议不满，除了启动对个别委员的罢免程序外，对决议没有任何现行的审查途径。

五　对 S 部落管理委员会领导机制的效率性考察

（一）从时效性考查，管理委员会集体领导决策效率低

第一，公开会议耗时过长。如前所述，讨论是 S 部落管理委员会主要

---

① 1970 年 S 部落《宪法》修改了罢免程序：第一，增加了全体成员大会的罢免启动权，即 25% 的适格成员联名倡议；第二，将罢免的终决权由管理委员会转移给了更为合理的全体成员大会（25% 参会，以及三分之二多数决）。

的工作方式，举手表决是管理委员会主要的决策方式，这样的体制虽然具备了民主、公开等优势，但效率低下、责任不明、相互扯皮等不足也是很难避免的。通过笔者对 S 部落管理委员会多名离任或现任委员的采访，发现虽然他们决定参选都是希望以一己之力多为社区服务，有幸获选也感到无限光荣，但是耗时长、意见多、难决断的管理委员会会议常常让他们疲惫不堪。如首次当选的委员朱莉表示："哦，我从来不知道管委会会议这么多（2013 年全年开会 36 天），而且日程这么长，每个人都有那么多意见，吵得没完没了呀！"另外，前述那些于政府综合大厅召开的管理委员会会议总是从早开到晚，因为任何到场的部落成员都有不受限制的发言机会，笔者亲历过这样的会议，不可避免地对主席台上的委员们报以同情。尤其那些对会议内容并不熟悉的成员，对会议讨论和表决的事项毫不知情，但也为了一些私人情绪随意发言，台上的官员为了选票一味妥协，为了民主牺牲效率，从而影响更大部分群体的公共福利。

第二，假期多、突发事件多，部落政府节奏缓慢。2 年的调研期间，笔者发现 S 部落政府的假期和临时放假情况较多。除了联邦政府的法定假日和印第安以及 S 部落的重要纪念日外，还有一些比较特殊的放假原因。由于部落有浓厚的尊老传统，因此当一些德高望重的老人去世时，政府大楼全部放假，管理委员会主要领导全部出席葬礼。

第三，一年任期使常任领导变换过快，缺乏工作连续性从而降低了整体效率。根据管理委员会选举制度，部落四名常任领导由每年选举后的全体委员会内部无记名投票产生，任期只有一年。而如前所述，主席、副主席和财政官不仅拥有自己的独立办公室和雇员，还分管一定数量的基层部门和项目部。因此一年的短暂任期使上述办公室领导频繁更换，缺乏必要的工作连续性，从而降低了整体效率。如 2012 年政府报告中，新上任的财政官切瑞提交了一份带有"抱怨性"的工作报告："由于上一任财政官的不配合，我目前的工作尤其困难。办公室放置了大量未经整理的报告，我不得不聘请了两名临时雇员对其进行整理。当然，我会尽我最大努力尽快恢复办公室的正常工作秩序，并使财政官办公室分管的项目不因人为因素而中断。"

（二）从经济性考查，委员会议补助低、花费少

从经济成本来说，得益于悠久的部落传统，S 部落管理委员会运行成本较低。如卸任委员娟丽塔介绍，1995 年以前管理委员会委员都是做没有报酬的义务工作。1995 年后，联邦政府开始拨付"综合行政管理经费"，使部落开始对委员参与进行补助，最初的标准是每次开会 50 美元/天。如今，这个标准随着部落年度预算的提高逐渐上涨，成为每次会议 125 美元/天。这样，除去三位拥有独立办公室预算的常任领导无须补助外，管理委员会进行每次会议的开销是 1000 美元①，一年的会议费用是 3.6 万美元（2013 年开会 36 天）。扣除每次会议均有一些因故不能到场的委员，一年的会议补助费用为 3.5 万美元左右。除去会议补贴外，会议餐饮非常简单，笔者数次见到管理委员会会议只向委员提供简单的咖啡和盒饭，其花费在此忽略不计。总之，相比部落政府接近 1 亿美元的年度预算，作为最高管理机构的管理委员会运行成本较低。

六　对 S 部落管理委员会领导机制的公平性考察

（一）权利的设定公平：集体领导、凡事表决

如前所述，凡事充分讨论和举手表决是管理委员会最主要的工作方式和决策方式。即使是部落主席，也仅在表决难分胜负的情况下才能进行投票。因此，从权利的设定层面，管理委员会的决策方式绝对公平。

（二）权利的行使公平：大家族势力对表决无影响

虽然制度设定了"一人一票"，但在行使权利时，是否有导致不公平发生的因素呢？

1. 有长期续任的部落领导以势压人吗？

如前所述，部落主席、副主席和财政官三大常任领导来自年度换届选举后管理委员会内部的选举，类似于"选班长"，且任期只有一年。因此，要当选为享有更多权力的常任领导，除去能力出众外，还得在管理委员会内部人缘好。笔者所接触到的各名委员，都没有居高临下的官僚作风。委员们在楼道里碰到普通部落成员，都如老朋友一样亲切交谈。一年的较短任期也让管理委员会委员的内部职务变动频繁，如克劳福先生，是 2011 年的管理委员会主席、2012 年的管理委员会一般委员、2013 年的副主席。这

---

① 每名委员补助 125 美元，11 名委员中 3 名常任领导无须补助，因此 125 × 8 = 1000 美元。

样的短期任职，让人很难在管理委员会享有绝对和长久的权威，从而有效避免了"个人专权"。

2. 有大家族势力左右管理委员会表决吗？

如前所述，大家族的强大势力在全体成员大会和部落选举过程中都有一定的影响，那么在11名管理委员会委员的决策过程中，是否也难逃大家族的控制呢？笔者通过对现任和卸任委员的采访，得到的信息是否定的。

"你知道吗？我们都是亲戚。比如本届委员内，A、B、C、D、E、F这6名委员是我爸爸这边的亲戚，G、H、I、J这4名委员是我妈妈这边的亲戚，你说表决的时候我会倾向于哪边的意见吗？而且对他们来说，也有像我这样横七竖八的亲戚关系，所以投票的时候没法分清楚谁是亲戚谁不是。"现任财政官达瑞·希尔先生对我的问题给予了很形象的解答。

为了三角求证，笔者在与卸任委员娟丽塔交谈时，也提到她当委员那一届（1992～1993年），管理委员会竟然出现了4名委员来自杰弗森家族的现象。对此，娟丽塔毫不避讳地说："嗯，里维很好，我们老是合作。但是安吉欧和理查德就不行，老和我们做对，让我们支持他们干坏事，我们不干。"——可见4名杰弗森家族的委员并未如笔者猜想的团结起来在管理委员会中搞多数派控制表决。

此外，达瑞·希尔和阿伦·希尔作为第三代堂兄弟曾经是同一届委员，但彼此关系不太好。在笔者对阿伦·希尔的采访中，其毫不掩饰对达瑞·希尔的批评。关于年度预算的公共听证会上，阿伦也第一个发言，表达了对以达瑞为主任的预算委员会最猛烈的批评。因此，笔者相信管理委员会内部投票时，这两人很难因家族因素相互支持。

（三）权利的救济不公平：决议享有终决权，无审查和申诉渠道

如前所述，由于现行立法不完备，部落《宪法》和其他法律赋予了管理委员会太多本应由全体成员大会享有的终决权。另外，部落没有关于违宪审查和行政诉讼的相关规定和实践。因此，作为行政相对人的广大部落成员、团体和其他非部落成员（如雇员中的非部落成员）来说，对管理委员会以决议做出的各项终决事项没有任何可以复议和诉讼的救济渠道，对权利的设置层面来说，是不公平的。试想如果一位非部落籍的政府雇员被

无故解雇后想要起诉部落赔偿一定损失，在现行部落法制框架下是没有办法的。而在 1055 名现任雇员中，有超过 300 名非部落成员。[①]

七 小结

根据前述分项考察，我们汇总出表 4 - 26。从中可以看出，S 部落管理委员会领导机制在善治考察中的经验略多于挑战。一方面，集体领导使其在透明性、公平性方面较为突出；另一方面，由于制度设计的瑕疵，缺乏组织法的约束和外部机构的有力监督，使其在表面的"民主"下有走向集权的倾向。

表 4 - 26　对 S 部落管理委员会领导机制的善治考察

善治要素	考察角度	考察点	经验	挑战	总分：2
法治性	立法层面	1. 是否有清晰的法律依据？	1		0
		2. 法律依据是否完备？		*	
		3. 法律依据是否稳定？	1		
	执法层面	4. 行政行为是否依法进行？		*	
透明性	外部透明性	5. 信息对外部成员是否公开？		*	-2
		6. 决策过程对外部成员是否公开？		*	
	内部透明性	7. 信息对部落成员是否公开？		*	
		8. 决策过程对部落成员是否公开？	1	*	
		9. 决策过程是否存在暗箱操作的可能？	1		
参与性	参与广度	10. 参与渠道多寡？	1		0
		11. 参与渠道是否易得？	1		
		12. 实际参与人数多寡？		*	
	参与效度	13. 公众参与能否推动（阻碍）决策进程？		*	
责任性	外部监督	14. 外部监督方式多寡？	2		1
		15. 外部监督是否有力？		*	
	内部监督	16. 内部监督方式多寡？	1		
		17. 内部监督方式是否有力？？		*	

[①] 来自 S 部落人力资源部部长的邮件回复，而非年度报告等官方数据。

续表

善治要素	考察角度	考察点	经验	挑战	总分：2
效率性	时效性	18. 沟通是否快捷？	1		2
		19. 决策是否迅速？		*	
	经济性	20. 规模和花费多少？	1		
		21. 有无重复或浪费？	1		
公平性	权利的设定	22. 权利设定是否公平？	1		1
	权利的行使	23. 权利行使是否受不利因素影响？	1		
	权利的救济	24. 是否有权利救济途径？		*	

第四节　对 S 部落管理委员会预算管理
机制的善治考察

一　对管理委员会预算管理机制的法治性考察

（一）立法层面考察，管理委员会预算管理具备详细的法律依据

立法层面，S 部落《预算与财政法》（Title 28）给管理委员会的预算管理工作提供了清晰的法律依据，示例如下。

a. "年度预算草案的审批"（28.07.020）：当预算委员会将各部门提交的预算报告汇总为部落的年度预算草案后，须提交管理委员会进行第一次审批，通过后才能进行第三次公共听证会[1]吸纳公众对该草案的意见。

b. "最终年度预算案的审批"（28.08.010）：当预算委员会根据上述听证会的公众意见修改年度预算草案后，须提交管理委员会进行最后审批，并形成决议，供财政官和各部门执行。

c. "管理委员会的权限"（28.09.010）：除去本法规定的例外情况，管理委员会无权违反本法的程序和预算规定。一旦年度预算案以决议方式

---

[1] 第一次预算公共听证会旨在听取公众对上一年度预算报告的意见，尤其是对现行各部门和项目部的不满和建议；第二次预算听证会旨在听取公众对下一年度预算的期望和建议，以促使预算委员会和财政官更好地编纂下一年度预算草案。来自 S 部落《预算与财政法》（28.02.010）

通过，管理委员会的权力将仅限于监督其执行，除非本法规定的例外情形，也不影响管理委员会在必要时采取措施纠正违反本法的行为。

d. "修改已通过的年度预算决议"（28.10.060）：任何专门委员会或预算委员会有权提出预算修改的建议，得到 3 名以上预算委员会委员支持后，财政官应将此修改建议提交管理委员会会议日程，经过管理委员会多数决可形成修改年度预算的决议。

（二）执法层面考察，管理委员会预算管理工作依法进行

执法层面，据笔者调研所见，年度预算过程是 S 部落较为规范的政府行为之一。管理委员会严格遵守了预算委员会制定的"年度预算日历"（见图 4 - 4）。

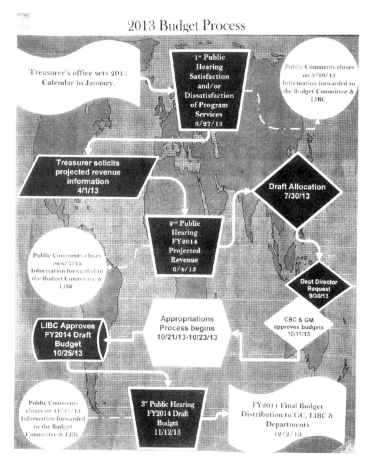

图 4 - 4　S 部落 2013 年度预算日历

二 对管理委员会预算管理机制的透明性考察

管理委员会预算管理对外不公开，外部访问者从网络等公开途径不能得到关于预算的任何信息。对内部公开方面，考察如下。

（一）预算报告对内有限公开，内容粗糙

管理委员会预算报告和带有预算信息的年度报告不在网络公开，只在年初第一次全体成员大会和上述三次预算公共听证会上发放。虽然财政官常常在《S 部落人》上的领导更新中表示："年度预算报告（或草案）已完成，有兴趣的成员请给我电话或到我办公室来领取。"但笔者发现，除了参加公共听证会的少数成员见过预算报告外，大部分成员对其不够了解（见表 4 - 27）。当笔者带着最近几年的政府报告和预算报告前往各办公室采访，请教报告中标注的一些数据或信息时，这些部门的工作人员常常问我："请问你拿的是什么？哇，不错嘛，你是从哪里拿到的呢？"可见即使政府内部雇员，对这两份报告也不熟悉。同时，管理委员会预算报告内容非常粗糙，只有每个部门和项目部分的预算额，而没有细分内容。

表 4 - 27 问卷调查："你看过管委会预算报告没？"

问卷选项	频率（次）	百分比（%）
1. 从来没见过，也不感兴趣	8	10.3
2. 虽然有时看过，但是看不懂，太多专业数据表格了	9	11.5
3. 看过，但是不满意	24	30.8
4. 看过，觉得挺满意的	9	11.5
5. 都不是	28	35.9
合计	78	100.0

（二）拥有独立预算的三大领导的年度报告不规范

如前所述，S 部落 11 名管理委员会委员中，只有 4 名常任领导：主席、副主席、秘书长和财政官。其中只有主席、副主席和财政官拥有除管理委员会表决权外独立的行政监督权，直辖数量不等的职能部门和项目

部，并拥有单独的办公室预算①，可在预算范围内自由地聘用办公室雇员。②从 2010 年起，上述 3 名领导开始在年度报告中提交其办公室报告，但是从表 4 - 28 的简要比较中，可知领导们的报告在格式、内容及细化程度等方面差异巨大，亟须统一和规范化③：在短短 4 年的时间里，不仅不同领导的报告内容和格式不一致，连同一名领导不同年份的报告也不一致；对于预算信息公开、雇员信息统计以及主管部门和项目描述这三项主要内容，各位领导的报告时有时无，报告时的细化程度也存在严重的不一致。从专业角度看，2012 年财政官和 2013 年主席提交的都不是工作报告，而是对其办公室职责的描述和对公众的演讲。

表 4 - 28　2010 ~ 2013 年管理委员会领导年度报告信息统计

年份	分管领导	预算信息公开	雇员信息统计	主管部门和项目描述
2010④	主席	无	无	无
	副主席	无	无	无
	财政官	无	无	无
2011	主席⑤	100.0190⑥：$136329，已花费 82.17% 150.0190：$288617，已花费 115.33% 总计：$424946	无	无
	副主席	饼图，无数字，无百分比	部落成员：6 名	无
	财政官	100.0195：$326424 150.0195：$217048 总计：$543472	部落成员：3 名 其他部落成员：0 名 非印第安人：1 名	无

---

① 2013 年 S 部落搬入耗资上千万美元的新办公大楼后，二楼东翼管委区域给不在此楼拥有固定办公室的其他委员分配了个人办公室，但只有上述 3 名领导因其职务和特定权限拥有独立的办公室预算。

② 据 2010 年政府报告中财政官提供的信息，部落此项依据办公室预算而由领导负责的雇佣政策，常常导致相关办公室的不稳定，即这些雇员总是随着一年一期的领导共进退，从而导致相关工作衔接的困难。

③ 对于此问题，负责编辑年度政府报告的通讯部部长直言："你知道，他们是领导，我们发了统一的格式要求，但是如果他们不照做，我们也没有太多的办法。"

④ 2009 年之前的年度报告只有主席办公室的内容，从 2010 年起，副主席和财政官开始提交工作报告。

⑤ 2011 年主席的报告中提供了唯一一次较为详细的预算表格和分项比。

⑥ 此为政府预算报告中的编码，下同。

续表

年份	分管领导	预算信息公开	雇员信息统计	主管部门和项目描述
2012	主席	直接：$296533 间接：$148513	总雇员：10 名 部落成员：7 名	12 个部门及项目
	副主席	无	雇员：6 名	6 个部门及项目
	财政官①	无	无	无
2013	主席	无	无	无
	副主席	100.0180 办公室：84% 150.0180 办公室：83% 150.4148 健康之旅之家：40% 150.0148 健康之旅中心：56% 150.0189 OMBUDS：55% 150.8040 祖父母委员会：75% 150.3100 划船节：109% 150.0143 烟火：131%	雇员：4 名	6 个部门及项目
	财政官	100.0195：100% 150.0195：100% 100.0210 预算委员会：100%	总雇员：5 名 部落成员：3 名 非印第安人：2 名	6 个部门及项目

资料来源：2010~2013 年 S 部落政府报告。

（三）重大工程项目预决算不公开

众所周知，美国在 2007 年次贷危机后进入了较大的经济衰退期，S 部落所处的州，经济也并未大幅好转。笔者于 2012 年 9 月至 2014 年 8 月访美期间，所住的地方难以看到大型市政建设，S 部落却拥有较多在建项目，部落各种媒体上常常有新项目奠基仪式和建成项目的剪彩仪式通知。那么，对于这些大型项目的预决算，部落是否公开呢？答案是否定的。

2013 年 6 月，部落迎来了豪华气派的新办公大楼剪彩仪式。第一次进入大楼，笔者也不敢相信这只是一个不到 5000 名成员的中小型部落政府大楼。整个大楼虽然只有两层，但建筑面积超过 1 万平方米，会议室、办公

---

① 报告中财政官的部分相当于给部落成员的一封信，表示自己于当年 11 月刚上任，之后描述了一些财政官的工作依据，但是整个"报告"没有任何工作数据和相关信息。

室、大堂以及卫生间的装修都堪比高档酒店。笔者所住城市是县府所在地，但市政府、县政府、法院等各大机构也比不上 S 部落这个豪华大楼。但是，这个大楼耗资多少？笔者翻阅 2011～2013 年的年度工作报告，只找到关于大楼奠基仪式、工程进展、剪彩仪式的信息，却不见工程的预决算报告。当笔者联系到主管这些预决算的雇员玛丽女士，请求复印预决算的简表时，她先是爽快地答复"我过阵子用邮件发给你"。之后笔者再联系时，她无奈地说："不好意思，我只是工作人员，我的上司告诉我不能给你（非部落成员），除非有部落主席亲笔签名。"当笔者连续三次向主席邮件申请此项签字后，主席也未予以回复。笔者只好向一些雇员打听相关消息，他们说："呵呵，我们都不知道，听说花了 3000 万，可能都不止，谁知道呢。"

2013 年 9 月，距离上述部落政府大楼不远处，按照最新标准修建和装修的部落幼教大楼也迎来了剪彩仪式。当笔者采访外聘院长（印第安人，但非 S 部落成员）时，她表示："我是大楼盖好以后才招聘来的，日常的运营资金（headstart）由联邦项目提供。听说 S 部落为它花了 300 万还是 500 万，具体多少我们不知道，也不问。但的确很漂亮，对吧？"

S 部落成员对政府信息公开的满意度调查结果如表 4-29 所示。

表 4-29　问卷调查："对政府信息公开满意吗？"

问卷选项	频率（次）	百分比（%）
1. 非常满意	2	2.6
2. 满意	16	20.5
3. 不确定	30	38.5
4. 不满意	22	28.2
5. 非常不满意	8	10.3
合计	78	100.0

三　对管理委员会预算管理的参与性考察

管理委员会预算管理的参与性仍呈现广度较高、效度不足的情况。

一方面，大众参与管理委员会预算管理的广度不错。年度预算管理委员会每年会举办三次公共听证会和一次管理委员会公开会议。其中年初的一次在博彩酒店的会议大厅举行，可容纳 500 人以上。以下是 2013 年 11 月 12 日年度预算案第三次听证会上部分委员的发言摘要：

> 我看到自然资源办公室旅游支出高达 28 万美元，这是怎么回事，能说说吗？（一位雇员指着预算案某项数据发言）

"看了我们的预算表，我太伤心了，年度预算快接近 1 亿了，我们的人民却还是如此贫穷，这么多钱到底花到哪里去了，谁能给一个说法？……"卸任委员阿伦·希尔先生充满批评和煽情的发言持续了十分钟，现场鸦雀无声，主席台上包括财政官在内的工作人员面色铁青，难堪无比。但笔者此后得知他与财政官暨预算委员会主任希尔先生是表兄弟，双方有一些个人矛盾，所以阿伦·希尔的发言到底是针对预算案还是财政官，的确很难评判。

另一方面，大众参与管理委员会的效度很低。笔者观摩上述三次听证会和一次管理委员会公开会议，感到现场能看懂专业性较强的预算表的公众并不多，大部分发言都如上述节选的那般，不是个人恩怨的爆发，就是对一些浅显问题的重复。结合表 4-30 中问卷调查的结果，可知即使年度预算过程在形式上公开程度已非常高，但很少有公众参加预算听证会。究其原因，一是听证会上的预算报告非常粗略，只细化到每个部门和项目部的预算额，究竟这些部门将把预算花到哪些地方，预算表没有任何体现，导致公众无法就预算报告做出更有针对性的质询和建议。二是依据目前的制度，年度预算案无须得到全体成员大会的审批，公众对预算案没有否决权。因此虽然形式上的参与非常充分，但参与的双方都明白这些公共听证会的意见不重要，形式上的参与并不能获得公众实质上的认同，因为本质上，他们的参与对预算案的编写和调整不能产生任何影响。

表 4-30　问卷调查："参加今年的年度预算听证会吗？"

问卷选项	频率（次）	百分比（%）
1. 没，不知道什么时候举行的	32	41.0

续表

问卷选项	频率（次）	百分比（%）
2. 没，不感兴趣	11	14.1
3. 参加了，但是觉得走形式	10	12.8
4. 是的，这对提高政府透明性很重要	10	12.8
5. 以上都不是	15	19.2
合计	78	100.0

四　对管理委员会预算管理的责任性考察

（一）外部监督：全体成员大会对预算案无审批和否决权

如前所述，虽然 S 部落目前 50% 以上的预算收入仍来自联邦及州政府各种项目补助，但由于联邦印第安政策的改变，外部机构对部落政府的预算监督责任日益削弱。随着《印第安民族自决与教育援助法》的颁布，印第安部落在 20 世纪 70 年代后获得了更多本应属于他们的自治权。基于他们的天然主权，部落政府的年度报告和预算报告等无须再提交印第安事务局审查。尤其是近年来联邦各种机构开始以"自决性"合同和弹性更大的"自治性"合同①进行项目拨款。对 S 部落这样拥有"自治性"合同的部落来说，责任已经从联邦政府的程序和要求转变为部落成员对部落政府的监督。这样的责任机制依赖于部落政府的内部管理机制和透明性，最终将成员的选票作为一种民主选择去惩罚那些没有管好资金的部落官员。部落面临建立内部责任机制、财政管理程序和控制制度从而完善政府职能的挑战。那些不满意的部落成员可以选择直接从联邦机构获得福利，从而使部落政府的项目资金被削减这一激励机制，足以使大多数部落政府努力维持

① "自决性"合同仍须按照各项目单独进行审计，"自治性"合同则意味着部落从联邦获得了一个项目包，部落政府有权在这些项目包内横向调整，并接受更为宽松的审计。如果一个部落拥有好几个"自决性"合同，那么他们将非常希望转为"自治性"合同从而获得改造项目和"挪用"资金的权力。译自 Catherine Curtis & Miriam Jorgensen, American Indian Tribes' Financial Accountability to the U. S. Government: A Report to the Department of Indian Affairs and Northern Development, *Aboriginal Policy Research*: *Setting the Agenda for Change*, Toronto: Thompson Educational Publishing, 2004, pp. 17 – 34。

一个合理可行的制度。① 因此，虽然管理委员会从联邦及其他外部机构获得了数额巨大的资金，但资金监督责任则主要转移到部落内部成员，联邦对其进行监督的力度日益宽松。

那么，S 部落的普通成员，对管理委员会的预算管理是否能够进行有力的监督呢？通过考察，笔者发现《预算与财政法》在监督机制上存在较大瑕疵：年度预算案的最终审判权属于管理委员会而非全体成员大会。该法对部落年度预算中各级部门的责任进行了详尽规定，却忽略了对管理委员会自身责任的监督。作为全体成员大会授权的部落政府，管理委员会拥有审批预算草案、通过预算案和修改预算案的绝对权力，即管理委员会在预算管理问题上既是"运动员"又是"裁判员"。如果管理委员会通过"决议"违反《预算与财政法》，即管理委员会集体违法，全体成员大会没有任何途径予以审查和纠正。由于年度预算案的最终审批权属于管理委员会而非全体成员大会，所以即使部落普通成员对年度预算非常不满，唯一的途径也只是批评——在全体成员大会和管理委员会公开会议上对管理委员会进行猛烈的批评。但批评以后呢？问卷调查证实了笔者的想法：管理委员会委员尤其是预算官员在所有公开会议上"任打任骂"只是为拉选票做出的姿态，实质上，他们对公众的意见很少回应（见表 4 – 31）。

表 4 – 31　问卷调查："一般发表意见后会收到回应吗？"

问卷选项	频率（次）	百分比（%）
1. 一直都有	5	6.4
2. 大部分时候	7	9.0
3. 许多次	5	6.4
4. 有时候	15	19.2
5. 很少	12	15.4

① 在美国的部落资金转移制度里，合理管理资金的激励机制建立在部落层面的利己主义基础上。如一位印第安事务局雇员所说："部落不会选择鲁莽行事，因为他们知道那将损害他们获得额外资金的机会。"举例来说，如果一个曾经不当管理联邦资金的部落不能有效证明他们已经改进了管理制度，联邦机构是不会再给予未来竞争性资金的。译自 Catherine Curtis & Miriam Jorgensen, American Indian Tribes' Financial Accountability to the U. S. Government: A Report to the Department of Indian Affairs and Northern Development, *Aboriginal Policy Research*: *Setting the Agenda for Change*, Toronto: Thompson Educational Publishing, 2004, pp. 17 – 34。

续表

问卷选项	频率（次）	百分比（%）
6. 从没	34	43.6
合计	78	100.0

（二）对管理委员会预算管理的内部监督形同虚设

第一，管理委员会多数决可罢免财政官。《预算与财政法》"管理委员会制裁"（28.11.030）规定了对财政官（年度预算的主要责任人）的责任追究方式：如果发现财政官暨预算委员会主任没有认真履行预算职责或有超越和滥用权力的行为，管理委员会任何委员都有权提起对财政官的罢免。管理委员会全体委员的多数决可使上述罢免生效，将财政官暨预算委员会主任替换为管理委员会内部另一名委员。该罢免不影响被替换的财政官继续作为管理委员会一般委员的资格。但遗憾的是，笔者在调研中不能获得此项罢免是否被提起的档案信息。

第二，内部审计官工作不畅。部落于 2012 年底聘请了具有专业资质的审计师福雷德先生作为审计助理，到财政官办公室工作，主要负责对管理委员会委员一级官员的预算审计。笔者于 2013 年首次表明调研的目的和信息需求时，福雷德先生信心百倍地承诺道："我刚接手工作，将帮助部落建立规范有效的内部审计制度。我想他们聘请我的原因也是在联邦项目的引导下，希望加强对内部资金的管理。过一阵子后，我想可以向你提供一些简要说明情况的报告。"但一年后，笔者再次向福雷德先生请求复印相关审计报告时，他无奈地表示："不好意思，因为审计涉及太多资金，都是敏感性的问题，我无法向你提供任何信息。实话实说，这一年来我的工作几乎没有进展，你知道，如果他们的高层还没有完全统一或者做好相关准备的话，让人们自发地接受监督是件很难的事。"

五　对管理委员会预算管理的效率性考察

从时效性层面考察，实行集体领导的管理委员会在预算管理工作上费时费力，效率不高。除去之前在一些管理委员会常规会议上对预算的讨论外，2013 年 10 月 21 日、22 日在酒店隐蔽会议室针对年度预算案召开了整整两天的分配会议，用朱莉委员的话说"吵得没完没了"。此后，10 月 30

日，在政府综合大厅，管理委员会再次就年度预算案召开特别会议，会议历时一天。午休时笔者碰到担任财政官预算助理的罗莎女士，对方无比疲惫地说："预算、预算、预算，天天都是预算，我快被它整疯了。"在此前的邮件采访中，罗莎也表示："如何协调各部门领导让大家都同意年度预算的分配方案，使其顺利被通过，是我工作中的最大困难和挑战。"

从经济性层面考察，管理委员会对预算管理的花费不多，效率较高。如前所述，管理委员会召开一天会议只需要支付与会 8 名非常任委员 1000 美元。预算委员会全年的预算额为 22152 美元，包含所有委员的会议补助和会议餐费等全部支出。

六 对管理委员会预算管理的公平性考察

（一）权利的设定：管理委员会对年度预算审批实行多数决

基于本章第三节中对管理委员会领导机制公平性的考察，可见在常任领导实行内部选举、凡事多数决的基础上，内部决策不存在不公平现象。因此我们可以推测，在对年度预算的表决中，委员可以公平决策。

（二）权利的行使：三大领导分管部门预算总额差异大

由于三大常任领导近年分管的部门和项目部不断变化，而且这些项目部一般拥有独立预算资金，因此三大领导所直辖的部门预算额有较大差异，如表 4 - 32 所示。需要说明的是，部落各基层部门和项目部中，如果划归总经理统管，则其预算使用归总经理监督，如果划归三大常任领导直辖，则其年度预算额以外的日常预算支出不再受总经理监督。因此三大领导直辖的部门预算总额差异，显示出三大领导内部分工的不公平之处。

表 4 - 32　2013 年管理委员会三大领导直辖部门预算总额对比

单位：万美元

编号	主席		副主席		财政官	
	分管部门	预算额	分管部门	预算额	分管部门	预算额
1	秘书办	30	青年健康之旅	14	公诉部	58
2	警局	343	祖父母委员会	1	就业促进办	23
3	经济发展部	35	法院	310	小额就业贷款	19

续表

编号	主席		副主席		财政官	
	分管部门	预算额	分管部门	预算额	分管部门	预算额
4	法律办	149	划船节	10	自治办	53
5	文化部	86	烟火法修改	3	博彩部	100
6	部落医院	1207	OMBUD	2	预算办公室	256
7	就业与培训机会	35				
8	部落商业公司	25				
9	失业渔民帮助	339				
总计		2248		340		509

资料来源：2013 年 S 部落政府报告。

（三）权利的救济：管理委员会预算决议不受审查

从权利的救济方面考察，由于管理委员会对其年度预算案具有审批权和终决权，因此不论是政府雇员还是普通部落成员，对管理委员会的预算管理都没有进行申诉和审查的渠道。

七　小结

根据前述分项考察，我们汇总出表 4 - 33，可以看到管理委员会在预算管理方面的经验略多于挑战。除了法治性方面比较成熟之外，预算管理在其他几方面也存在较多的制度瑕疵。

表 4 - 33　对 S 部落管理委员会预算管理机制的善治考察

善治要素	考察角度	考察点	经验	挑战	总分：4
法治性	立法层面	1. 是否有清晰的法律依据？	1		4
		2. 法律依据是否完备？	1		
		3. 法律依据是否稳定？	1		
	执法层面	4. 行政行为是否依法定程序进行？	1		
透明性	外部透明性	5. 信息对外部成员是否公开？		*	－ 1
		6. 决策过程对外部成员是否公开？		*	

续表

善治要素	考察角度	考察点	经验	挑战	总分：4
透明性	内部透明性	7. 信息对部落成员是否公开？	1	＊	－1
		8. 决策过程对部落成员是否公开？	1	＊	
		9. 决策过程是否存在暗箱操作的可能？	1		
参与性	参与广度	10. 参与渠道多寡？	1		0
		11. 参与渠道是否易得？	1		
		12. 实际参与人数多寡？		＊	
	参与效度	13. 公众参与能否推动（阻碍）决策进程？		＊	
责任性	外部监督	14. 外部监督方式多寡？	1	＊	0
		15. 外部监督是否有力？		＊	
	内部监督	16. 内部监督方式多寡？	2		
		17. 内部监督方式是否有力？		＊	
效率性	时效性	18. 沟通是否快捷？	1		2
		19. 决策是否迅速？		＊	
	经济性	20. 规模和花费多少？	1		
		21. 有无重复或浪费？	1		
公平性	权利的设定	22. 权利设定是否公平？	1		－1
	权利的行使	23. 权利行使是否受不利因素影响？		＊	
	权利的救济	24. 是否有权利救济途径？		＊	

第五节　完善 S 部落管理委员会的制度建议

　　从表 4－34 可以看出，作为部落的自治机关、部落政府的最高管理机关，管理委员会的产生机制（即选举制度）与领导机制和预算管理机制相比具有较大的制度优势。为了扬长避短，取得更好的善治水平，笔者建议 S 部落管理委员会制度从以下方面进行完善。

表 4－34　S 部落管理委员会善治考察汇总

考察要素	法治性	透明性	参与性	责任性	效率性	公平性	小计
产生机制	4	2	2	0	4	1	13

续表

考察要素	法治性	透明性	参与性	责任性	效率性	公平性	小计
领导机制	0	-2	0	1	2	1	2
预算管理机制	4	-1	0	0	2	-1	4

一　完善管理委员会选举制度

（一）修改 S 部落《选举法》，增加对贿选行为及相关责任的规定

虽然通过调研，S 部落管理委员会选举过程中的贿选现象并不严重。S 部落《选举法》中对贿选行为及其法律责任没有任何提及也是事实。为了弥补这一立法瑕疵，使 S 部落选举制度的法律依据更完善，建议部落尽快提起对《选举法》的修改程序，增加对贿选行为的认定、举报和处理程序的规定。届时，用出租车将选民送到投票站是否属于贿选行为，多次往返投票地点的出租车司机是否收受竞选人款项，都将可以依据法定程序进行审查和处理。

（二）重视网站功能，扩大选举信息公开

虽然选举办公室关于整个部落选举的组织工作高效有序，但在信息公开环节还是留有巨大的提升空间。目前，选举过程的信息公开全靠部落通讯部在脸书网站的唯一主页，没有独立渠道。选举期间，该主页既会发布与选举有关的信息，也有部落其他部门的各种信息。因此选举办公室应着力建设其部门主页，及时更新与选举有关的信息。部落竞选人登记按照当年轮换的职位分别进行①，因此如何选择竞选职位对一些竞选新手来说是一个非常困难的选择。如果该信息及时在网站更新，将有助于对竞选职位犹豫不决的成员做出决定。例如特萨女士就曾告诉笔者："今年我差一点就参加了选举。放弃的原因是我发现各个职位下面都有我的好朋友，我不想跟他们面对面竞争。"此外，笔者登录美国人数最多的纳瓦霍部落政府网站，进入选举主页后，轻松获得了部落历年的选举信息。相比之下，S 部落虽然对运行 80 多年的选举档案保存完好，在透明性上却非常不足。对

---

① 即每一位竞选人只能在 A、B、C、D 四个职位之间选择一个职位进行竞选。

笔者获取的历届管理委员会委员名单，多名部落成员表示非常有兴趣，请求笔者让其复印。

（三）加强选举动员，辅以教育和培训

根据对 S 部落选举办公室工作人员帕崔克的采访，其办公室对提高选民登记率也没有采取除以下手段之外更多有效的激励办法：每年 1 月召开的首次部落全体代表大会上，办公室会将选民登记表带去会场，让需要的成员领取或现场填写；对于选民名单上连续三年没有投票的成员，会向其邮寄被移出选民名单的书面通知；选举季开始，部落的许多公共场所和路边电线杆上会张贴"快来进行选民登记吧！"这样的宣传标语。但是在笔者看来，S 部落不超过 5000 人，享有选举权的成员不过 2502 人，除去已登记的 1424 人，如果选举办公室可以书面或者电话通知未登记的每一位成员，在操作成本上，花费并不多。同时，目前的选民只能到选举办公室进行人工登记，给选民和办公室人员都造成了较大的负担。根据笔者对 S 部落信息技术办公室的了解，他们完全有能力设计和建设选民登记软件。届时，如果选民用其部落成员的身份证号码可以在移动电子设备上进行网络登记的话，整个部落的选民登记率还可以有所增加。此外，还应开办有关选举的免费讲座，切实提高民众对选举的认识和普及现代民主观念。

（四）修改选举规则，同一家族成员只能竞选同一职位

对于大家族利用人数优势"控制选举"的无形影响，如果要从制度层面加以防止，途径之一是通过对选举制度的修改，使同一家族的竞选人只能竞选同一职位，这样无论有多少家族成员，每年也只能使一位成员入选委员会，而不会出现 1992～1993 年同一届委员会中出现 4 位姓杰弗森的委员的现象。但是，这样的制度设计涉及《宪法》修改，操作起来程序缓慢，也易在全民公决中受到大家族成员的反对。因此相比这样的硬性改革，更缓和的措施是教育和引导。如同选举办公室主任维拉所言："唯一的办法是教育。只有通过全方位的教育，提升人的综合素质，他们才可能在选举中更立足于部落的利益和对竞选人个人能力的判断，而非家族血缘。"

二　完善管理委员会领导机制和预算管理机制

（一）制定统一的行政组织法，防止管理委员会随意调整组织结构

加快制定行政组织法，提高部落职能部门和项目部设立的标准化。行政组织虽有不同种类和级别之分，但同类同级组织应当具有共同标准。[①]行政组织法主要涉及行政机关的设置、性质、隶属关系、职责权限、任职期限、工作原则以及职务设置等内容。完整的行政组织法，应当具有权力配置（设定权力、分配权力、调整权力）、规范管理、控制行政规模膨胀等功能。[②]从 S 部落政府变化无常的组织结构中，我们可以看到由于缺乏行政组织法的控制作用，管理委员会依据"合法"的决议方式滥用权力，随意设立项目部，频繁调整下属部门的管辖关系，从而导致部门林立、项目繁多。因此，加快制定行政组织法，是 S 部落提高管理法治性的当务之急。

（二）建设电子政府，提高信息透明性

电子政府（E-government）是现代政府应用互联网技术和电脑技术，打破时空限制，整合、重组、优化政府职能，为公民提供高效、低廉、优质的公共产品和服务的政府创新。目前，电子政府已成为一种全球性潮流，联合国 192 个成员国中有 191 个国家的政府部门建立了自己的网站。[③] S 部落虽然也具有自己的官方网站，内部文件大多通过邮件传输，工作人员具备建立电子政府的基本能力，但是在网站建设方面，如今还处于非常初级的展示状态，管理委员会主页至今只有当年成员的合影和姓名。

第一，管理委员会作为 S 部落政府最高管理机构应当及时改变观念，加大对政府网站的建设和利用，这可以极大地提高管理委员会的信息透明性。

第二，部落应当尽快规范年度报告的格式，并落实提交不规范报告的

[①] 应松年、薛纲凌：《行政组织法基本原则之探讨》，《行政法学研究》2001 年第 2 期，第 6~16 页。

[②] 应松年、薛纲凌：《行政组织法与依法行政》，《行政法学研究》1998 年第 1 期，第 12~20 页。

[③] 姚国章、胥家鸣：《全球电子政府发展现状与趋势》，《电子政务》2009 年第 12 期，第 15~18 页。

责任。管理委员会三大领导应当以身作则，彻底改变观念，把年度报告视为自身工作的一个重要部分，对工作的职责范围、年度成果、预算收支，进行详细清晰的汇报，以便公众知晓和监督。

第三，尽快规范管理委员会会议的公开标准。涉及哪些议题的会议可以根据哪一条规则不予以公开，应该尽快明确。如关于部落常任领导直选的《宪法》改革，管理委员会内部通过否决该动议让其止步于公共听证会之前，对此类涉及部落基本选举制度的重大议题，是否应该做到更大程度的公开和透明？或者，管理委员会是否应当继续享有如此不受挑战的议程控制权？其是否已经动摇和损害了部落民主公开的传统根基？

（三）推动宪政改革，切实提高公众参与效度

如前所述，S 部落在管理委员会层面的决策过程中，大众参与的广度很高，但参与的效度很低。在大众参与的渠道建设方面，如今世界通行的方法有公共听证会、民意调查、协商制定规则、共识会、公民陪审团、小组座谈会等。[1] 我们可以看到 S 部落几乎实施了以上所有的参与方法，在渠道建设方面颇为用心。但是，为什么良好的参与形式没有带来优质的参与效果呢？其根本原因在于管理委员会日益严重的"集权"倾向和委员们在选举成功后对民意的忽视。对此，笔者建议应通过对部落《宪法》和相关法律的修订，赋予全体成员大会对年度预算报告的最终审查权和否决权，这样在整个预算编制过程中，三次公共听证会和一次管理委员会公开会议的召开不会再沦为形式，大众对预算过程的参与也不会再陷入"为了批评而批评"的怪圈。

（四）利用外部审计、内部违宪审查和行政诉讼制度，加强对管理委员会的监督力度

众所周知，间接民主与直接民主相比最大的弊端在于监督代理人行为的困难。[2] "由于人民并不亲自主事，所以间接民主要求有一整套的监督机制来对人民选举的代表以及由此产生的政府进行监督和防范，以免仆人滥

---

① Gene Rowe & Lynn J. Frewer, "Public Participation Methods: A Framework for Evaluation," *Science Technology & Human Values*, 2000, (1), pp. 3 – 29.

② Jennifer S. Lerner & Philip E. Tetlock, "Accounting for the Effects of Accountability," *Psychological Bulletin*, 1999, (2), pp. 255 – 275.

用权力变为主人。"① 与实行直接民主决策的全体成员大会不同，作为典型代议制形式的管理委员会也需要一整套监督系统对其管理行为进行监督。

第一，如第三章所述，应赋予全体成员大会对管理委员会的违宪审查权。

第二，应逐步建立部落行政诉讼制度，推动部落法院受理针对管理委员会的行政诉讼案件。如前所述，在部落目前的制度设计下，管理委员会的决定大多具有终决权，既不受全体成员大会的实质性约束，也不受部落法院的审查。"所有权力都有滥用的倾向"②，作为部落政府最高权力机构的管理委员会，在没有实质监督的情形下，谁也不能保证其利用决议进行一切政策制定时没有违宪和违法的可能。因此，部落应当尽快建立行政诉讼法的框架，推动部落法院受理针对管理委员会的行政诉讼案件，为受管理委员会决议侵害的部落成员和团体，尤其是非部落个人和团体提供合法维权的渠道。

（五）规范会议制度，提高管理委员会决策效率

第一，应尽快通过行政程序法的完善明确管理委员会会议公开与不公开的标准。对于未涉及重大公共政策的常规会议，就不必在政府综合大厅举行，避免公众的非理性发言对会议的干扰。2013 年管理委员会共举行会议 33 次，耗时 36 天，这对于大多数身兼数职的委员来说，是一种精力上的极大损耗。由于耗时长，统计显示 36 天会议中全部委员到齐的会议只有 4 次。

第二，管理委员会的内部讨论和表决应当参照《罗伯特议事规则》进一步完善，避免个别委员对观点反复重申，在各委员对讨论事项没有更多补充性意见后，管理委员会主席应及时提议就讨论事项进行表决，以加快决策速度。

---

① 刘军宁、王焱编《直接民主与间接民主》，生活·读书·新知三联书店，1998，第 37～38 页。
② 孟德斯鸠：《论法的精神》（上），张雁深译，商务印书馆，1961。

|第五章|

对 S 部落中层结构的善治考察

如图 5-1 所示，S 部落中层结构包括专门委员会与总经理两种机构，双方都受高层管理委员会的直接管辖，对下都负责监督各基层职能部门和项目部的工作，在管理层次上有一定重合。本章在分别介绍专门委员会与总经理制度的机构形成和法定职权后，从善治六要素考察其管理水平，并提出完善建议。由于专门委员会和总经理的管理权能较为单一，因此对其运行机制进行考察时，本章不再对领导、预算和人事管理机制进行分述。

第一节　对 S 部落专门委员会的善治考察

一　S 部落专门委员会制度简述

如图 5-1 所示，名目繁多的各类专门委员会是 S 部落自治体制的一个显著特色，来自部落悠久的传统。在长期的部落集体生活中，一些有能力、有见识的成员自愿站出来，对部落的公共事务进行充分讨论和协商，最后集体决策，这也是部落管理委员会的由来。当服务社区的志愿者人数越来越多以后，不能全部被选为管理委员会委员，剩下的成员便根据各自的特长组建相关的专门委员会。如擅长打鱼的成员组成自然资源委员会，讨论渔业、打猎，以及对海洋和森林等自然资源的保护；关注选举事务的成员组成选举委员会，监督年度选举的各项事宜等。

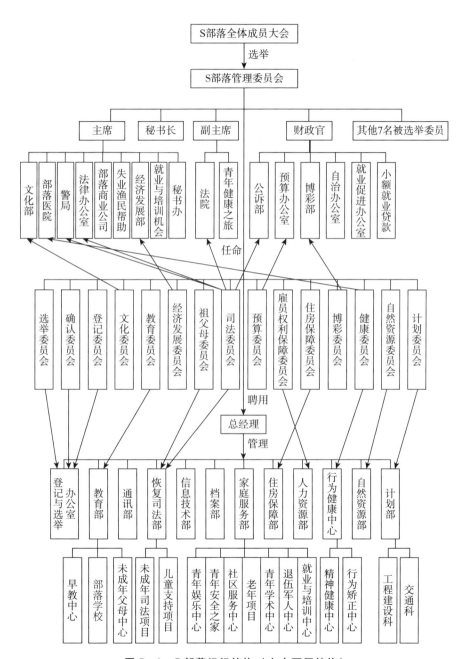

图 5-1　S 部落组织结构（上中下层结构）

（一）S 部落主要专门委员会

经过不断调整，目前 S 部落主要的专门委员会有以下几个。[①]

1. 选举委员会

根据 S 部落《选举法》，部落建立选举委员会，负责管理委员会的所有选举事宜，包括初选、大选和特别选举等。选举委员会负责执行有关管理委员会选举的所有相关程序和制度。选举委员会的委员为部落登记委员会的全体委员。当登记委员会的个别委员不能[②]或者不愿意履行选举委员会职责时，管理委员会应当任命 3~7 名合适的选民作为选举委员会的候选委员。

2. 确认委员会

根据 S 部落《宪法》和《选举法》，由全体成员大会任命一个确认委员会，负责确认年度选举的结果准确无异议，并提交给管理委员会。

3. 登记委员会

根据 S 部落《成员登记法》，登记委员会由 7 名委员构成，委员由管理委员会从居住在保留地并熟知部落和家庭的成员中任命，登记委员会的主任和副主任从登记委员会的委员中产生。主任和副主任每届任期两年，从 2 月的第一次例会开始。登记委员会应每月至少举行一次例会，开会日期由主任决定。4 名以上委员的多数决可以通过委员会决议。任何委员连续三次无故缺席例会应当被建议撤换。委员更换时，由登记委员会向管理委员会提交提名，由管理委员会任命。

登记委员会的职权：审查部落成员的申请（完整性和合法性），决定是否将其接纳为部落成员；审查有关更正申请；举行与登记申请有关的听证会。

4. 文化委员会

根据 S 部落《文化资源保护法》第三章，S 部落文化委员会由管理委员会任命的 18 名以上委员构成。文化部的部长应从该委员会中选拔，向管理委员会提名，由管理委员会决定。委员会应从其委员中选择一名"联络

[①] 笔者根据政府年度工作报告和预算报告进行统计，将仍然享有年度预算额，并拥有规律活动的专门委员会列举出来。

[②] 依 S 部落《选举法》，当选举委员会任何委员参选或者与某候选人是直接亲属时，其不得参与当年的选举委员会工作。直接亲属：委员与候选人之间是子女、配偶、父母、兄弟姐妹、叔侄、祖父母、孙子女、侄子外甥。以上关系包括继子女关系、姻亲以及收养关系。可见，S 部落对亲属的规定较为严厉，除了直系亲属外还包括旁系血亲。

人"以及其他必需的职务，帮助委员会履行职责。委员的任期采用不确定制，除非文化委员会建议且管理委员会同意开除某名委员，否则委员的任期持续。7 名以上委员可以构成会议的法定人数。委员会应每月召开例会。紧急事项发生时，特别会议可以在告示张贴 12 小时后召开，全体委员会人数的多数决发生后，行动可以进行。

文化委员会是根据本法召开的与文化资源有关的审批听证会的审查机构。委员会可以指定 7 名以上委员构成相关听证审查委员会，审查相关事项，并做出最终决定。文化部部长不能成为听证审查委员会的委员。当任何委员是某项听证会事项的顾问时，该委员也不得进入该项听证会的审查委员会。文化委员会负责评估根据 S 部落《文化资源保护法》应当支付的民事赔偿。文化委员会负责审查和同意文化部的决定。

5. 司法委员会

由管理委员会任命的司法委员会负责协调保留地内的法律和秩序项目。该委员会应与警局总长一起讨论这些项目，并提出提高项目效率的建议。通过调研，笔者发现该委员会监督职能广泛，由其协调和监督的职能部门包括狭义和广义的所有司法机构：警局、部落法院、公诉部、犯罪中心、法律办公室、恢复司法部等。其监督的内容主要有：年度预算的编订、审核、执行；相关法律修改；大宗行政用品采购和设备更新；案情统计汇报等。

6. 预算委员会

根据 S 部落《预算与财政法》，S 部落各委员会选派 1 名代表，共同组成预算委员会。管理委员会财政官担任预算委员会主任。预算委员会负责部落年度预算案的筹备、编制和送审，最终由管理委员会批准执行。实践中主要负责指导和监督预算办公室的工作。

7. 住房保障委员会

根据 S 部落《住宅权威法》，住房保障委员会由 7 名委员构成，其中至少 1 名委员为管理委员会委员，所有委员须由管理委员会决议任命。总的职责是与联邦政府合作和交涉，确保获得足够的财政支持，以修建、维持和运营该法管理下的各种项目。实践中主要监督住房保障部工作。

8. 博彩委员会

根据 S 部落《博彩法》，S 部落博彩委员会由 5 名委员构成。当博彩委员会不能履行职责时，由管理委员会代行相关职责。管理委员会任命博彩委员会的主席，任期 3 年。

9. 雇员权利保障委员会

根据 S 部落《雇员权利保障法》，由 4 名委员和 1 名候补委员构成，1
名管理委员会委员和部落人力资源部主任是该委员会法定委员。实践中主
要负责指导和监督人力资源部的工作。

10. 自然资源委员会

自然资源委员会是由管理委员会依据《自然资源保护法》设立的管理
部落自然资源的委员会，负责管理部落各种自然资源的使用、保护和收费。
根据该法，部落所有在册渔夫都是自然资源委员会委员，因此委员会拥有
600～800 名普通成员，在此基础上，还拥有其内部的年度选举制度①，产生
主席、副主席、秘书长和财政官。

11. 教育委员会

依据管理委员会决议，成立教育委员会，主管部落学校和早教中心两
大机构。

12. 计划委员会

依据管理委员会决议，旨在负责部落重大战略计划的委员会，实践中
主要负责指导和监督计划部编制部落中长期经济计划。

13. 经济发展委员会

依据管理委员会决议，成立经济发展委员会，旨在通过开展和管理各
种项目，全面促进部落的经济发展。

14. 健康委员会

依据管理委员会决议，旨在向部落成员提供各种健康服务的委员会。
实践中指导和监督部落医院、精神健康中心等部门。

15. 祖父母委员会

依据管理委员会决议，旨在帮助部落青少年的委员会。实践中主要指
导和监督一些跟青少年有关的项目部，如儿童支持项目等。

（二）专门委员会的职权

由于各专门委员会法律依据不同，其职权范围有较大差异，总的来说

---

① 根据笔者 2014 年 6 月 15 日对其年度成员大会暨选举过程的观摩，其选举比管理委员会的
选举简单，参会成员只有 100 人左右。竞选人采用口头提名方式，投票方式为举手表决。
在 2014 年年会上，艾登·希尔蝉联自然资源委员会主席。

包含以下三方面。

1. 人事任免权

有的专门委员会对所监督的职能部门拥有人事任免权。如住房保障委员会，拥有任免住房保障部部长的权力；文化委员会拥有任免文化部部长的权力；自然资源委员会，拥有任免自然资源部部长的权力；司法委员会拥有任免主审大法官、警局总长、法律办公室主任等部门领导的权力。但是，这些委员会所任命和罢免的部门领导，须提交管理委员会审批后生效，因此权力的行使受到一定限制。

2. 预算监督权

对部门预算的审查和监督是各委员会最普遍和重要的职权。首先，在年度预算过程中，各部门的初始预算表须先提交专门委员会审查，通过后才能提交总经理办公室统一汇总参加管理委员会的初审和公共听证会的"二审"。① 其次，对管理委员会通过后的各部门年度预算经费，其单笔大额消费需要提交专门委员会提前审查和同意才能进行。最后，每次专门委员会例会都要审查相关部门预算支出情况，包括预算总额是否超支，具体的支出类别和金额是否恰当等。

3. 审查终决权

有的专门委员会对所属领域的具体事项或纠纷拥有审查和终决权。如登记委员会负责对登记办公室转交的成员等级申请进行审查和决定；文化委员会对文化部转交的成员文化许可事项进行审查和决定等。

综上，法律依据不同、职权范围有异的各专门委员会，其制度设计和运行有何经验与不足呢？接下来我们再次运用善治考察表对专门委员会进行分项考察。

二　对 S 部落专门委员会的善治考察

（一）对专门委员会的法治性考察

1. 从立法层面考察，专门委员会可分为两类

第一类：产生于特定部门法，有公开法律依据的委员会，即选举委员

---

① 如本书第四章所述，公共听证会对年度预算案并没有实际的审查权。

会、登记委员会、确认委员会、雇员权利保障委员会、住房保障委员会、自然资源委员会、文化委员会、预算委员会、博彩委员会等 9 个委员会。这些委员会的委员产生办法、任期、职责、回避规定以及委员会的会议日期、表决方式等都通过相关部门法有明确的法律规定。通过表 5 - 1 的统计，可知不同的法律部门对各委员会的规定仍然存在细节上的差异。有的部门法侧重于对委员产生办法和任期的规定；有的部门法侧重于对委员会职责和会议流程的规定。

第二类：产生于管理委员会决议，规定不可知的委员会，包括教育委员会、司法委员会、计划委员会、健康委员会、祖父母委员会等 5 个委员会。上述委员会在部落的《宪法》及其附则以及 45 部单行法规中找不到设立的依据，根据部落行政惯例，上述委员会产生于管理委员会的决议。但由于调研的局限，笔者无法取得设立上述委员会的决议文本。因此无法知晓这些委员会委员的产生方式、权力职责、会议制度等。

2. 从执法层面考察，专门委员会依法运行

调研期间，笔者先后观摩了上述预算委员会、教育委员会、司法委员会和自然资源委员会的例会①，并因为调研审批的必要程序，参与了文化委员会的例会。通过比较，笔者发现虽然上述委员会在法律依据方面存在一定的差异，但是在运行过程中，都能依法进行，遵守既定程序。

S 部落专门委员会法律依据统计如表 5 - 1 所示。

（二）对专门委员会的透明性考察

1. 外部透明性考察，专门委员会无信息公开

如前所述，官方网站、部落脸书主页、每月两期的《S 部落人》和年度政府工作报告，是笔者获取 S 部落官方信息的主要途径。然而各专门委员会在上述渠道基本没有信息公开。究其原因，主要是专门委员会不属于部落政府的正式部门，委员都为兼职形式，委员会获得的较小预算额度主要用于例会费用，委员会没有正式雇员专门负责信息的公开。

2. 内部透明性考察，预算委员会的信息公开一枝独秀

由于部落各专门委员会的法律依据、职能范围和监督模式差异较大，

---

① 其中登记委员会和选举委员会的例会因为涉及成员重大利益，不对外开放。

表5-1 S部落专门委员会法律依据统计

委员会	设立依据	委员产生办法与任期	职责和权力	会议时间	委员任职回避规定
选举委员会	《选举法》(1978)	全体登记委员会委员	对部落的初选、大选和其他特别选举的实施负责，执行管理委员会制定的相关法律	无	竞选人及竞选人的二代直系血亲和旁系血亲
确认委员会	《宪法》和《选举法》(1978)	全体成员大会任命	向管理委员会确认全体成员大会的所有选举结果	无	规定同上
登记委员会	《登记法》(1999)	管理委员会任命，不少于7名委员①；内部选举主席和副主席；每届任期2年	由登记办公室协助进行部落成员的登记、更正和注销事宜，享有相关事务的决策和建议权	无	无规定
文化委员会	《文化资源保护法》(2008)	管理委员会任命，不少于18名委员（委员会提名）；文化办公室主任是定委委员；委员任期无限，可被管理委员会除名	1. 根据本法充当公共听证会的审查委员会；2. 充当所有申请文化许可事项的审查委员会；等等	每月一次例会，紧急会议于告示12小时内召开	如果对其本人主管的事项进行听证，文化办公室主任和委员会主任得进入听证人身份参与审查委员会
预算委员会	《预算与财政法》(1991)	由各部落每个委员会选派一名委员，组成预算委员会；财政官是定委主席	1. 编制年度预算草案；2. 保证预算平衡不赤字；3. 实时比较预算中的收支和实际收支，以及时修正	必要时召开；3月、7月和12月必须召开	无
住房保障委员会	《住房权威法》(1976)	至少7名委员，至少1名委员直接来自管理委员会，其余委员来自管理委员会决议的任命	1. 依据S部落《住房权威法》及其他部落法律管理S部落住房权威署；2. 任命S部落住房权威署主任；3. 签署年度报告	无	1. 任何委员、官员和办公室雇员，在任期内及任期结束后一年内，不得以私人身份参与任何项目并从中获益；

① 登记委员会委员须居住在保留地，熟知部落和家庭。

续表

委员会	设立依据	委员产生办法与任期	职责和权力	会议时间	委员任职回避规定
住房保障委员会	《住房权威法》(1976)	至少 7 名委员，至少 1 名委员直接来自管理委员会，其余委员来自管理委员会决议的任命	1. 依据 S 部落《住房权威法》及其他部落法律管理 S 部落住房权威署； 2. 任命 S 部落住房权威署主任； 3. 签署年度报告	无	2. 上任前有相关获益者（主动或被动），将立即书面汇报给委员会
博彩委员会	《博彩法》(1994)	5 名委员，具备本法所规定执照；管理委员会罢免前为永久任期；管理委员会任命主席，每届主席任期 3 年①	1. 执行本法，管理 S 部落保留地内所有博彩活动，未经允许不得进行； 2. 与管理委员会独立，依据本法规定； 3. 接受管理委员会对预算的审批和分配活动遵守本法规定；等等	无	无
雇员权利保障委员会	《雇员权利保障法》	由 4 名委员和管理委员会指定的 1 名机动委员，每届任期 3 年；主席由管理委员会指定；1 名管理委员会雇员和人力资源部部长是委员会法定委员	1. 任接受管理委员会审查和监督的前提下，执行本法； 2. 确立标准并收取收取培训费和其他费用； 3. 建议雇员权利保障办公室主任的人选，由管理委员会任命； 4. 通过人力资源部雇佣或解雇管理委员会雇员，制定工资表，由管理委员会同意； 5. 使用管理委员会分配的预算资金，并争取获得更多的外部资金； 6. 审查对雇员办公室主任的申诉； 7. 对违反本法的当事人进行民事处罚；等等	无	无

① 博彩委员会其余四名委员中两名委员任期 3 年、两名委员任期 2 年，这样现任委员就可以服务到本法颁布前的时间。

续表

委员会	设立依据	委员产生办法与任期	职责和权力	会议时间	委员任职回避规定
自然资源委员会	《自然资源保护法》(1964)	任何部落成员和拥有有效的渔业许可证的成员；管理委员会由 11 名直选成员构成，每届任期 3 年，每年决议确认，每届任期 3 年，每年轮换 3～4 名	1. 提出法律修改建议，审查和通过相关建议； 2. 与自然资源保护委员会一起制定长期计划； 3. 根据管理委员会授权，代表部落参与自然资源方面的外部活动； 4. 向管理委员会提出关于自然资源部门及其部长绩效的建议； 5. 接受和使用管理委员会分配的预算；等等	每季度一次常规会议，6 月举行年度大会；特别会议由过半数委员发起或 25 名成员；每次会议至少上 25 名成员以上召开	无

资料来源：S 部落相关法律部门。

因此根据调研情况，部落透明性最高的是预算委员会。基于《预算与财政法》的详细规定，预算委员会在完整的一个预算年度中必须举行下述三次公共听证会，做到信息和决策的相对公开。笔者观摩了 2013 年三次预算听证会。

第一次预算听证会（2013 年 3 月 27 日）：主题为"满意还是不满意？——对部落服务项目"，意在征集公众对前一年预算执行情况的意见。会议于部落博彩酒店宴会大厅举行，首先由预算委员会主席暨财政官对前一年预算执行情况进行汇报，之后大家边吃自助餐，边自由提问。与笔者估计的不同，会议现场并不激烈，大家发言较为友好。

第二次预算听证会（6 月 4 日）：主题为"规划中的财政收入"，将未来 1 到 2 年的预计收入项目和内容报告给大家。会议流程依然是预算委员会主席暨财政官汇报预算收入，大家提问，财政官及助理进行解答。

第三次预算听证会（11 月 12 日）：公开下一年度预算草案，征集公众意见。

上述三次听证会中，预算委员会都会准备相关表格的复印件，到场公众可以自由领取。除了现场提问和解答外，还会给大家准备纸质的意见征询表，供成员当场或回家后填写。听证会结束后，按照《行政法》的规定，有 5 天的意见补充期，其间大家可以继续通过当面、电话和邮件的方式向预算委员会提交对年度预算草案的意见。

但是纵观整个部落，除去预算委员会外，其他专门委员会并没有类似的信息公开举措。除了现场观摩例会，笔者无法从任何渠道获得其他委员会工作的信息。

（三）对专门委员会的参与性考察

根据前述专门委员会的形成缘由，可知其制度产生于部落成员参与公共事务的传统与愿望，因此作为一项旨在提高公共参与性的制度，专门委员会在加强公共参与的广度和效度方面都有一定贡献。

1. 兼职委员扩大了行政参与的广度

如表 5－1 所示，除去个别委员会有一些回避制度外，大多数委员会对委员任职没有资格要求，也没有兼职限定。因此各管理委员会的委员，既有在部落位高权重的领导，也有没有相关经验的退休成员。前者如先后担任过部落主席、副主席的克劳福先生，长期担任自然资源委员会的副主席；负责组织所有管理委员会会议和全体成员大会的秘书办主任特萨女士，也是选举委员会的主任。后者如亲切随和的瑞贝卡，一生命运多舛，中年在拉斯维加斯离异后带着 4 名年幼的子女回到部落，接受亲戚资助和部落各项福利，得以将儿女养大成人，现在硕士毕业的大女儿是人力资源部部长，取得法学博士学位、职业律师资格的二女儿是法律办公室主任，三女儿是部落法院秘书，小儿子在档案部上班。瑞贝卡顺利入选祖父母委员会，除了例会时，她也经常到政府大厅闲逛，反正总能碰上几个孩子。

2. 委员会广泛充实的权能提高了委员参与的效度

各专门委员会职能广泛，极大地提高了行政参与的效度。首先，各专门委员会一般拥有人事提名权或任命权。如连任 29 年部落住房保障部部长的戴安娜，直言不讳地告诉笔者，虽然管理委员会是她的名义上级，但实际聘用她的是 S 部落住房保障委员会。[①]其次，各专门委员会对所辖部门年度预算及重大支出具有审批、否决和监督质询权。在笔者观摩司法委员会的例会时，发现其中一项内容为法院就需要购置的计算机设备向委员会说明情况，以获得使用该笔资金的资格。再次，根据各自的法律依据，各专门委员会还拥有程度不同的具体事务管辖权。如登记委员会根据 S 部落《成员登记法》对所有与成员资格有关的登记或放弃等申请事项进行审批，登记与选举办公室在相关事务中只有行政协助功能，而没有决定权。再如笔者的调研申请需要先后经过三个部门同意，作为第二个审批部门，文化委员会有权对笔者的调研申请说不，那样调研申请就无法进入第三步（管理委员会审批），本研究也就无法进行。因此，通过人事提名权、预算审批权和具体事务管辖权，S 部落各专门委员会通过切实的权能，提升了行政参与的效度，而绝不仅仅是走形式。

3. 部分委员会通过听证会和座谈会等形式丰富公众参与渠道

除去前述预算委员会每年都要举行三次公共听证会外，司法委员会于 2013 年 11 月 19 日举行了一次主题为"你对法院服务满意吗？"的座谈会，

---

① 根据 S 部落《住房保障法》，住房保障部部长和 1 名管理委员会成员是住房保障部的法定委员之一。

加深了与公众的交流。众所周知，法院行使严肃的司法权，与行政权相比，司法权具有中立、克制、被动等特点。为何会举办座谈会这样主动的会议形式呢？原来，如第四章所述，S 部落的司法体制与美国联邦不同，法官受聘于管理委员会，法院归副主席分管，而管理委员会（含副主席）都是民选官员，因此常常有对法院判决不满的成员，到副主席和司法委员会处投诉。为了缓解公众对部落法院的不满，司法委员会举行了此次座谈会，并在现场分发了含有下述两张调查表的小型问卷调查，显示了对社区意见的高度重视（见表 5 - 2、5 - 3）。

表 5 - 2　关于部落法院服务的社区调查 1

编号	问 题	评分 1 ~ 10 分（1 为最低）
1	你在法院的隐私被保护了吗？	
2	法官认真履行了工作？	
3	法官对待当事人足够尊重？	
4	总的来说法官裁决的时候保持了正直和公正？	
5	法官对每个当事人都给予了足够的关注和时间？	
6	法官能够仔细聆听当事人的发言？	
7	法院保护了每个当事人的宪法权利？	
8	法院确保正当程序被遵守？	
9	法院的行政管理有效率？	
10	法院雇员对待当事人足够尊重？	

资料来源：2013 年 11 月 19 日 S 部落司法委员会听证会现场。

表 5 - 3　关于部落法院服务的社区调查 2

编号	问 题	答案
1	你去过 S 部落法院吗？	
2	如果去过，你是作为原告、被告、证人、警察、法院雇员，还是陪审员？如果是别的，请补充。	
3	你参与的是哪一类诉讼？	
4	你的诉讼文书是怎么被处理的？	
5	通过你的法院经历，你对法院的态度有变化吗？变好了，变坏了，还是一样？	

续表

编号	问　题	答案
6	如果你对法院的态度有变化，请说明为什么？	
7	通过什么渠道，你了解到部落法院的最多信息？	
8	你认为部落法院可以在哪些方面改进以更好地服务社区？	
9	你认为部落法院拥有足够的办公区间吗？	
10	你认为部落法院需要一幢独立的建筑吗？	
11	你认为法院有助于防止侵害再次发生吗？为什么？	
12	你认为法院提供的服务有用吗？为什么？	

资料来源：2013 年 11 月 19 日 S 部落司法委员会听证会现场。

　　与一般有关法律修改的听证会较为冷清不同，此次座谈会来了较多部落成员，大约二三十人，尤其是一些涉案人员的母亲在座谈会上情绪较为激动。经过她们的"哭诉"，笔者弄清楚此次座谈会的直接原因是 S 部落尚无可以进行长期关押的监狱，通过刑事审判需要长期服刑的涉案人员，将根据部落法院与所属县的合约，交由对方监狱执行。由于部落较为严重的酗酒和毒品滥用现象，大多数刑事犯罪人员具有酗酒或毒品滥用引发的症状，导致他们在县监狱非正常死亡的情况时有发生。因此会议过程中，几位死者的母亲情绪激动，认为子女死于县监狱内白人针对印第安人的虐待行为，要求法院加快建立自己的监狱，以更好地保护部落成员的合法权益。

（四）对专门委员的责任性考察

　　由于各委员会不直接管理和使用资金①，因此在责任承担方面，制度设计强调的是专门委员会对所辖部门的监督，而不是对自身责任的查找。就此，笔者认为其在责任性方面具有独特的优势与不足。

　　1. 对基层部门的审查权和预算否决权使各委员会可进行实质监督

　　如前所述，全体成员大会对管理委员会预算报告的监督由于不具备审批权和否决权而落入"除了批评还是批评"的形式主义。与此不同，各专门委员会具备对监督部门具体事项的审批权和年度预算的否决权，从而使其监督职能得以实施而非沦为"理论上的权力"。例如在预算过程中，各

――――――――――

　　①　前述各委员会只拥有数额较小的预算额，用于全年的例会费用。

部门将预算报告提交总经理汇总前，须首先得到相关委员会的详细审查和批准。而这种内部的审查细度与部落公开的预算听证会完全不同，各部门须提交对全年预算使用的详细说明表，如人员工资支出、办公经费支出、出差旅行支出等各项细分额度，供各委员质询。此外，即使年度预算被通过，在日常支出过程中，仍要接受相关委员会的审查。如在司法委员会例会上，笔者看到议程之一是审批法院提出添置一些计算机设备的申请。虽然购买金额不足 5 万美元，但仍要通过司法委员会的审批才能进行。

2. 独立委员监督更有力

各专门委员会委员中，除了部分为政府雇员兼职外还有相当部分委员为普通部落成员尤其是退休老人，这些独立委员在行使监督职权时非常认真，而且不受任何约束。因为不拿任何报酬的普通成员和退休老人，与管理委员会没有雇员与雇主的关系，在行使监督权时可以毫无顾忌地畅所欲言，对各级部门领导直接发难，因此监督较为有力。笔者观摩预算委员会的例会时，当主管老年公寓的项目经理玫琳凯进行汇报，表示项目预算不足时，来自文化委员会的格林先生直接发言："你们项目不到 30 个老人居住，一年花费上百万美元，你还说预算不够？"此后两人开始争执，情绪激动后被预算委员会主任达瑞制止。

3. 多数委员由管理委员会任命，削弱了监督力度

如表 5-1 所示，具有明确法律依据的 9 个委员会委员产生办法中，只有确认委员会委员产生自全体成员大会，预算委员会产生自每个委员会指派的委员，其余 7 个委员会委员全部由管理委员会任命。因此，这种内部委员产生办法易造成管理委员会任命"听话"的委员，从而削弱了各委员会的监督力度。采访得到的数据证明一些部落成员有此担心。

> "是的，我们更希望委员直接来自全体成员大会的任命，否则管委会权力太大，如果谁说话得罪他们了，就可以找个借口换掉。"（文化委员会委员凯茜）

> "专门委员会本来就是用来监督管委会下属各职能部门的，现在各委员大部分来自管委会任命，那他们会任命我这样爱挑刺的人吗，我想不会吧，那各委员会监督的效果如何，我有权怀疑。"（经常在公开会议上批评管委会和各职能部门的普通成员爱伦女士）

4. 缺乏任职限制，导致"左手监督右手"现象普遍

随着笔者调研的深入，在各种名目的委员会上碰到"老熟人"也是S部落体制的一大特色。除去预算委员会根据《预算与财政法》规定必须从教育委员会、自然资源委员会、选举委员会、住房保障委员会、文化委员会、司法委员会、健康委员会等7个委员会中各选拔1名委员组成外，其他委员会的委员不能兼任两个以上的委员会委员。但是，专门委员会的委员没有其他任职限制，包括委员在对口部门任职的限制。因此，笔者发现很多专门委员会的委员或主席就是对口部门的职员甚至主管。如2012～2013年的两届财政官希尔先生也是预算委员会的主席，在进行重要的年度预算审议会时，由希尔先生领导的预算委员会审议由希尔先生直接领导的预算办公室编制的年度预算案，可谓"左手监督右手"。再比如住房保障部的部长也是住房保障委员会的委员，选举办公室的主任也是选举委员会的委员。

（五）对专门委员会的效率性考察

1. 从经济性上考察，专门委员会委员的花费低

（1）委员志愿服务导致各委员会花费较少（见表5-4），制度运行成本较低。

表5-4　S部落专门委员会预算统计（2013年）

单位：美元

编号	专门委员会①	年度预算额
1	选举委员会	24940
2	登记委员会	15755
3	司法委员会	10158
4	计划委员会	10158
5	自然资源委员会	204823
6	文化委员会	25158
7	健康委员会	16454
8	祖父母委员会	10158
9	教育委员会	48295

---

① 因调研局限，此表无经济发展委员会和住房保障委员会预算额，确认委员会因为只有3名成员，全年1次例会，因此经费从选举委员会预算中支出，没有独立预算。

续表

编号	专门委员会	年度预算额
10	博彩委员会	32455
11	预算委员会	22152
12	雇员权利保障委员会	57608
	总计	478114

资料来源：2013 年 S 部落年度预算报告。

（2）委员兼职提高了部落人才的利用率。众所周知，美国印第安保留地的受教育率远低于全国平均水平，因此对部落政府进行全方位提升的迫切需求来说，人力资源的匮乏是一个主要障碍。调研过程中，笔者发现部落政府中一批青壮年大多拥有相似的求学和职业路径：在位于部落的某大学完成两年社区大学教育后，转入邻近的大学学习两年，获得本科学历，再回到部落机构上班。由于职位多、人员缺乏，好几位拥有此类经历的人士告诉笔者，在附近的大学进行"2 + 2"学习时，他们已经开始在部落政府的全职工作，如现任部落副主席助理的杰菲先生和副总经理塔拉女士。由于美国大学学位管理的严格导致学生不易毕业，当这两位回忆起当年要在部落政府和大学（相距约 20 千米）两边跑，一边工作一边学习的辛苦时都非常感慨。专门委员会委员的兼职形式在一定程度上缓解了部落人才的缺乏问题，在最大程度上提高了现有人才的利用率。比如经济发展部的瑞塔女士，作为具有大学本科学历的部落青壮派，既是预算委员会的委员，也是司法委员会的委员。

2. 从时效性上审查，专门委员会会议冗长、议事缓慢

在笔者观摩的各项专门委员会例会中，除年终预算分配会议外，主要流程大体一致：部门领导或相关负责人员介绍近期工作和重要项目的进展，各委员提出质询和建议，部门领导或负责人员解释或承诺修改。由于各专门委员会每月召开例会两次，如果开会时提问和质疑的委员较多，一次例会常常开一整天。笔者发现各专门委员会中以老年和退休委员居多，因为年轻委员一般在全职工作外还要照顾未成年子女[①]，繁重的会议日程

---

① 依据部落传统，S 部落成员成家生子时间较早。大多数女性拥有 2 名以上子女。如家庭服务部的塔妮女士不到 35 岁，已拥有 3 名子女，最大的孩子 16 岁。

对他们来说难以承受。如笔者在旁听法律委员会于下午五点召开的例会时，看到身兼数职的瑞塔女士不得不把六七岁的女儿带在身边。预算委员会和文化委员会成员格林先生告诉笔者："平时两周一次的例会一般要开一天，再加上重大事件的特殊会议和年终许多特别会议，每个委员为这个工作都付出很多时间和心血，但我们仍然很认真，因为这是全体成员大会赋予我们的职责，我们需要帮助管理委员会监督相关部门没有渎职和权力滥用行为。特别是我们预算委员会，负责审议每年的预算报告，随着预算数字越来越大，我们的责任也越来越重。"

（六）对专门委员会的公平性考察

1. 权利的设定：入职无要求，人人有机会

平等是 S 部落悠久的传统，因此如同管理委员会的竞选人资格对学历、年龄等条件无任何要求一样，专门委员会的委员也基本做到了"人人可争取，人人有机会"。各专门委员会不仅对各个年龄段的成员开放，也对各种学历、各种任职经历的成员开放。在笔者旁听各种专门委员会例会时，发现了较多老年委员的身影，这既是部落尊老敬老的传统，也为老年人参与公共事务提供了一个重要途径。各种委员会的例会每两周举行一次，每当举行时，这些老年委员们总是积极地来到开会地点，履行自己的职责。从笔者旁听的情况来看，这些退休或者从未在政府中任职的老年人在会议中得到了较好的尊重，即使他们的意见不够专业也能做到"畅所欲言"。甚至，当笔者发现部分老人的意见与会议主题不太相关时，也从来没有任何人打断或者指责。

2. 权利的行使：管理委员会任命委员妨碍公平性

如前所述，大部分委员会委员产生于管理委员会的任命而非全体成员大会的选举。虽然管理委员会委员都是民选官员，对专门委员会委员的任命也都通过集体讨论和表决的方式，但经过第四章的分析，管理委员会决策的过程并非完全公开透明，因此对有关专门委员会的委员任命也难免让人怀疑存在"近亲繁殖""裙带关系"、大家族的影响以及对"批评性"委员的回避等现象，从而降低了公众通过各委员会参政议政的公平性和监督政府的有效性。

3. 权利的救济：专门委员会对所辖事项享有终决权，无申诉途径

从权利的救济途径考察，公众对各专门委员会的决定没有申诉渠道，

各部门法一般赋予相关委员会在具体事务审查时享有的终决权。如 S 部落《成员登记法》赋予登记委员会对成员登记事项的终决权；《文化资源保护法》赋予文化委员会在文化许可审查时的终决权。对于行政相对人来说，这样的权力设置不利于当事人申请权利救济，降低了制度的公平性。

三　完善 S 部落专门委员会的制度建议

根据前文的分项考察，我们可以汇总得到表 5 - 5。作为部落传统制度的延续，专门委员会制度在法治性、参与性、效率性、责任性和公平性上都有其独特的经验。为了完善其监督职能，帮助部落体制在中层结构方面更为有力，我们建议从以下环节完善制度建设。

表 5 - 5　对 S 部落专门委员会的善治考察

善治要素	考察角度	考察点	经验	挑战	总分：7
法治性	立法层面	1. 是否有清晰的法律依据？	1	*	2
		2. 法律依据是否完备？	1	*	
		3. 法律依据是否稳定？	1		
	执法层面	4. 行政行为是否依法进行？	1		
透明性	外部透明性	5. 信息对外部成员是否公开？		*	0
		6. 决策过程对外部成员是否公开？	1	*	
	内部透明性	7. 信息对部落成员是否公开？	1	*	
		8. 决策过程对部落成员是否公开？	1	*	
		9. 决策过程是否存在暗箱操作的可能？	1		
参与性	参与广度	10. 参与渠道多寡？	2		3
		11. 参与渠道是否易得？	1	*	
		12. 实际参与人数多寡？	1	*	
	参与效度	13. 公众参与能否推动（阻碍）决策进程？	1		
责任性	外部监督	14. 外部监督方式多寡？	1		1
		15. 外部监督是否有力？	1	*	
	内部监督	16. 内部监督方式多寡？	1		
		17. 内部监督方式是否有力？		*	

续表

善治要素	考察角度	考察点	经验	挑战	总分: 7
效率性	时效性	18. 沟通是否快捷？	1		2
		19. 决策是否迅速？		*	
	经济性	20. 规模和花费多少？	1		
		21. 有无重复或浪费？	1		
公平性	权利的设定	22. 权利设定是否公平？	1		−1
	权利的行使	23. 权利行使是否受不利因素影响？		*	
	权利的救济	24. 是否有权利救济途径？		*	

第一，完善各委员会的法律依据，统一委员会职权范围。将人事提名权、部门预算否决权、重大事项审批权统一交给各专门委员会，从而形成对下属基层部门的全景监督。

第二，完善各专门委员会委员的产生办法和任期管理。首先，如图 5 - 2 所示，提升各委员会管理层级，委员应全部由全体成员大会选举产生，向全体成员大会负责，形成独立于管理委员会的外部监督主体，对庞大的政府机构形成有力的外部监督。其次，专门委员会委员也应同管理委员会委员一样每届任期 3 年，换届选举时由全体成员大会的特别大会进行选举。委员兼职制度可以保留，但职能部门的工作人员不应进入对口委员会，杜绝"左手监督右手"的"近亲繁殖"现象。

第三，适度提高各专门委员会的预算额，保障各委员会具备 1 名全职雇员，负责委员会的会议准备、网站更新和其他组织工作。就笔者调研得知的情况，目前各委员会的会议组织工作一般由所监督的职能部门秘书负责。如文化部秘书负责召集文化委员会例会，警局秘书负责召集司法委员会例会，选举办公室秘书负责召集选举委员会例会等。但兼职人员对繁重的工作力不从心，当笔者向组织司法委员会例会的秘书伊莎贝拉请求复印司法委员会 2013 年度例会日程表时，对方感到很为难，因为她平时没有进行这方面的整理。此外，配备 1 名全职雇员的各委员会可以重视自身网站的建设和信息的更新。例会通知、例会内容、例会的简报等信息，都应当在网站主页上实时更新，方便其他部落成员随时查阅，前往旁听。

第四，完善会议制度，提高决策效率。如前所述，当前过长的会期和

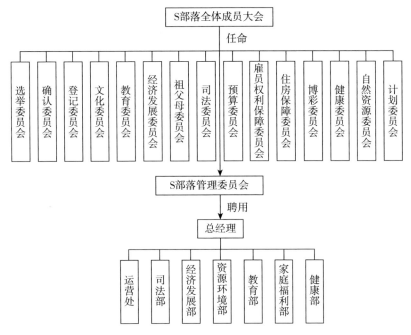

图 5 - 2　S 部落专门委员会改革建议

过于缓慢的会议节奏，使工作繁忙的中青年进入专门委员会时有所顾虑，从而阻碍更多部落新生代参与专门委员会，使各种职能的专门委员会都向"老年顾问委员会"的方向发展。部落尊老的传统非常宝贵，但笔者调研发现，由于历史因素，老年成员中接受中高等学历教育的人员较少，从而在预算、经济、法律等需要专业技术的委员会中难以发挥优势，影响专门委员会的整体工作效率。

第二节　对 S 部落总经理制度的善治考察

一　S 部落总经理制度概述

如图 5 - 1 所示，S 部落在管理委员会之下，设立了一个总经理职位，负责部落政府全方位的行政管理工作，监督 12 个职能部门和项目部的日常工作和预算管理。S 部落总经理由管理委员会决定，向管理委员会直接汇报工作，对管理委员会负责，执行管理委员会的决定。

政府总经理制度源于美国地方政府提高行政效率的创举，最早出现于美国弗吉尼亚州的斯道敦城，后被大部分欧美国家的中小城市采用。市经理制的主要特征是市议会聘任一位市经理，把行政权授予市经理行使，市经理对市政府和城市实行专业化管理。目前全美约有三分之一的城市实行这种体制，尤其是中等规模（25000～250000 人）的城市，采用市经理制的占一半以上。市经理制的优点是有利于引入市场竞争机制，在更大范围招聘城市管理的专业人才；有利于对市政府和城市实行专业化管理，提高城市管理的效益；有利于把政治矛盾与城市管理相对分开，市议会负责处理政治矛盾，市经理集中精力解决专业和技术问题。它的缺点是难以处理政治矛盾，当它与城市管理交织在一起时，市经理往往无能为力。此外，市经理制易产生急于求成的短期行为。

20 世纪 70 年代后，随着《印第安民族自决与教育援助法》的签署，大小不一、情况各异的部落政府在联邦政府鼓励下开始大力发展自治，不少部落开始吸收一些主流社会的行政管理理念和方法，在此背景下，S 部落也于 2005 年年度预算大幅上涨之后，引进了总经理制，给整个部落政府的规范性和效率性等方面带来了变化。

如图 5－3 所示，总经理对其所辖 12 个部门①的管理主要包括以下两方面的内容：一是督促重要事项的进展；二是监督年度预算的编制和执行，是否存在超支或不当使用。那么，旨在提高部落政府运行的专业性与规范性的总经理机构是否能在善治考察中获得高分呢？下面就以善治考察表为依据，对其进行分项考察。

二 对 S 部落总经理制度的善治考察

（一）对总经理制度的法治性考察

如前所述，S 部落全体成员大会和管理委员会产生于《宪法》条文，多数专门委员会产生于明确的部门法，但位于部落管理中层核心的总经理一职却产生于一份"传说"中的管理委员会决议。当笔者分别向总经理办公室和管理委员会秘书办申请时，他们都无法提供该份决议的复印件，也不能提供决议的编码。因此，对于理论上"统领"整个部落政府基层部门

---

① S 部落管理委员会正致力于将部落所有独立预算部门纳入总经理的管辖，因此每年都有新增的部门，数量不断增加。

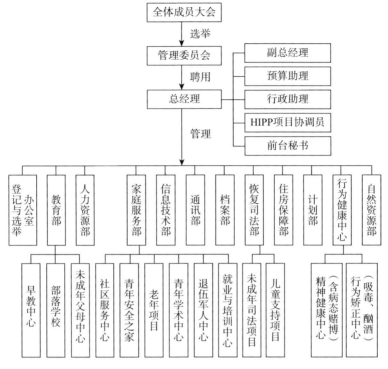

图 5 - 3 S 部落总经理结构

的总经理一职来说，其法定职权、权力范围、任职期限等还处于"摸着石头过河"的初级阶段。由于缺乏规范的法律依据和组织规则，总经理一职存在以下严重的制度缺陷。

1. 总经理与专门委员会的管理层次和监督职能高度重合

由图 5 - 1 可见，位于管理委员会之下、各部门之上的管理机构除了总经理外，还有数目庞大的各专门委员会，两种管理机构属于同一层级，彼此没有相互隶属的关系，二者都向管理委员会报告工作，管理下辖的职能部门和项目部。在职能方面，二者都需要对各部门和项目部的预算支出和工作进度进行审查和监督。唯一的不同之处是，总经理负责对 12 个职能部门①的工作进行监督，而专门委员会只负责一个或几个对应的部门，监督范围比总经理小得多。因此，总经理一职与专门委员会在管理层次和管理职能

---

① 根据本书第四章的论述，基于管理委员会的决议，总经理直辖的部门和项目部数量每年都有一定变化。

上大面积重复，使 S 部落的整个政府结构臃肿庞大，更让各基层部门有双头领导之忧。实践中，为了应付总经理与专门委员会的同质化监督，这些部门领导的会议特别繁重。例如对同一个支出事项、同一个工程进展，他们需要分别同总经理办公室和所属委员会举行内容相似的质询会，回答与会成员类似的问题。

2. 总经理与"委员部长"互为上级，导致无效监督

如图 5-4 所示，一方面，管理委员会负责聘用总经理，是总经理的上级机构，因此总经理受管理委员会领导，执行其命令和决议；另一方面，由于管理委员会 11 名委员中除去三大常任领导外没有兼职限定，因此常有个别委员兼任基层部门领导，如果其部门工作隶属总经理管辖，则与总经理形成互为上级的矛盾关系。

2013 年政府结构中，总经理所直辖的教育部和自然资源部的两位部长都是管理委员会委员，与总经理互为上级。那么，总经理在日常工作中如何监督有权投票任免①他的教育部部长和自然资源部部长呢？当笔者采访总经理办公室的预算助理时，对方直言：

"这种处境让总经理很难工作。"（总经理预算助理）

"那些身为管理委员会委员的部门领导，他们会服从总经理办公室的管理吗？"（笔者）

"嗯，很难，你可以想象。"（总经理预算助理）

"对总经理办公室提出的整改或督促意见，那些部门会听吗？"（笔者）

"呵呵，有时候听，有时候不听。你知道，有的部门领导人很好，有的就——，比较骄傲。"（总经理预算助理）

3. 缺乏固定任期和稳定权威，总经理难以监督强势部长

由于缺乏明确的法律依据，总经理职位尚无固定任期，前一任外聘的职业经理人因为工作激进被管理委员会以决议方式"合法"解雇。现任总

---

① 通过本书第四章的论述，管理委员会委员还可以发起对总经理的罢免程序，只要过半数委员同意，就可以生效。

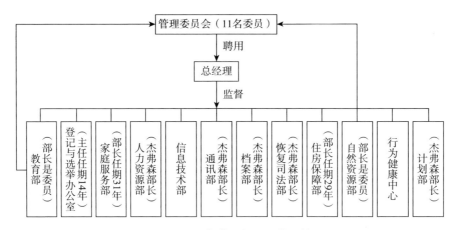

图 5-4　S 部落总经理工作环境

经理汤姆先生此前曾担任 S 部落人力资源部部长，也有过任内被管理委员会解聘的"教训"，后来被重新聘请为总经理时，才主动要求在劳动合同中增加任期的保护，即使这样，任期也只有短暂的一年。因此，总经理的工作职责和领导权威全靠条文粗略的聘用合同保护。如此薄弱的制度环境让外聘的总经理开展工作尤为困难，监督基层部门时既没有足够的权力支撑，也没有稳定的工作任期。另外，将在第六章重点分析的基层部门在无任期限制下出现多名续任 10 年以上的常任领导，在面对每届任期 3 年的管理委员会委员时尚强势无比，更勿论面对一年一期，随时可能被解聘的总经理了。因此如图 5-4 所示，目前总经理管辖的 12 个下属部门中，有 2 位委员部长，3 位任期超过 10 年的常任部长，5 位来自部落第一家族的杰弗森部长。对非部落成员、任期一年一签、职权没有法律保障的现任总经理汤姆先生来说，要在工作中对上述强势的部门主管进行严格的监督和适时的整改，推行部落统一的工作规范和要求，其难度可想而知。对此，汤姆先生直言："这是一个由大家族运行的政府，距我们所期望的规范性政府路途遥远。"①

---

① 虽然工作勤勉，但汤姆先生告诉笔者，他和 S 部落的合同只持续到 2014 年底，管理委员会已告知他 2015 年不再续签，他需要逐步培养一位由管理委员会提名的人选，以便于2014 年底合同期满后，有人接替他的职务。因此，在前途已定的情况下，汤姆先生对身为外部访问者的笔者较为坦诚。

（二）对总经理的透明性考察

1. *外部透明性：《S 部落人》每月更新总经理报告*

第四章介绍了 S 部落政府对官方网站的漠视，2005 年设立的总经理一职仍未出现在官方主页上。因此作为外部访问者，如果不知道通讯部主页可下载《S 部落人》，也没有仔细阅读《S 部落人》的话，则无从知晓总经理部门的任何信息。对笔者来说，由于顺利下载了 2012～2014 年的《S 部落人》所有版本，每月上期在管理委员会三大领导工作更新后，总是有来自总经理办公室详尽的工作汇报。表 5 - 6 为 2013 年总经理办公室在《S 部落人》上的 10 次工作汇报统计。从中可以看出相比部落主席、副主席和财政官，总经理的工作汇报更为详细。

2. *内部透明性：信息公开，决策不公开*

对部落成员来说，对总经理部门的了解渠道并不比外部访问者多。从 2012 年开始，总经理办公室的工作总结才出现在整个部落年度报告中。此外，相比管理委员会和专门委员会的大众参与性，总经理办公室从未独立举办公共听证会，其工作和决策过程不向大众公开。

表 5 - 6　2013 年总经理工作汇报统计

月份①	报 告 内 容
1 月	2012 年度总经理办公室报告摘选
2 月	1. 协助预算委员会通过第一季度预算； 2. 搬家小组确定部落政府搬家细节； 3. 预定 3～4 月搬。参加管理委员会外出会议（J7，8），确定 2013 年工作重点②； 4. 福利部门由副主席直辖转为总经理主管后，正进行部门内部重组和整顿； 5. 经济发展部部长与青年中心主任碰面，确定青年中心新大楼的搬迁事宜； 6. 另附：人力资源部、恢复司法部等工作报告
3 月	1. 第一季预算已由 CFO 于 2 月 19 日发放，各部门领导可查支配额； 2. 搬家小组每周开会，以确定搬迁细节； 3. 福利部门的重组已经完成。部分雇员已被解聘； 4. Se Eye Chen 居住项目计划将于 3 月 31 日结束，相关下岗人员将被迅速安置；

---

① 5 月不能下载，7 月只有主席等更新，没有总经理更新。

② 2013 年工作重点为健康、主权、经济发展、教育。10 项目标为条约权力、国家事务（？）、增加项目资金、经济发展、法律改革、反对毒品、社区战略计划、教育、家庭建设、财政计划。

续表

月份	报 告 内 容
3 月	5. 医疗改革任务小组同总经理一起工作以应对联邦奥巴马医疗改革给部落成员的变化； 6. 计划部：新的办公大楼装修进展；幼教大楼开工进展；健身中心装修进展；等等
4 月	1. 搬家小组：已确定 5 月 1 日搬； 2. 祖父母委员会（未成年收养项目）：筹备"带孩子回家"项目； 3. 部落医院：院长请辞，招募新院长
6 月	1. 搬家完成一半（5 月 1 日起，预计本月底结束），谢谢大家的配合和搬家小组的杰出工作； 2. 部落医院：院长招聘即将结束，面试预计于中旬进行，新院长月底上任
8 月	1. 搬家小组：尽快处理未预计事项。大楼没有疏散通道，会尽快进行一个相关培训； 2. 奖学金委员会：每周开会，完善草案提交给管理委员会审批。届时将给部落成员提供接受高等教育的帮助
9 月	1. 搬家小组：持续提供安全和健康服务，尤其是应急疏散措施； 2. 健康改革任务小组：获得了华盛顿州 10 万美元项目资金，用以培训医疗改革的行政人员； 3. 部落医院：临时主任（7 月中旬被任命）将工作到正式主任上任； 4. 儿童法计划项目①计划 9 月 30 日取得其最终审批
10 月	1. 搬家小组：儿童服务部门搬入了计划部的旧址； 2. "带孩子回家"项目：努力筹备中； 3. 人力资源部：修改了年休假政策；工资额度表会让一些人不高兴
11 月	1. 搬家小组：停车场的划分。谢谢配合； 2. 健康照顾分配系统：健康和人力服务的新的执行经理； 3. 青年健身中心：就快开张了； 4. 与华盛顿州的谅解备忘录在努力推进中
12 月	1. 搬家小组：继续就一些新项目的空间进行分配。就业促进部门正在搬。正筹备的儿童项目将搬入以前的法院旧址（装修中）； 2. 人力资源部：工资额度的重新评估项目：开始于 11 月，对所有部门所有职务的职责和工资开始评估； 3. "带孩子回家"项目进展：获得管理委员会最终确定，从 2013 年第四季度开始获得预算。项目经理已经招聘，来自非北卡部落联盟； 4. S 部落和华盛顿州的谅解备忘录进展：还未完全签订。关于 S 部落的未成年子女在华盛顿州内如何被养育，要既符合 S 部落传统，又不违反华盛顿州的法律规定； 5. 家庭服务部与住房保障部就交接老年公寓达成一致

资料来源：2013 年《S 部落人》电子版第 1 ~ 12 期。

---

① 针对部落较为严重的吸毒和酗酒现象，一些父母因违反监护条例而被暂时或永久性地剥夺监护权。之前这些父母被剥夺监护权的未成年子女一般根据相关条约被安置在部落外的印第安或非印第安家庭，给涉案父母带来感情上的创伤。因此部落希望建立相关项目，使这些未成年子女尽量被部落的健康家庭收养，以留在部落内继续成长。

（三）对总经理的参与性考察

在经常召开公共听证会的 S 部落，总经理办公室没有单独召开过任何公共听证会。虽然汤姆先生常常出现在下属部门举办的听证会上对个别问题进行答疑，但由于其不是相关部门领导，对整个听证会没有直接责任。因此总经理办公室缺乏与大众的互动，使公众对整个办公室团队不够熟悉。比如笔者调研整整两年，对部落主要的部门领导都能区分，但与副总经理塔拉女士约访时却闹了笑话：见面前通过邮件与塔拉女士交流很顺利，但直到见面，才发现印象中把塔拉女士和另外一位部门领导搞混了。可见身为副总经理，塔拉女士很少出现在公共听证会和其他场所。

对此，笔者认为总经理管理中缺乏大众参与有如下原因。第一，总经理一职的设立是为了贯彻政治—行政二分法，将总经理从具有选举压力的政治性事务中解脱出来，专注于解决部落政府的日常管理事务，从而提高行政的规范性和效率性。因此与管理委员会委员需要时时倾听大众声音、收集民意舆论不同，总经理可以集中于政府内部的事务性工作。第二，总经理的工作职能更偏向执行而非决策，其工作核心是服从管理委员会领导，执行管理委员会决议，因此需要大众参与的决策事项较少。第三，总经理的工作内容大部分是对各部门预算执行状况的适时监督和纠正，所涉问题较为敏感，依据部落传统，一般不适合公开。

（四）对 S 部落总经理的责任性考察

1. 外部监督：管理委员会任意评判无明确依据

如前所述，由于缺乏相关的组织法依据，总经理的职权范围和工作绩效全部来自设立决议的简单描述和管理委员会的主观评判。人力资源部主持的雇员绩效评估并不适用于总经理职位。根据实际情况，总经理承担责任的唯一方式是失去管理委员会的信任，被解聘或终止合同。采访中得知，汤姆先生的上一届总经理就是因为在工作中得罪了个别管理委员会委员，被中途解聘。对此，现任副总经理塔拉女士在采访中有些支吾：

> "前任经理是个好人，只是我觉得他在短时间内想要干的事情太多了，有点着急——"（塔拉女士）
>
> "让一些委员不高兴了吗？"（笔者）

"嗯，我想是的，所以才会在聘期中途被解聘呀。"（塔拉女士）

2. 内部监督：总经理办公室预算监督缺位①

如前所述，各基层部门的预算编制和日常支出同时接受总经理和专门委员会的双重监督，那么，总经理办公室的预算监督由谁负责呢？既没有管理委员会常任领导分管，也没有专门委员会对应，那么总经理办公室的预算管理就由其自行负责吗？依据 2013 年度报告，总经理办公室拥有三份预算来源，总额达到 76 万美元。在年度报告中，只能看到以下粗略统计（见表 5 – 7、表 5 – 8）。

<table>
<tr><td colspan="2">表 5 – 7　总经理预算报告 1</td></tr>
<tr><td colspan="2" align="right">单位：美元</td></tr>
<tr><td>预算项目</td><td>支出额度</td></tr>
<tr><td>运营支出</td><td>452562</td></tr>
<tr><td>旅行和培训</td><td>127999</td></tr>
<tr><td>设备支撑</td><td>181370</td></tr>
<tr><td>合计</td><td>761931</td></tr>
</table>

资料来源：2013 年 S 部落政府报告。

<table>
<tr><td colspan="2">表 5 – 8　总经理预算报告 2</td></tr>
<tr><td colspan="2" align="right">单位：%</td></tr>
<tr><td>预算来源</td><td>已使用百分比</td></tr>
<tr><td>100. 0186</td><td>91</td></tr>
<tr><td>150. 0186</td><td>94</td></tr>
<tr><td>100. 011</td><td>47</td></tr>
</table>

资料来源：2013 年 S 部落政府报告。

（五）对总经理的效率性考察

1. 总经理本人工作具有高效率

如同该项制度的设立初衷，现任总经理汤姆先生具有 MBA 学位，到 S 部落工作前有在其他部落政府和印第安专营博彩酒店长期任职的经历，其专业性和高效率在笔者亲自采访前已印象深刻。因为他是整个政府大楼中为数不多步履匆匆的人，不同于民选委员们总是亲切随和，汤姆先生总是表情严肃，也显示其工作压力较大。采访中得知，任职总经理两年多来，由于需要亲自阅读和审查来自 12 个直属部门的各种报表，他每天工作至少

---

① 《预算与财政法》（1991 年颁布，1996 年修改）28. 04. 020 涉及了总经理在年度预算报告中的职能：总经理应当审查和汇总所有单个部门的（预算）报告以形成总经理的年度报告，向整个社区报告政府前一年度的活动。这些报告应当在财政官年度日历中所规定的日期内印刷出来向整个社区提供。

12 个小时以上，在部落的 1055 名雇员中无人能及。

2. 显著提高了部落政府的整体工作效率

如图 5-1 所示，经过不断调整，现在直接由总经理管辖的部门达到 12 个之多。① 部门领导需要定期向总经理办公室提交预算管理报告和重大事项进展，各部门根据职能不同，有的提交月度报告，有的提交季度报告。通过表 5-6 的统计，可以看到总经理每个月都对各部门的工作进展进行统计和督促。在经济性方面，总经理也力图降低部落预算总额。2013 年 11 月 12 日举行的预算第三次听证会上，总经理向公众介绍由于当年将所有直属办公室的旅行预算集中管理，使年度旅行开销比前一年度下降了 15%。

3. 总经理管理范围太大，有碍效率提升

根据行政组织理论，管理范围是一名上级管理者或一个组织有效管理下级人员或单位、部门的数目。② 管理范围是衡量管理工作复杂性的重要标志，一项工作越复杂，其管理范围一般也越大。管理范围多大为宜并没有一个普遍适用的标准，只能因人因事设定。但从 S 部落组织结构和发展的趋势可以看出，总经理职位的管理范围过大，有碍效率提升。如前所述，由于缺乏必要的组织法规，S 部落政府如同大多数部落政府一样，患上了科层不足、分权有余的结构病。整个部落政府层级过少，实行集体领导的管理委员会无法对数目众多、职能交叉纷繁的部门进行统一管理。因此设立总经理一职后，部落将越来越多的基层部门交由总经理统管。在这样的趋势下，总经理办公室直辖的部门将继续增加，那么，对于各部门的月度报告、各事项的进展、预算的收支，总经理办公室能有效管理和监督吗？在笔者看来，答案是否定的。

（六）对总经理制度的公平性考察

首先，如前所述，由于制度设计的缺陷，总经理所管辖部门的领导中，出现个别管理委员会委员，与总经理形成矛盾的上下级关系，从而使总经理在对各直属部门的统一管理中存在监管不力的情况，造成制度层面的不公平。

其次，由于部落成员尚无合适人选，部落自 2005 年设立总经理一职后

---

① 根据部落改革方向，总经理直属的部门还会不断增加。

② 竺乾威主编《公共行政学》，复旦大学出版社，2004，第 39 页。

一直聘用非部落成员。一方面，非部落成员在监督多数为部落成员的部门领导时，不用顾忌错综复杂的亲戚关系，有利于坚持原则，遵守法律规定；另一方面，由于部落所有的人事聘用和晋升都严格执行部落成员优先原则①，因此非部落成员的总经理在工作中难免对自身地位感到不安。如同汤姆先生所言："只有一年的任期，干起工作来很担心，如果聘期更长，感觉会好一些。"

最后，如第四章所述，管理委员会决议享有终决权，受决议影响的人没有进行合法申诉的途径。因此在总经理一职的任免过程中，无论外部职业经理人有多大的委屈，也没有进行权利救济的渠道。从长远看，不利于部落吸收优秀人才为其服务。

三　完善 S 部落总经理制度的建议

如表 5－9 所示，S 部落总经理职位的制度设计与运行在善治考察中得分较低，存在的不足多于经验，其根本原因在于没有基础性的法律依据。因此，建议从以下方面进行制度完善。

第一，通过制定明确的行政组织法，如总经理条例，彻底解决目前总经理与"委员部长"之间互为上级的制度问题。部落可以从两方面进行选

表 5－9　对 S 部落总经理制度的善治考察

善治要素	考察角度	考察点	经验	挑战	总分：－4
法治性	立法层面	1. 是否有清晰的法律依据？		＊	－1
		2. 法律依据是否完备？		＊	
		3. 法律依据是否稳定？	—	—	
	执法层面	4. 行政行为是否依法进行？	1		
透明性	外部透明性	5. 信息对外部成员是否公开？	1		1
		6. 决策过程对外部成员是否公开？		＊	
	内部透明性	7. 信息对部落成员是否公开？	1		
		8. 决策过程对部落成员是否公开？		＊	
		9. 决策过程是否存在暗箱操作的可能？	1		

① 即部落成员优先于非部落籍印第安人，非部落籍印第安人优先于非印第安人的原则。

善治要素	考察角度	考察点	经验	挑战	总分：－4
参与性	参与广度	10. 参与渠道多寡？		*	－4
		11. 参与渠道是否易得？		*	
		12. 实际参与人数多寡？		*	
	参与效度	13. 公众参与能否推动（阻碍）决策进程？		*	
责任性	外部监督	14. 外部监督方式多寡？	1		0
		15. 外部监督是否有力？	1	*	
	内部监督	16. 内部监督方式多寡？		*	
		17. 内部监督方式是否有力？	—		
效率性	时效性	18. 沟通是否快捷？	1	*	3
		19. 决策是否迅速？	1		
	经济性	20. 规模和花费多少？	1		
		21. 有无重复或浪费？	1		
公平性	权利的设定	22. 权利设定是否公平？		*	－3
	权利的行使	23. 权利行使是否受不利因素影响？		*	
	权利的救济	24. 是否有权利救济途径？		*	

择。其一，从管理委员会委员中选任具有专业背景的全职委员担任总经理，使总经理的权力上升一级，既有民选的基础，又有管理委员会内部同人的支持。作为管理委员会的代表，其权力更加坚实，有利于行使对各基层部门的管理和监督。其二，改革的路径更难、阻力更大，即通过修改部落的《宪法》，禁止当选的管理委员会委员兼任部门领导，从而推动管理委员会委员的专职化。如此，总经理受聘于管理委员会，在行使对各部门和项目部管理和监督权时不会再遇到"既是上级又是下级"的部长委员。

第二，通过上述法律，建立总经理的任免机制和考核机制。如前所述，总经理一职尚没有固定任期，管理委员会作为强势的雇主，在招聘职业经理人时总是尽力提供对己有利、对人不利的合同。从调研情况看，S部落设置总经理一职以来两任人选均来自非部落成员，第一任为白人，第二任为其他部落的印第安人。在人事招聘方面严格遵守"部落成员优先于非部落印第安人，印第安人优先于其他族裔"的原则下，这些"外来人员"的工作压力非常大。因此部落应当确保总经理职位的任期相对稳定，并保证不因非重大违规或渎职事项而以"决议"方式任意解聘。须知不具备切实的权力基础，总经理一职形同虚设，部落为此支付的职业经理人报酬和为总经理配套设置的所有办公支出都被一同浪费了。

第三，结合基层部门改革，缩小总经理管理范围。如图 5-2 所示，基层部门机构重组后，总经理只需管辖运营部、家庭福利部、司法部、教育部、经济发展部、健康部、资源环境部 7 个部级主管，管理范围大幅缩小，管理效率可以再次提升。

第四，重视部门网站建设，拓展信息公开的广度和深度。如前所述，加强对电子政府的重视和建设是部落从上到下每级机构的共同任务。笔者调研发现，S 部落办公已基本实现电子化，全体雇员都能熟练运用电子邮件等网络沟通方式。因此作为提高部落整体运行效率主体的总经理办公室，应在电子政府的建设中起到模范带头作用，继续发挥信息公开及时全面的优势，进一步提高信息公开的广度和深度。

第五，每年至少举办一次公共座谈会，汇报办公室的工作绩效和预算支出详情。如前所述，2013 年总经理办公室没有举行一次公共听证会和座谈会，虽然其工作辛苦、成果显著，却不为社区所知，成为公众较为陌生的一个机构。基于部落的民主传统和全民选举的氛围，要想拥有更为坚实的群众基础，总经理办公室应当每年至少举办一次公共座谈会，对全年的工作成果和预算支出进行详细的汇报，以此获得更高的舆论认同。作为非部落成员的总经理，也能在与管理委员会的合同谈判中获得更多的支持。

第六章

对 S 部落基层结构的善治考察

在册成员不足 5000 人，常住居民大约 2000 户的 S 部落政府拥有 1055 名雇员，上层管理委员会只有 11 名委员，中层专门委员会委员都为义务工作者不计入政府雇员，总经理办公室只有 7 名雇员，那么到底是哪一级结构导致了如此庞大的雇员规模呢？如图 6-1 所示，庞大的政府雇员规模主要来自基层结构。数目众多、服务内容丰富的职能部门和项目部①，将在本章被详细介绍和考察。

第一节　S 部落基层结构概述

由于产生方式不一、办公地址不同、持续时间不等，即使在 S 部落政府长期任职的工作人员或高层领导也未必能将整个部落的职能部门和项目部完全弄清楚。

一　S 部落基层结构的类别

依据产生方式和持续时间，S 部落的基层结构可以分为以下两类。

第一类：职能部门。一般由部落政府依据公共管理的需要，建立长期的工作部门，运营资金来自部落政府统一的行政预算分配。其中，大部分职能部门业务主要针对政府内部，如秘书办、档案部、信息技术部、通讯部等；有的职能部门业务主要针对部落成员，如登记与选举办公室。

第二类：项目部。基于一项或多项专门的外部资金支持，建立的短

---

① 　以下简称"部门"，包含所有职能部门和项目部。

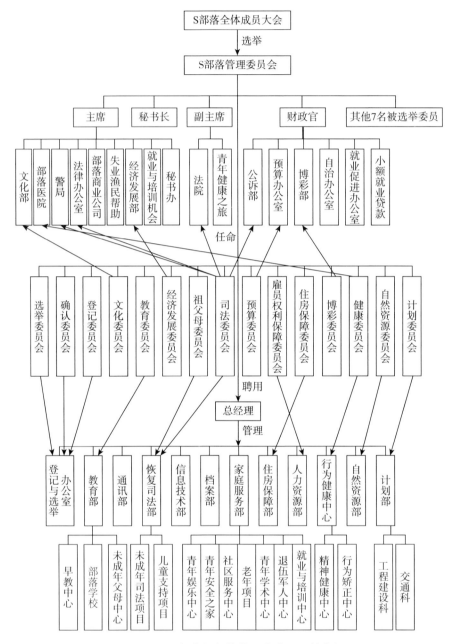

图 6－1　S 部落组织结构（上中下层结构）

期、不定期或长期的工作部门。如行为矫正中心、未成年司法项目、青年
学术中心等。

依据领导方式，S 部落的基层结构又可以分为以下两类。

第一类，由管理委员会领导直辖。这是部落传统自然形成的管理方式。部落引进总经理制度以前，所有基层部门归管理委员会统一管理。随着基层部门的增多和行政管理范围的扩大，管理委员会三大全职领导慢慢开始分管各部门。但由于三大领导任期只有一年，连任领导不多，因此各部门的分管关系常常在三大领导之间调整和变化。2013 年有 17 个部门和项目部归三大领导直辖。

第二类，由总经理管辖。2005 年 S 部落引进总经理制度后，越来越多的基层部门划归总经理管辖。但如第四章所述，由于管理委员会的调整不受约束，因此一些部门在管理委员会直辖与总经理管辖之间反复变化。为了提高部落政府的规范性和效率性，总的趋势是将所有基层部门划归总经理管辖。2013 年，总经理管辖 12 个基层部门。

如表 6 - 1 所示，基层部门的上述两种不同分管方式每年都有一定的变动。

表 6 - 1　2009 ~ 2013 年 S 部落基层部门主管方式变化统计

年份	2009①		2010		2011		2012		2013	
	管委会（9）	总经理（14）	管委会（6）	总经理（13）	管委会（5）	总经理（13）	管委会（9）	总经理（15）	管委会（17）	总经理（12）
1	秘书办	—	秘书办	—	秘书办	通讯部	秘书办	通讯部	秘书办	通讯部
2	律师办	档案部	律师办	档案部	律师办	档案部	律师办	档案部	法律办	档案部
3	博彩部	人力资源部	博彩部	人力资源部	博彩部	人力资源部	博彩部	人力资源部	博彩部	人力资源部
4	政策分析办	信息部	政策分析办	信息部	经济发展部	信息部	经济发展部	信息部	经济发展部	信息部
5	自治办	登记与选举办	通讯部	登记与选举办	就业促进办	登记与选举办	健康改革小组	登记与选举办	自治办	登记与选举办
6	失业渔民帮助	就业促进办	失业渔民帮助	就业促进办		文化部	文化部	部落医院	文化部	住房保障部

① 2009 年的年度报告中一共有 51 个基层部门和职能部提供年度报告，但有的没有说明归管理委员会领导还是总经理管辖。

续表

年份	2009 管委会（9）	2009 总经理（14）	2010 管委会（6）	2010 总经理（13）	2011 管委会（5）	2011 总经理（13）	2012 管委会（9）	2012 总经理（15）	2013 管委会（17）	2013 总经理（12）
7	通讯部	计划部		计划部		计划部	福利项目	计划部	就业与培训机会	计划部
8	法院	恢复司法部		恢复司法部		恢复司法部	就业促进办	恢复司法部	就业促进办	恢复司法部
9	就业与培训	警局		警局		警局	警局	健康保险项目	警局	自然资源部
10		部落医院（含行为健康中心）		部落医院（含行为健康中心）		部落医院（含行为健康中心）		部落医院	部落医院	行为健康中心
11		教育部		教育部		教育部		教育部	预算办公室	教育部
12		家庭服务部		家庭服务部		家庭服务部		家庭服务部	公诉部	家庭服务部
13		自然资源部		自然资源部		自然资源部		自然资源部	小额就业贷款	
14		文化部		文化部				社区发展项目	法院	
15		部落服务组织						精神健康中心	失业渔民帮助	
16									部落商业公司	
17									青年健康之旅	

资料来源：2009~2013 年 S 部落政府报告。

　　2009 年一共有 51 个基层部门，表 6-1 中已统计 23 个，余下的 28 个部门见表 6-2，从中可以看出 S 部落基层部门的复杂性和近年来进行重组的努力。

表 6 - 2 2009 年 S 部落其余基层部门

序号	部门名称
1	商业公司
2	工程建设部
3	不动产继承
4	应急办
5	交通部
6	项目评估与发展部
7	S Care
8	帮助系统
9	YESS
10	服务组织 （Organization of Service）
11	地下排水管理部
12	土地长期发展
13	土地发展与许可
14	牙医诊所
15	犯罪受害人中心
16	历史保护
17	文化保护
18	家庭福利
19	社区服务
20	退伍军人办公室
21	儿童服务
22	部落医院
23	健康婚姻项目
24	青年学术中心
25	青年文化宿舍
26	青年娱乐中心
27	青年安全宿舍
28	老年项目

资料来源：2009 年 S 部落政府工作报告。

二 S 部落主要基层部门简介

1. 秘书办（Tribal Operation）

秘书办向整个部落和社区提供广泛的综合服务。特别是向管理委员会提供所有的秘书工作，组织所有全体成员大会、社区早餐、社区聚会等。笔者发现，所有的公共事务如果找不到有关部门负责时，一般由秘书办公室负责。

2. 登记与选举办公室（Enrollment and Election）

负责部落成员资格的登记、审查、变更和注销。（登记与选举办公室的工作人员协助登记委员会进行部落成员的审查、登记、变更和注销工作，但没有决策权。）

负责年度选举的选民登记、整理、公布，竞选人登记及选举活动的组织。

3. 人力资源部（Human Resource）

人力资源部为部落政府及其下属机构招聘、雇用、培训工作人员，使其拥有一个合格的雇员队伍。从采访中得知，S 部落人力资源部权力较小，主要是一个辅助性部门，向各基层部门提供招聘、培训等方面的服务。

4. 计划部（Planning）

a. 工程建设科：负责部落所有基础设施的建设，包括公路、人行道、房屋、住宅、广场等设施建设。

b. 土地发展科：负责部落所有土地的持有、出租、收益以及中长期规划。

c. 交通科：负责部落公交车（AB 双线）和接驳车的管理。

5. 信息技术部（Information Technology）

信息技术部的任务是为整个部落政府机构的日常管理提供必要的软件技术支持，并保证其稳定、安全、高效和可持续地运行。

6. 通讯部（Communications）

向整个社区提供准确和及时的新闻和信息。主要负责《S 部落人》的编辑和出版、脸书主页的信息更新、政府报告的编辑和出版（季度版、半年版和年度版）以及其他公共关系。

7. 档案部（Archive & Records）

对部落的历史、文化和政府文件进行整理和保管。

8. 文化部（Cultural Deparment）

S 部落为了保护、管理部落独特的传统和文化资源建立了文化部。其职责是制定一个综合广泛的文化资源保护计划，既包括对部落文化资源与历史保护项目的一系列报告，也包括描述、评估、分析文化资源目前的情况和将来的保护计划。计划应当先由文化委员会审查和同意，再提交管理委员会进行最后批准和下一步的实施。文化部应当制作部门与委员会的年度预算，交由文化委员会审批和同意后再向管理委员会提交。文化部应当向管理委员会及其下属分支机构提供文化资源保护方面的建议和咨询，以及如何达到相关法律的目的。文化部应当明确自己的职责和权力，监督保留地范围内的所有活动，尤其是经济发展活动和土地扩建活动有没有影响文化资源的保护。文化部应当确保文化资源管理体制和文化权利与资源一览表在所有关于土地使用或其他的经济活动中被遵守。

9. 警局（Tribal Police）

向社区提供 24 小时报警热线。下辖治安巡逻队、自然资源执法队、刑侦队（贩毒举报电话）和犯罪中心。

犯罪中心：为家庭暴力、性侵犯、虐待等犯罪行为的受害人（包括妇女、儿童、老人）等提供全方位的支持和帮助，包括法庭听讯、危险咨询（面对面或电话）等。

10. 法院（Tribal Court）

a. 缓刑中心：监控所有刑事缓刑案的犯罪人行为矫正情况，并定期汇报。

b. 上诉法院：负责受理部落成员对部落法院做出的判决的申诉请求。

11. 法律办公室（Attorney's Office）

向部落政府提供全方位的司法咨询、维护和立法辅助的机构。

12. 公诉部（Public Defenders）

担任所有部落法院刑事案件的原告。

13. 恢复司法部（Restorative Justice）

a. 儿童支持项目（Children Support Program）：对所有单亲孩子的父母进行约束，敦促其履行抚养义务。

b. 未成年司法项目（Juvenile Justice Program）：向涉及司法宿舍和程序的未成年人及其家庭提供一个以文化和治疗为导向的综合服务，在强调传统文化和习俗的前提下，监督未成年人，使其行为符合法律。监督涉及刑事诉讼程序的未成年人缓刑期间的行为矫正。

c. 法院联系项目（Court Liaison Program）：本项目旨在帮助涉案人员遵守法院程序和规则，例如提醒开庭日期，帮助做开庭准备，必要时提供去法院的交通帮助。

14. 教育部（Tribal Education）

a. 早教中心：包含三个子项目，分别为出生至三岁项目（Birth-Three Program）、日托项目（Day Care）和早教项目（Head Start），设立在部落办公大楼门口，方便部落雇员接送和托管幼儿。

b. 未成年人父母学校（Teen Parent Child Program）：对父母为未成年人的儿童提供早教和托管服务，设立在部落学校门口，方便未成年父母同子女一同上学和放学。

c. 部落学校：一至九年级，约 300 名在校生。

15. 家庭服务部（Family Service）

a. 社区服务中心：属于联邦项目分支，向社区的低收入家庭提供食物和能量帮助，使其能够维持有尊严的生活。

b. 老年项目：向老人提供独立的公寓单位，以使其享有积极、独立的老年生活。公寓有市场价和补贴价，包含水电、一日三餐、交通服务、娱乐设施、医疗服务以及其他特殊服务。

c. 未成年司法项目：任务是保护部落所有孩子的最大利益，促进家庭的稳定和安全。首要责任是孩子的安全，首要目标是保护家庭。实际是为遭受虐待行为，尤其是家庭虐待行为的儿童提供全方位保护。

d. 就业与培训中心：向部落成员提供综合的教育、培训和个案管理服务，以提高个人就业能力，提供就业信息和机会，以全面提高社区就业水平。

e. 青年娱乐中心：向 13 ~ 18 岁的青年人提供旨在发展健康生活方式的综合服务。计划、组织、实施各种各样健康的青年娱乐活动。

f. 青年学术中心：向青少年提供一个学校以外的食宿场所。

g. 青年安全之家：为遭受家庭暴力或其他意外情况的未成年人提供一个临时安全居所。

h. 退伍军人中心：向部落退伍军人提供全方位服务。

16. 行为健康中心（Behavioral Health Center）

a. 行为矫正中心：向有化学依赖的个人和家庭提供包括教育和治疗在内

的综合性服务，包括精神治疗中心和赛纳酮项目，任务是帮助有毒品依赖的个人和家庭恢复健康，戒除（克制）化学依赖，减轻药物依赖造成的后果，减少艾滋病毒的传播和感染，降低对患者本人、家庭和整个社区的危害。

b. 精神健康中心：位于部落政府大厅一楼东翼，为情绪紊乱者（如抑郁症、暴躁症等患者）提供心理疏导。

17. 医院（Health Center）

a. 住院部、急诊室、牙科、妇科、儿科、检验室、X 光、药房、精神咨询和治疗、视力检查、营养培训和咨询、转诊服务等。

b. 牙科中心。

c. 健身中心。

18. 住房保障部（Housing Authority）

向整个社区提供安全和高质量的居住条件，包括廉租房、自住房建设补助，自住房维修补助等多种服务。

19. 自然资源部（Natural Resource Deparment）

加强、管理和保护部落的自然资源。内部细分为渔业科、林业科、打猎科、孵化科、贝类科、轮渡科和水资源科。

20. 部落商业公司（Commercial Company）

a. 采购部（Purchasing Department）：为部落政府的日常管理提供采购服务，包括购买清单、储存和特殊要求等。位于部落政府一楼侧门内，相当于一个小型服务部。

b. 渔夫之家（Fisher's Cove）：加油站旁边的便利店。

c. 迷你超市（Mini Market）：大学旁边的便利店。

d. 博彩酒店（Silver Reef Casino）：部落所有博彩专营酒店。

第二节　对 S 部落基层结构产生机制的善治考察

一　对基层结构产生机制的法治性考察

（一）少数部门具备明确法律依据

如前所述，部落设立下属部门一般有内部需求与外部项目资金驱动两个原因。因此，因外部资金成立的项目部一般没有相关部门法约束，而传统部门中，有的具有明确的法律依据。表 6 - 3 统计的 27 个 S 部落基层部门中，只有 9 个部门来自部落法律清晰的规定，4 个部门来自联邦法律规定，剩下 14 个部门来自管理委员会决议。

（二）缺乏统一组织法，管理委员会任意调整组织机构不受约束

此问题在第四章第三节管理委员会领导机制中有所论述。在没有组织法约束的前提下，管理委员会依据合法的"决议"模式任意调整基层部门的数量、名称和管辖关系，造成部落政府组织结构的混乱。

（三）人才缺乏，管理委员会存在"因人设事"现象

由于人才缺乏，部门调整和设立有时"因人设事"，而未遵循科学的"因事设人"原则。比如到儿童福利项目调研时，笔者意外碰到一名"新上任"的主管万达女士。当笔者问询儿童福利项目到底归哪个上级部门主管时，她介绍道：

> "情况比较复杂，本来这个部在家庭福利部下，但现在的情况是，管理委员会准备把儿童福利部，单亲儿童支持、健康家庭帮助等项目部划归到一起，成立人力服务部（Human Service），由我来负责。"（万达女士）
>
> "管理委员会为你创造了一个部吗？"（笔者）
>
> "可以这么说。他们希望利用我在这方面的才能，我具有儿童服务方向的社会学博士学位。"（万达女士）

表 6 - 3　S 部落基层部门法律依据统计

编号	部门	法律依据
1	预算办公室	《预算与财政法》（T28）
2	文化部	《文化保护法》（Title40）
3	警局	《执法法》（Title9）
4	法院	《法院建立与管理法》（T1）
5	博彩部	《博彩法》（T23）
6	登记与选举办公室	《成员登记法》（T34）《选举法》（T29）
7	住房保障部	《住房保障法》（T37）

续表

编号	部门	法律依据
8	自然资源部	《自然资源保护法》（T10）
9	雇员权利保障委员会	《雇员权利保障法》
10	自治办公室	联邦法
11	教育部	联邦法
12	部落医院	联邦法
13	精神健康中心	联邦法
14	公诉部	管理委员会决议
15	人力资源部	管理委员会决议
16	经济发展部	管理委员会决议
17	秘书办	管理委员会决议
18	通讯部	管理委员会决议
19	档案部	管理委员会决议
20	家庭服务部	管理委员会决议
21	法律办	管理委员会决议
22	恢复司法部	管理委员会决议
23	计划部	管理委员会决议
24	就业促进办	管理委员会决议
25	部落商业公司	管理委员会决议
26	青年健康之旅	管理委员会决议
27	小额就业贷款	管理委员会决议

资料来源：S 部落相关法律部门。

二　对基层部门产生机制的透明性考察

（一）内部透明性考察，决策过程和相关文件相对公开

基层部门的设立在部落内部较为公开。按照管理委员会工作机制，一个新部门的产生一般遵循图 6-2 的流程。因此对于召开了公共听证会的部门设立，公众可以知晓其部分流程。

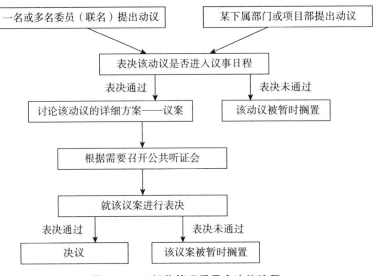

图 6 - 2　S 部落管理委员会决议流程

比如 2013 年 11 月，笔者观摩了"带孩子回家"项目①的公共听证会。负责召开听证会的恢复司法部准备了大量的复印文件供公众翻阅。听证会上，恢复司法部部长对该项目部成立的必要性、运作方式、资金来源等进行了详细的介绍，此后部落成员进行了较为积极的发言。

（二）外部透明性考察，信息有限公开

由于部落官方网站更新迟缓，基层部门设立和变更的相关信息在网站上一般不能查阅，但在《S 部落人》和政府工作报告（月报、季报、年报）上会有涉及。如表 5 - 6 显示，总经理在 2013 年度的月报告中，几次提及了"带孩子回家"项目的筹备进展。作为外部访问者，笔者可以通过上述渠道知晓某部门的设立时间和大致情况，但无法获得相关决议。

三　对 S 部落基层部门产生机制的参与性考察

如图 6 - 2 所示，在设立一个新基层部门的公共听证会上，部落成员可

---

① "带孩子回家"项目涉及部落较为严重的酗酒和毒品滥用，它们导致相当数量的未成年人因父母违反联邦法规被暂时或永久性地剥夺监护资格，从而被送往部落外的收养家庭，造成被移送未成年人与原生父母感情上的创伤以及到部落外家庭生活的不适应等。因此部落拟筹建"带孩子回家"项目，计划用专项资金将被送养的未成年儿童接回部落合法机构和适格家庭抚养。

以参与到决策过程中。但在参与效度上，仍然存在不足。首先，公众没有关于设立或变更相关部门或项目部的动议权。虽然相关部门或部落委员可以根据成员的要求提出动议，但法律并未规定成员有权提出相关动议。其次，从图 6－2 可以看出，从部门或委员会向管理委员会提交动议到管理委员会最后表决形成决议，设立一个新部门至少需要五个步骤，公众只能参与其中一个步骤。最后，对一个部门最终是否设立或者调整，公众没有议程推动能力。综上，S 部落成员对基层部门或项目部的产生流程参与效度不足，仅限于公共听证会上的形式参与。

四　对 S 部落基层部门产生机制的责任性考察

由于基层部门的产生本质上属于管理委员会的决策，因此其责任监督方式也属于部落内外机构对管理委员会的责任监督。这在第四章第二节有所论述。总的来说，全体成员大会对管理委员会的决议没有审查权，因此对基层部门产生机制存在监督缺位的情况。

五　对 S 部落基层部门产生机制的效率性考察

著名印第安自治研究专家斯蒂文·科耐尔教授论述了印第安部落政府广泛存在的问题，即大量听起来宏大美丽的项目之间存在严重的职能重叠，造成了巨大的浪费。他说："2001 年，我们在南方一个印第安部落参与一个战略计划项目，一次会议上，来了超过 12 个不同项目部的主管，其中一个在发言中谈道：'今天我感到很羞愧，因为这是我上任以来我们第一次碰面，当我听到每个负责人发言时，才发现原来我们的项目有这么多重复的内容，难道我们不能更早一点交流，更好地合作吗？难道我们不能为部落做得更多做得更好吗？'"[1] 对此，S 部落基层结构中五花八门的项目部无疑是最好的例证。

第一，在促进就业和提供成员培训的项目中，有主席主管的"就业与培训机会"和家庭服务部下属的"就业与培训中心"，从名称、职能到工作报

---

[1] Stephen Cornell & Miriam Jorgensen, "Getting Things Done for the Nation: The Challenge of Tribal Administration," in *Rebuilding Native Natiions-Strategies for Governance and Development*, Arizona: The University of Arizona Press, 2007.

告都看不出太大的差别，却一直并存尚未重组。此外，年度预算高达 339 万美元的失业渔民帮助虽然在帮助对象方面具有一定的特殊性，但在工作内容和工作方式上与上述两个机构也存在严重重合。此外，在帮助部落成员创业，进行小额贷款和就业协助方面，就业促进办下属的创业项目（Venture）与小额就业贷款存在职能交叉，但两个部门一直没有合并（见表 6-4）。

表 6-4　S 部落基层结构中与就业有关的项目部

项目名称	主管领导	雇员（人）	年度预算（万美元）	工作职能和成果
就业与培训机会	主席	6	35	1. 派出了 252 人次到就业岗位； 2. 拥有 201 个在册成员申请执照，其中 115 个取得执照； 3. 提供培训，包括木器、石棉安装与拆卸、铲车、工业急救、铺路、模具铸造等； 4. 与大学、商业公司、失业渔民帮助项目等广泛合作
就业与培训中心	总经理（家庭服务部）	21	25	1. 每月平均服务（含现金和服务帮助）400 人次； 2. 每季度向中等学力人群提供辅导 55 人次； 3. 提供就业机会 63 人次； 4. 平均 6% 的在册人员成功就业； 5. "青年暑期"项目雇用 14~21 岁的成员 154 人； 6. 5 个学生恢复了信用检索； 7. 30 个学生完成了 CPR 培训； 8. 暑期工作团队清理了 38 个老人的庭院，完成了 1300 磅的垃圾清理
失业渔民帮助	主席	10	339	1. 488 位在册参与者； 2. 获得了一年的资金续期； 3. 申请项目持续到 2014 年 6 月； 4. 6 位成员参与了大学教育； 5. 1 位成员取得了本科学位； 6. 17 位成员拥有了工作经验； 7. 17 位成员很活跃； 8. 4 位成员被全职雇用；等等
小额就业贷款	财政官	2	19	1. 管理着超过 12.5 万美元的小企业贷款资金； 2. 为 13 个小企业提供了贷款； 3. 提供了累计 20 个就业机会，包括 11 个渔民、6 个潜水员、2 个健身教练、1 个摄影师，比 2012 年提高了 10%
就业促进办	财政官	11	23	1. SNSO 协助青年娱乐中心、青年学术中心、青年篮球旅行等许多项目； 2. 投资项目（Ventures）；小企业培训项目进行了 166 个办公室咨询，16 个成员完成培训；3 个外访；2 个大学

续表

项目名称	主管领导	雇员（人）	年度预算（万美元）	工作职能和成果
就业促进办	财政官	11	23	讲座（9 个学生参加）；协助了 15 个小额就业贷款申请，其中 5 个被受理
经济发展部	主席	4	35	1. 协助小额就业贷款，增加贷款基数； 2. 举行了公共研讨会，制定 2015 年就业发展计划（11 月）； 3. 人口数据统计和分析； 4. 建立"就业发展团队"以增强政府、大学和其他部门之间的沟通； 5. 给予西北大学学生客座教授讲座；等等

资料来源：2009～2014 年 S 部落政府报告。

第二，由于社区存在较为严重的酗酒和药品依赖问题，因此部落拥有诸多旨在帮助青年摆脱依赖，发展健康生活方式的项目。但表 6-5 中两个项目在名称、职能范围等方面也存在高度重合。

第三，由于部落存在较为严重的酗酒、药物依赖以及由此导致的家庭暴力问题，因此未成年人常常缺乏一个稳定和安全的家庭环境，因此部落也设有一些向青少年提供住宿的项目，但表 6-6 中三个项目之间也存在职能重叠。

表 6-5　S 部落基层结构中与健康有关的项目部

项目名称	英文原名	主管领导	雇员（人）	年度预算（万美元）	工作职能和成果
青年健康之旅	Journey to Wellness Center	副主席	3	14	全年举行 15 次关于健康生活方式的研讨会；每周举行在册成员见面会，使其自杀率、犯罪率下降。协助了大量社区活动。中心设置丰富多彩的娱乐设施
青年娱乐中心	Youth Recreation/Wellness Center	总经理	8	67	本中心针对部落 5～19 岁的青年。根据登记，大概有 1136 人。平均每周接待 147 人次，共 734 人次。具体的项目： 1. 课后活动：春令营、夏令营、冬令营、家庭文化之夜、青年领导培训； 2. 体育、音乐和文化活动：篮球、棒球、排球、舞蹈、体操、音乐、滑冰等； 3. 电脑房和阅览室；等等

资料来源：2009～2013 年 S 部落政府报告。

表 6 - 6 S 部落基层结构中与住宿有关的项目部

项目名称	英文原名	主管领导	雇员(人)	年度预算(万美元)	工作职能和成果
青年健康之旅	Journey to Wellness Center	副主席	3	14	向出狱或结束治疗的人提供一个安全、洁净和康复性的临时住处，提供文化多样性的活动，避免再次堕落
青年安全之家	Youth Safe House	总经理	10	64	1. 给予遭受家庭暴力或者其他违法犯罪活动侵害的青少年一个安全、洁净、可靠的住处，提供一日三餐； 2. 缺乏心理咨询师、雇员培训
青年学术中心	Youth Academy	总经理	26	145	给需要就学的青少年（24 岁以下）一个安全、洁净和可靠的食宿场所。46 位学生入住；9 位入住学生从部落学校毕业，1 位从芬戴尔学校毕业

资料来源：2009 ~ 2013 年 S 部落政府报告。

从基层部门的变化上可以看出，管理委员会一直致力于对杂乱的项目部进行重组，比如 2009 年的 51 个一级部门已被重组为目前的 27 个。但是为何仍有这么多职能重叠的项目部呢？主要原因有两个。

第一，新兴项目部一般建立在一笔外部专项拨款的基础上（部落内部或有配套预算支持），只要外部拨款持续供给，项目部就可以继续存在。根据加拿大教授对美国印第安部落接受联邦项目拨款的研究，除了自治性合同外，项目预算实行单独审计，即部落政府没有内部重组和调整这些项目的权力。对此，联邦扶助资金发放的碎片化也不容忽视。如柯蒂斯和乔根森教授在《印第安部落对美国联邦政府的财政责任：情境、程序和含义》一文中所引，"虽然为了促进印第安部落的经济发展已经花了数十亿美元，但仍不见成功的原因之一就是缺乏一致和统一的联邦机制去寻求那些最有希望的地区和项目进行资源供给。印第安商业、经济和社区发展项目遍及整个联邦政府，任何在建项目都包含至少 6 ~ 8 个甚至更多的机构，这样缺乏协调的碎片化机制导致不能产生印第安世界所急需的那种效果"。①

---

① 转引自 2011 年 2 月 15 日，美国参议院编号为 S1471 的法案陈述《关于共同努力的法案陈述》。参议院印第安事务委员会在 2002 年 5 月上旬就此法案举行了听证会，但直到整个国会会议结束也没有采取下一步的行动。

第二，作为部落政府来说，管理委员会既没有调整这些项目部的能力，也没有调整的动力。"部落的受访者对项目协调性的关注远远不如对联邦机构新增的各种项目的渴望，因为对部落来说，拿到名目繁多的项目资金比增强项目间的协调性更重要。"① 按照 S 部落《人事管理条例》，招聘雇员时优先录用 S 部落成员，对就业率和收入水平远低于全国的保留地来说，更多的项目部存在意味着更多的就业机会。因此对于管理委员会和项目部双方来说，都希望积极努力地争取更多的联邦拨款，不可能主动地要求机构调整，削减开支。阿伦·托马斯是部落的青年精英代表，具有华盛顿州立大学 MBA 学位，先后担任部落高级雇员和博彩酒店部门经理，但在跟笔者的访谈中，也毫不避讳地承认："对于你谈到的部落庞大预算的效率性问题，老实说我不太在乎来自外面的钱是怎么花掉的，我只在乎部落自己的钱花得是否恰当，比如我们酒店每年上缴的利润是否被浪费，而来自联邦、州政府等外部的拨款，我无所谓。"接受了高等教育的部落精英尚且持有如此认识，那对于一般部落成员来说，很难要求他们意识到部落超高预算的低效率不仅是对资源的巨大浪费，整体上也不利于部落政府的统一管理和可持续发展。

六 对 S 部落基层部门产生机制的公平性考察

对于 S 部落数目众多、五花八门的项目部，笔者着实花了很长时间才慢慢弄清楚其各自的职能。而每弄清楚一项时，便不得不感叹部落成员能享受到的福利之优越，服务之全面。比如，恢复司法部下有一个项目部为"法院联络"，给需要到外部法院应诉成员提供下列服务：解释法院程序，提醒开庭时间，必要时提供交通帮助。对此，闲谈时笔者忍不住向秘书办特萨主任请教道："像'法院联络'这样的项目有必要吗？是不是对涉诉人员太好了呀？"特萨笑道："呵呵，我也不知道为什么，大概就因为有那么一笔项目拨款吧。"

---

① Catherine Curtis & Miriam Jorgensen，"American Indian Tribes' Financial Accountability to the U. S. Government：A Report to the Department of Indian Affairs and Northern Development," in *Aboriginal Policy Research：Setting the Agenda for Change*，Toronto：Thompson Educational Publishing，2004，2，pp. 17 - 34.

对各种项目部所提供的五花八门的公共服务是否"公平"，与管理委员会关系密切的特萨女士还有自己的独特见解："我觉得政府对某些成员的确是太好了，你看我们对毒品和酒精滥用者花费了多少百万美元的预算，他们不断地进出治疗机构（戒毒所），这都是部落政府买单①，最后百分之十的人花掉百分之九十的钱，不公平。"笔者曾同戒毒人员格里夫·杰弗森深度交谈，对于戒毒问题，他谈道："我刚从加州②一个治疗中心回来，这是我第二次去了，我哥哥也在那里。"可见特萨女士所言不假。

对此，许多部落精英也有类似的看法。

"你觉得我们部落就业机会少吗？我觉得不少啊。政府有 1000 名左右的雇员，博彩酒店有 800 名左右，大学有 400 名左右，这些加起来多少，2000 多了吧。我们整个部落成员才 4000 多人，一半左右居住在保留地外，再减去老人和儿童，每个人都可以被雇用的呀。"（财政官达瑞·希尔）

"但是据我所知就业率不高，很多人在问卷上的经济收入来源选择的是领取政府救济金。"（笔者）

"对啊，你看我们住房免费，交通免费，吃饭免费，什么都免费，人们为什么还要工作呢？"（达瑞·希尔）

"我获得今天的职务和收入都是靠我的个人努力。福利和荣誉就在那里（手指墙上的 MBA 学位证），但是要靠我们自己去争取。我觉得社区太多人需要思考这些了。"（阿伦·托马斯）

七　小结

根据前文考察，我们可以汇总出表 6-7。

---

① 虽然这些戒毒项目一般来自联邦 IHS 的项目支出，但特萨所说的"都是部落政府买单"指的是涉毒人员自己不花钱，享受的是部落政府统一提供的福利，严格来说是中转的福利。

② 像格里夫这样的戒毒人员的交通费都是部落预算买单，即使资金可能来自某联邦资助项目。

表 6 - 7 对 S 部落基层部门产生机制的善治考察

善治要素	考察角度	考察点	经验	挑战	总分: - 4
法治性	立法层面	1. 是否有清晰的法律依据?	1	*	2
		2. 法律依据是否完备?	1	*	
		3. 法律依据是否稳定?	1		
	执法层面	4. 行政行为是否依法进行?	1		
透明性	外部透明性	5. 信息对外部成员是否公开?	1		1
		6. 决策过程对外部成员是否公开?		*	
	内部透明性	7. 信息对部落成员是否公开?	1		
		8. 决策过程对部落成员是否公开?	1		
		9. 决策过程是否存在暗箱操作的可能?		*	
参与性	参与广度	10. 参与渠道多寡?	1		0
		11. 参与渠道是否易得?	1		
		12. 实际参与人数多寡?		*	
	参与效度	13. 公众参与能否推动(阻碍)决策进程?		*	
责任性	外部监督	14. 外部监督方式多寡?		*	- 2
		15. 外部监督是否有力?		—	
	内部监督	16. 内部监督方式多寡?		*	
		17. 内部监督方式是否有力?		—	
效率性	时效性	18. 沟通是否快捷?		*	- 4
		19. 决策是否迅速?		*	
	经济性	20. 规模和花费多少?		*	
		21. 有无重复或浪费?		*	
公平性	权利的设定	22. 权利设定是否公平?		*	- 1
	权利的行使	23. 权利行使是否受不利因素影响?		—	
	权利的救济	24. 是否有权利救济途径?		—	

第三节 对 S 部落基层结构领导机制的善治考察

跟部落各基层部门深入接触前,笔者估计在高层三权合一的管理委员会统一领导下，S 部落一定是一个集权有余而分权不足的垂直体制。然而经过细致的调研后，笔者惊奇地发现部落基层部门的分权程度相当大，有些强势部门主管相当于"地方诸侯"，专断独行不受约束。

一　对 S 部落基层部门领导机制的法治性考察

（一）立法考察：无主管任职制度，遴选和任免全靠管理委员会"决议"

如前所述，拥有超过 80 年选举历史的 S 部落，在管理委员会层面拥有较为健全的产生机制、决策程序和罢免规定，但在专门委员会和总经理这一中层结构开始显示出制度的薄弱，缺乏统一规范性，而到了基层结构，竟然没有一部粗略的组织法对数目众多的部门主管①进行规范，导致其遴选、任免和考评，都没有一条基础性的原则可以遵守。比如对部门主管的遴选和任命，过程并不公开。大约 2013 年初，笔者见到了人力资源部部长桑夏女士；半年后，在桑夏女士生育期间，部落通过决议，任命托尼·杰弗森为人力资源部新任部长。但之前并无对桑夏的免职公告。依据部落法律，生育并不能作为工作过错。在对托尼女士的采访中，她说自己的晋升通过了内部的一系列考评和面试，但这些过程并未公开。笔者也无法获得任何关于部门主管的选任标准。

由于没有明确的任期和连任限制，S 部落的"长命"领导比比皆是：登记与选举办公室主任维拉女士已连任 21 年，年届 61 岁②，谈及退休问题，她直言部落没有关于雇员的年龄限制，但是她打算 65 岁以前退休；住房保障部部长戴安娜女士已连任 23 年，年龄 55 岁左右，精力充沛、能力过人，笔者看不出她有任何打算退休的迹象；社区服务中心领导已 65 岁左右，连任 30 余年，仍然没有退休打算；秘书办主任特萨女士 59 岁，已连任 10 余年。因此，如果没有特殊原因，如个人辞职或调动，也能安全避免管理委员会的"决议"，那么上述几位部门主管几乎是终身制的。对此，

---

① 部门主管（含项目部经理），下同。
② 由于部落文化，人力资源部提供的雇员信息中并没有年龄或出生年月日的登记，美国文化也不允许直接询问女士的年龄，因此上述几位部长的年龄是笔者在调研过程中基于个人联系得到的。

登记与选举办公室主任维拉女士在采访中承认："我多次告诉过他们（管委会），不需要我的时候，告诉我一声，我自己会走的（辞职），但是不能用决议撵我走。"

（二）执法考察：部落领导决策有一定法律依据

颁布于 1981 年的 S 部落《行政法》虽然只有短短八条内容，却为部落建立了清晰、明确的公共听证制度，包括建立公共听证制度的目的、听证程序、应当进行公共听证的议案、听证官的选任以及具体实施听证的程序。笔者调研期间，几乎每个月都能观摩到由不同部门举办的公共听证会。但大部分听证会参会人数较少，最典型的情况是为听证会服务的工作人员（包括记录秘书、听证官、相关部门人员）比前来参会的群众还多。当笔者就此现象与专门负责听证会记录工作的秘书办主任特萨女士交流时，她很平静地回答：

> 是的，也许因为听证会太多了，民众不一定感兴趣，也不一定有空来。但这是我们的法律。即使会议冷清，我们也必须执行这样的程序。

二　对 S 部落基层结构领导机制的透明性考察

（一）内部透明性考察：不同领导方式的部门报告差异大

由于直辖领导、预算种类和来源渠道不同，S 部落不同职能部门之间信息透明性差异较大。从表 6-8 可以发现以下两点。第一，由主席、副主席和财政官直辖的部门报告内容较为模糊。虽然三位常任领导下辖的部门数量每年都有一定变化，但总量变化不大，据 2013 年不完全统计有 17 个部门。其中，主席领导的警局、部落医院、预算办公室没有提交年度报告，而三者当年的预算额分别是 343 万、1207 万、256 万美元。在提交了报告的 14 个部门中，直接提到了预算数字的部门只有秘书办、经济发展部和文化部等；提供了预算支出详细报表的只有经济发展部。第二，由总经理直属的部门报告内容相对清晰和详尽。由于划归总经理直属后，每月、每季度和每年都要向总经理提交关于预算和主要事项的详细报告，因此这些部门在年度报告方面更具规范性和适应性。但 2012 年雇员人数为 26 人，2013 年预算高达 204 万美元的计划部未提交年度报告。

表 6 - 8　2013 年 S 部落基层部门年度报告

部门 名称	雇员人 数（人）	预算汇报情况	实际预算额 （万美元）	工 作 成 果
1.1 秘书办	3	296575 美元，87% ①	30	1. 记录了 36 次管理委员会会议、10 次全体成员大会、8 次公共听证会和 12 次全体成员大会特别会议； 2. 制作了 150 个管理委员会决议； 3. 控制和监督管理委员会委员及其雇员的预算和支出； 4. 组织 12 次社区早餐
1.2 法律办	17	法律办：71% 检察官和儿童福利：75% 合法律师服务：56%	149	1. 成功阻碍太平洋码头扩建工程； 2. 参与一起非部落成员挑战关于子女领养的部落司法管辖权诉讼，获胜； 3. 完成部落法律 6A 和 8 的修改，准备好法律 5、28 的修改草案和一部新法《反骚扰法》的制定草案
1.3 经济 发展 部②	4	部长：138283 美元，100% 分析师：54314 美元，100% 计划师：42554 美元，100% 项目经理：114849 美元，100%	35	1. 协助小额就业贷款增加贷款基数； 2. 举行了公共研讨会，制定 2015 年就业发展计划； 3. 人口数据统计和分析； 4. 建立"就业发展团队"以增强政府、大学和其他部门之间的沟通； 5. 给予西北大学学生客座教授讲座；等等
1.4 警局③	37	无预算信息	343	2013 年度未提交报告。2012 年雇员情况： 1. 警局（20）； 2. 自然资源执法队（4）； 3. 受害人中心（13）
1.5 部落 医院	67	无预算信息	1207	2013 年未提交报告

---

① 此列百分数为已花费预算所占比例。

② 有预算分配详表。

③ 由于主管更换等因素，2013 年度报告中无警局与部落医院报告，为了统计需要，雇员人数为 2012 年数据，预算数据来自 2013 年财政官预算报告。

续表

部门名称		雇员人数(人)	预算汇报情况	实际预算额(万美元)	工　作　成　果
1.6 就业与培训机会①		6	87.68%	35	1. 派出了 252 人次到就业岗位； 2. 拥有 201 个在册成员申请执照，其中 115 个取得执照； 3. 提供培训，包括木器、石棉安装与拆卸、铲车、工业急救、铺路、模具铸造等； 4. 与大学、商业公司、失业渔夫项目等广泛合作
1.7 帮助系统		14	无预算信息	25	1. 161 个学生注册学习地理； 2. 50 个青少年与他们的帮扶人形成固定关系
1.8 失业渔民帮助②		10	83%	339	1. 488 位在册参与者； 2. 获得了一年的资金续期； 3. 申请项目持续到 2014 年 6 月； 4. 6 位成员参与了大学教育； 5. 1 位成员取得了本科学位； 6. 17 位成员拥有了工作经验； 7. 17 位成员很活跃等； 8. 4 位成员被全职雇用；等等
1.9 文化部	文化办	5	271564 美元，95%	27	1. Semiahmah 项目完成了 15 年后的重建和最终落葬； 2. 1999 年以来，部落 569 个葬礼中，主持了其中 112 个； 3. 从总经理分管变为主席直辖； 4. 对部落的文化登记事项编制了 S 部落手册，上面记载了 54 项政策和程序
	语言办	7	380877 美元，97.27%	38	目前主要着力于电子档案的制作： 1. 共扫描电子文档 5000 亿字节中的 3130 亿字节； 2. 关于影像和图片共形成 1790 个文件夹 23860 个文件； 3. 在办公室进行了 73 次语言教学，参与人数 415 人； 4. 在幼教中心进行语言教学 3 次
	历史办	3	43.22%	9	1. 参与了 217 次会议； 2. 访问了 38 个历史地点； 3. 产生了 471 份报告或申请

---

① Tribal Employment and Training Opportunities，就业与培训机会。

② 帮助失业渔民重新获得就业能力，从而实现经济自主。

部门名称		雇员人数(人)	预算汇报情况	实际预算额(万美元)	工作成果
1.9 文化部	驱逐办	5	82.35%	12	1. 53 次外访; 2. 8 次现场监督; 3. 10 次部落项目监督; 4. 参加了 21 次会议
2.1 青年健康之旅		3	无预算信息	14	1. 青年部落医院:15 次关于健康生活方式的研讨会;每周举行在册成员见面会,使其自杀率、犯罪率下降(无数字)。协助了大量社区活动; 2. 青年健康之家:向出狱或结束治疗的人提供一个安全、洁净和康复性的临时住处,提供文化多样性的活动,避免再次堕落
2.2 法院		12	87.68%	310	1. 2013 年共受理 2006 起案件,2012 年为 1746 起; 2. 增设了治疗法庭①、未成年法庭、恢复性法庭; 3. 实行了所有案件陪审团制度; 4. 书记员首次满额运转; 5. 缓刑中心通过酒精测试、毒品测试、电子监控、全球定位系统等手段,使 80% 以上的监外执行的服刑人员遵守相关规定;"选择性入狱"项目②共节约相关预算 22 万美元
3.1 公诉部		3	99.4%	58	1. 公共辩护项目:处理了 329 起刑事轻型犯罪,28 起刑事重罪,71 起未成年人行为不端; 2. 民事服务部:协助了 42 起单亲儿童帮助;17 起住房驱逐;43 起自然资源违法;75 起未成年人监护;17 起离异或分居
3.2 博彩部		16	85%	100	宗旨:确保部落《博彩法》被遵守 1. 2013 年目标:完成审计 800 人次,背景审查 600 人次,自动赌博机 24 人次,视频赌博机 600 次;

---

① Healing to Wellness Court.

② Jail Alternative Program:Work Crew in Lieu of Jail Time,类似于劳动改造。

续表

部门 名称	雇员人 数(人)	预算汇报情况	实际预算额 (万美元)	工 作 成 果
3.2 博彩 部	16	85%	100	2. 实际完成：审计 997 人次，背景审查 755 人次，自动赌博机 20 人次，视频赌 博机 2086 人次； 3. 未完成事项：员工培训
3.3 就业 促进 办①	11	100%	23	1. SNSO 协助：青年娱乐中心、青年学术 中心、青年篮球旅行等许多项目； 2. 投资项目（Ventures）：小企业培训项 目进行了 166 个办公室咨询，16 个成员 完成培训；3 个外访；2 个大学讲座（9 个学生参加）；协助了 15 个小额就业贷 款申请，其中 5 个被受理； 3. Gateway 项目
3.4 小额 就业 贷款②	2	无预算信息	19	1. 管理着超过 12.5 万美元的小企业贷款 资金； 2. 提供了 13 个小企业贷款； 3. 提供了累计 20 个就业机会，包括 11 个渔民、6 个潜水员、2 个健身教练、1 个摄影师，比 2012 年提高了 10%
3.5 自治 办公室	1	无预算信息	53	建立于 2012 年，2013 年回到部落办公室。 主要负责与联邦印第安事务局和印第安健 康署（IHS）进行沟通。2013 年成果： 1. 完成了印第安事务局的年度更新程序； 2. 与 IHS 进行总额为 1400 万美元的项目 谈判； 3. 与 BIA 和 IHS 的地区主管协商 MOU； 4. 完成部落信息交互系统的培训； 5. 参与部落"带孩子回家"项目筹建； 等等
3.6 预算办 公室③		无报告	256	从未提交部门报告

---

① SNSO（S Nation Service Organization）：比较特殊的部门，办公地点位于部落外。

② CNFI，小额就业贷款。

③ 由于部落体制的特殊性，在管理委员会财政官下（政务官）还设有一个预算办公室（事务官），下辖支付科、会计科等重要部门，但 2013 年度预算额高达 256 万美元的预算办公室从未出现在年度报告中。

续表

部门名称	雇员人数（人）	预算汇报情况	实际预算额（万美元）	工作成果
4.1 通讯部	5	93%	36	1. 出版 24 期《S 部落人》和选举特刊，每期增加至 64 页，月发行量 2000 份； 2. 脸书主页每日更新，月均访问量 1855 人次，最高峰 3599 人次； 3. 编辑出版部落政府月历卡（含告示）； 4. 帮助部门编辑出版所有会议通知和公共告示； 5. 制作所有部落活动的视频记录；等等
4.2 登记与选举办公室	4（兼职1）	150.0116：98%	21	1. 登记所有适格的成员资格申请，存储相关文件； 2. 为新生婴儿上门服务，帮助完成登记程序； 3. 负责年度选举流程的所有工作，包括选民登记、整理、竞选人登记，投票准备等
4.3 人力资源部	10	人力资源管理：92% 人力资源背景审查：90% 培训和发展：71% 办公室安全：86%	88	1. 政策项目：刑事犯罪背景甄别及申诉委员会； 2. 培训项目：新晋员工、部门主管、特殊岗位等； 3. 工作安全项目：全年接受申请 27 项，完成 25 项，共支付 65980 美元，其中一项申请花费 70%； 4. 雇员退休津贴计划； 5. 制定部落雇员薪水标准
4.4 档案部	9（兼职5）	100.0106：96% 150.0160：112%	40	1. 将部落 1931 年至今的决议全部制作为电子版； 2. 扫描了 194860 个文件，合计 443226 页； 3. 存放了 463 箱各部门的历史文件，其中新增了 197 份文件，共 1557 份文件被扫描制作为电子版； 4. 扫描完成超过 6000 幅图片； 5. 所有委员会的宪章、法规和政策都被扫描为电子版； 6. 为各部门提供了 424 份文件的查找； 7. 购买柯达第二代扫描仪

续表

部门名称	雇员人数（人）	预算汇报情况	实际预算额（万美元）	工 作 成 果
4.5 信息技术部	8	无预算信息	105	1. 新办公大楼网络布置和维护； 2. 全年工作 4848 项请求； 3. 2014 年计划：部落医院网络升级； 4. 全部落：E-governance
4.6 恢复司法部	13	无预算信息	30	1. 未成年司法项目：用传统方法帮助违规未成年人矫正行为，重返校园（无数据）； 2. 儿童支持项目①：督促未跟子女生活的一方按时支付生活费（第三方转移支付），2013 年帮助 878 名未成年子女； 3. 法院联络项目：帮助当事人遵守法院程序，例如提醒开庭时间，解释法院规则，必要时提供交通协助（在《S 部落人》多次公告）
4.7 计划部②	26	无报告	204	2013 年无报告。根据 2012 年报告包括： 1. 工程建设科； 2. 交通科； 3. 长期规划科； 4. 土地租赁科
4.8 行为健康中心	70	青年精神健康：081.5940：82.83% 成人精神健康：387.5940：60.43% 博彩成瘾：171.4810：34.29% LSOC：329.4810：5% 戒毒治疗：084.5200：239.53% 精神咨询：081.5200：133.33%	705	1. 精神健康咨询项目； 2. 行为矫正项目
4.9 自然资源部	50	管理委员会合同：1.55M 非合同：1.52M 总协助：9.4M 部长办公室：97%	358	含水资源、渔业、贝类、养殖场、森林等多个科室

① 为方便理解，笔者定名为"单亲子女项目"，原名为 Child Support Program。为了避讳负面词汇，部落大部分项目名称常用一些宏观中性的词，比如 wellness，support，protect，导致外界从名称无法理解项目职能。

② 计划部未提交 2013 年度报告，因此雇员人数为 2012 年数据，预算额来自 2013 年部落预算报告分项表。

续表

部门名称	雇员人数(人)	预算汇报情况	实际预算额（万美元）	工 作 成 果
4.9 自然资源部	50	丰收：85.77% 三文鱼养殖：91.3% 贝类繁殖：98.97% 水资源：83.87% 森林：92.67% TFW：79.1%	358	含水资源、渔业、贝类、养殖场、森林等多个科室
4.10 住房保障部	27	90%	700	1. 房屋修缮：1937 套现有住房，维修 238 套，708 套待维修； 2. 建造 16 套单亲家庭住房和多功能家庭公寓； 3. 面试了 40 名住房贷款的申请人，签订了 4 份合同； 4. 面试了 30 名低保申请者，提供了 6 个住房低保名额，9 个低息购房贷款名额； 5. 向 6 名学生提供租房协助； 6. 向 4 名成员提供了应急住房协助； 7. 向 21 个个人和 5 个家庭提供了周转房；等等
4.11 青年娱乐中心①	8（全职 5 兼职 3）实习 3	部落预算：550000 美元 部落发展（土著青年文化资金）：20000 美元 耐克基金：5000 美元 部落社区合同：20000 美元 Tony Hawk 基金：10000 美元 第七代基金：5000 美元 29 掌：5000 美元 就业促进：4500 美元	62	针对部落 5 ~ 19 岁的青年。根据登记，大概有 1136 人。平均每周接待 147 人次，共 734 人次。具体的项目有： 1. 课后活动：春令营、夏令营、冬令营、家庭文化之夜、青年领导培训； 2. 体育、音乐和文化活动：篮球、棒球、排球、舞蹈、体操、音乐、滑冰等； 3. 电脑房和阅览室；等等
4.12 教育部 · 部长办公室	4	373399 美元，已花费 351511 美元	37	
4.12 教育部 · 早教中心	60	2359191 美元，已花费 798375 美元	236②	含出生至 3 岁、学龄前、未成年子女支持三个项目，约 300 个学生

---

① Youth Recreation/Wellness Center
② 早教中心和部落学校的预算大部分不包含在 S 部落年度预算中。

续表

部门名称		雇员人数(人)	预算汇报情况	实际预算额(万美元)	工 作 成 果
4.12 教育部	部落学校	110	9747329 美元,已花费 3375555 美元	975	1～12 个年级,相当于小学、初中和高中,约 300 个学生①
	JOM② 项目	23(兼职19)	359111 美元,已花费 384072 美元	38	家教项目
	教育部总计	178		1286	
4.13 家庭服务部	就业与培训中心③	21	联邦 TANF:100% 州 TANK:100% 总的帮助:100% 新的帮助:0% WIA(成人):79% WIA(青年):12% 职业安置:100%	25	1. 每月平均服务(含现金和服务帮助)400 人次; 2. 每季度向中等学力人群提供辅导 55 人次; 3. 提供就业机会 63 人次; 4. 平均 6% 的在册人员成功就业; 5. "青年暑期"项目雇用 14～21 岁的成员 154 人; 6.5 个学生恢复了信用检索; 7.30 个学生完成了 CPR 培训; 8. 暑期工作团队清理了 38 个老人的院子,完成了 1300 磅的垃圾清理
	社区服务部(食品援助)④	10	319HH:100% 248HH:100% 746HH:100%	148 (多项预算来源)	1. 服务对象 8536 人; 2. 发放食物:212874 磅; 3. 每周发放 200 人次,到家服务 38 人次
	老年项目	17	老年项目管理: 150.4700:689882 美元 老年旅行: 150.4725:150000 美元 老年之家: 150.4735:275986 美元	128 (多项预算来源)	1. 老年之家:24 位老人入住; 2. 老人旅行项目:全年部落外出旅行 27 次(不含每周到部落博彩酒店的午餐会); 3. 上门医疗服务项目:全年提供医疗服务 516 人次;

① 根据登记办公室年度报告,部落 0～12 岁的成员为 851 人,13～19 岁的成员为 572 人,合计 1423 人。

② Johnson O'Malley Program,基于联邦拨款,旨在提高印第安部落青少年学术水平,提高升学率的项目。

③ Employment and Training Center.

④ 隶属联邦项目。

续表

部门名称		雇员人数(人)	预算汇报情况	实际预算额(万美元)	工 作 成 果
4.13家庭服务部	老年项目	17	NSIP 食品补给：303.4713：13440 美元老年保护法 A 补助：3144713：110070 美元	128（多项预算来源）	4. 全年服务总量：30373 人次
	青年安全之家	10	82.76%	64	1. 给予遭受家庭暴力或者其他违法犯罪活动侵害的青少年一个安全、洁净、可靠的住处，提供一日三餐；2. 缺乏心理咨询师、雇员培训
	青年学术中心	26	1450420 美元，100%	145	给需要就学的青少年（24 岁以下）一个安全、洁净和可靠的食宿场所；1.46 位学生入住；2.9 位入住学生从部落学校毕业，1 位从芬戴尔学校毕业
	退伍军人中心	2	无预算信息	15	1. 42 人每月接受退伍军人残疾津贴，累计每月 56583 美元；2. 26 人接受每周咨询，16 人完成咨询，10 人因健康原因取消；3. 提供 25 人次交通服务，19 人次去西雅图；4. 完成 13 人荣誉勋章，4 次葬礼；5. 4 个家庭接受特殊服务：外墙粉刷、窗户更换、家具更换，以及每周一次的庭院打扫和垃圾清运

资料来源：2013 年度 S 部落政府报告和预算报告。

（二）外部透明性考察：新兴项目部更具开放性

如前所述，由于部落政府对网站的不重视，因此部门一级的信息在网站上也无法查询。打开各大部门的网站链接，一般只显示部门宗旨和办公室电话，极少数部门附有领导和雇员姓名。因此笔者对信息的获取总是遵循最原始的办法：向各部门主管及工作人员当面请求。对笔者的各类信息索取申请，政府传统职能部门与新兴项目部的配合程度差距较大。从表6-9的统计中可以清晰看出，笔者长期申请信息索取的 8 个传统职能部门中，有 5 个部门（秘书办、登记与选举办公室、法律办公室、人力资源部、文化部）的领导较为保守，对外部研究者的信息索取不能主动配合；

3 名部门主管（预算办公室、通讯部、档案部）相对开明，但除了通讯部信息统计及时可得外，预算办公室和档案部对笔者提出的信息索取总是存在"有心无力"的情况，即希望帮忙，但不知道相关信息在哪里。比如笔者希望获得部落预算资金的发展趋势，财政官点头同意，但其预算助理无奈地向笔者表示："预算发展趋势，你要什么时候开始的数据？又要从一开始的对吧？对不起，我这里没有这样的统计，而且我也不知道谁有这样的统计，经济发展部的瑞塔是上一届财政官助理，就是我这个职位，也许她有，你去问问看吧。"对于笔者希望获得的每年竞选人名单和获胜者得票档案，档案部两位行政助理都答复找不到，主任碰到笔者后亲自解释："应该存放在我们这里的，但由于搬家（到新办公大楼）我们一时找不到。也从来没有人找过这些文件。我们找到后就发给你，不好意思。"此外，上述 8 个部门中有 4 个部门的主管在看到笔者出示的主席亲笔签名调研许可后，仍向秘书办询问，是否可以给予信息。

对于依赖外部独立资金建立的新兴项目部，笔者多次前往进行信息索取的 9 个部门中，只有 2 个部门因为领导更换而导致新上任的领导对历史信息不熟，剩下的 7 个部门的主管都在第一时间表示配合，而且统计信息很到位。比如住房保障部部长，总是在第一时间拿出相关文件交给笔者复印，显示出非同一般的自信与开放。此外，这 9 个项目部都没有给秘书办打电话请示是否可以给予信息。

表 6-9　笔者向各部门和项目部领导索取信息情况统计

性质	编号	部门名称	信息索取情况	预算来源	是否提前请示秘书办（管理委员会）
传统职能部门	1	秘书办	部分数据，主任较为保守	单一，部落政府预算	—
	2	法律办公室	不配合，主任较忙	单一，部落政府预算	
	3	人力资源部	部分数据，新任部长较忙	单一，部落政府预算	是
	4	登记与选举办公室	部分数据，主任较为保守	单一，部落政府预算	是
	5	预算办公室	配合，但是历史信息统计少	单一，部落政府预算	否
	6	文化部	找不到人，没有什么信息	单一，部落政府预算	否
	7	通讯部	非常配合，所有信息可得	单一，部落政府预算	是
	8	档案部	配合，但是信息查找不熟练	单一，部落政府预算	是

续表

性质	编号	部门名称	信息索取情况	预算来源	是否提前请示秘书办（管理委员会）
新兴项目部	9	住房保障部	配合，所有信息可得	外部独立预算资金	否
	10	早教中心	配合，所有信息可得	外部独立预算资金	否
	11	部落学校	比较配合，但领导换届，较忙	混合资金来源	否
	12	青年学术中心	配合，所有信息可得	混合资金来源	否
	13	行为矫正中心	配合，所有信息可得	混合资金来源	否
	14	受害人中心	配合，所有信息可得	混合资金来源	否
	15	儿童保护中心	配合，所有信息可得	混合资金来源	否
	16	青年部落医院	配合，但信息统计少	混合资金来源	否
	17	部落医院	配合，但是新任领导不掌握信息	不清楚	否

资料来源：笔者调研过程。

三 对基层部门领导机制的参与性考察

（一）公共听证会是基层部门与部落成员交流的主要方式

如前所述，基于部落长期的传统和《行政法》的规定，公共听证会不仅是法律修改的必备程序，也是大部分职能部门和项目部与公众交流的主要途径。因此根据工作性质，法律办公室成为举办公共听证会最多的部门，余下的部门中，定期举办公共听证会的是住房保障部，每年初在博彩酒店大厅举办"部落住房论坛"，听取社区对其主管的众多项目，如廉租房申请、住房维修申请、住房贷款申请等各类公共服务的意见（见表 6 - 10）。

表 6 - 10　2013 年 S 部落基层部门公共听证会统计

编号	日期	主持部门	参与部门	听证会主题	参加人数	地点
1	2013 - 2 - 23	住房保障部	无	住房论坛	约 200 人	博彩酒店大厅
2	2013 - 9 - 3	法律办	警局	《交通法》修改——酒驾测试	32 人	政府综合大厅

续表

编号	日期	主持部门	参与部门	听证会主题	参加人数	地点
3	2013 - 11 - 6	"健康改革"项目	部落医院	联邦医疗改革对部落成员的影响	约 200 人	博彩酒店大厅
4	2013 - 11 - 14	法律办	法院	《侵权法》修改	27 人	
5	2013 - 11 - 19	经济发展部	小额就业贷款	就业愿景	56 人	部落集会大厅
6	2013 - 11 - 20	法律办	法院	《刑法》修改	43 人	
7	2013 - 12 - 5	恢复司法部	总经理	"带孩子回家"项目设立	53 人	政府综合大厅

资料来源：笔者实地观察。

(二) 新兴项目部尽力宣传，举办多种交流活动

除了公共听证会，部落众多针对成员健康、教育和家庭福利等方面的项目部参与性也很强。如 2013 年，美国联邦通过奥巴马医疗改革后，部落很快成立"健康改革"项目，并于 2013 年 11 月 6 日在博彩酒店大厅举行规模宏大的政策宣讲会，会议提供了丰盛的自助餐，因此大概有 300 多名成员到场。晚餐后，大约进行了 2 个小时的政策问答。

起初，笔者对这些项目部工作人员的专业性和高度热情非常惊讶，其后通过调研获知原因：其一，新兴项目部一般来自联邦的专项拨款支持，对项目的活动开展有较为严格和频繁的审计①，比如帮助部落家庭亲子交流的项目，一年累计帮助了多少家庭，有多少人次的父母参与了交流或者咨询，都是年度报告的重要内容，所以为了通过年度（或者季度）审计，顺利获得下一期拨款，这些项目部工作人员必须不遗余力地开展相关活动；其二，由于是联邦或者州项目，因此对工作人员一般有统一的任职要求和入职培训，尤其是联邦项目，雇员标准相对严格，培训更为专业。

图 6 - 3 是一些项目部的小传单，不仅分发于部落政府和一些主要公共场所，还经常刊登在《S 部落人》和脸书主页中，极力向部落成员推广。

---

① Catherine Curtis & Miriam Jorgensen, American Indian Tribes' Financial Accountability to the United States Government: Context, Procedures and Implications, this is an Excerpt from "Setting the Agenda for Change" in the Aboriginal Policy Research Series, Toronto: Thompson Educational Publishing, 2013.

JOM

The JOM Program is working with the TANF Program to get the fee's paid for. The students need to come through the JOM Program.

Eligibility Requirements are as follows

If you are on any of these listed programs bring in your approval letter:

~~Lummi~~ TANF

DSHS

Social Security

Food Stamps

Energy Assistance

~~Lummi~~ Commodity Foods

And if you are not eligible for any of the above when you pay keep the receipt and bring it in with the Certificate of completion and you will be refunded that amount from TANF Program.

For more information please feel free to contact the JOM office ▓▓▓ or e-mail

▓▓▓@▓▓▓.gov

Thank you

▓▓▓, JOM Director

Need Help With A Court Case?

The ▓▓▓ Court Liaison Program can help you comply with the Court's requirements, including reminders about court dates, locating court ordered services, or even a ride. They could also give you a ride to any other court related appointment when possible.

For any questions about the court process, about our program, or to make arrangements for a ride, please contact:

▓▓▓

▓▓▓

▓▓▓

▓▓▓

▓▓▓

▓▓▓

▓▓▓

▓▓▓

▓▓▓

▓▓▓

▓▓▓

a. 食品援助青年项目

b. 需要司法帮助吗?

LUMMI NATION SCHOOL

Present

STRENGTHENING FAMILIES: TAKING POSITIVE STEPS TOGETHER

c. 部落学校：加强家庭教育的有效步骤

Help Your Child With Numbers and Counting

Use number words and point out written numbers when you and your child do things together.

- In the kitchen:
  - "On this package of rice it says to add 2 cups of water."
  - "I need you to put 3 forks and 3 plates on the table."
- At the grocery store:
  - "That sign says bananas are 59 cents a pound."
  - "Pick out 4 apples and put them in this bag."
- At play:
  - "See if you can stack 6 pennies."
  - "Can you put 4 blocks in a row?"

Play number and counting games with your child.

- Play "Simon Says." Say to your child:
  - "Simon says clap your hands 5 times."
  - "Simon says take 3 steps forward."
  Let your child have a turn being "Simon."
- Make a card for each of the numbers 1,2,3,4 and 5.
- Ask your child to place the correct number of pennies or beans on each card.

Read, tell stories, sing songs, and say nursery rhymes about numbers and counting.

- Read or tell stories such as *The Three Bears* to your child.
- Say nursery rhymes such as "One, Two, Buckle my Shoe" and "Baa Baa Black Sheep" with your child.
- Sing counting songs you may remember from your childhood.

d. 帮助孩子认识数字

Parenting Skills Program
Making Strong Families Stronger!

What is It?
Parents or caregivers receive individual parenting support. Families learn specific parenting skills proven to help all families and improve child behavior.

When is the Program Offered?
Parents or caregivers, child and parenting coach will meet together once a week for one hour. Program is a <u>minimum</u> of 10 weeks.

Who is Eligible?
For parents or caregivers raising children 2-5 years old.

When is the Class Offered?
Individual sessions can begin at anytime. Daytime and evening appointments available.

Where?
Sessions available in the Lummi community or at Brigid Collins Family Support Center in downtown Bellingham.

Cost?
This is offered at <u>no charge</u> to all families, and it is easy to sign up!

To Enroll or for More Information:
Family Support Center
Ask for Katie Goger or Megan Brown

e. 父母培训：让家庭更和谐与有力！

April 25, 2013

9:00AM – 4:30PM

Special Guests:

Native American
Fatherhood &
Families Association

Cloudboy Consulting
Training

- Fatherhood & Motherhood is Sacred
- A Fathers Place
- Promoting Co-Parenting
- Celebrating Parents

Traditionally, our Native Ancestors were a family-centered people. As Native people we must take care of our families through healthy family relationships. Responsible parenthood is leading your family and keeping them together. Join us as in strengthening Mothers and Fathers for their children, families and community.

Free Registration
For more information please contact:
Laura Porter, Laura.Porter@lummi-k12.org, 360.758.7366, 360.739.7571

f. 家庭教育培训

Growing Together:
Healthy Relationships Youth Group
Behavioral Health Division / YESS Program

WHO: Youth ages 13-18, max 12 youth
WHEN: Mondays 3:00pm – 3:50pm
WHERE:
under library, back entrance
Call
HOW: Pick up and return *Referral Packet* with
Behavioral YESS front desk (or Behavioral
Health Registration Desk at the new Administration
Building) for
REGISTRATION: Complete *Referral Packet* and meet
with prior to starting the group
QUESTIONS: Contact

g. 一起成长：青少年健康关系训练营

图 6 – 3   S 部落项目部小传单示例

四   对基层部门领导机制的责任性考察

（一）外部监督：缺乏针对部门主管的常规考评制度

首先，如前所述，由于缺乏明确的行政组织法规，S 部落尚未建立规范的部门主管评估制度。动辄连任 10 年以上的部门主管们，对其部门内的管理缺乏有效的监督。虽然大部分职能部门需要面对总经理和对应的专门委员会的双重领导和监督，尤其是工作进展和预算开支等重要事项要同时向总经理办公室和专门委员会提交报告，但这些报告的审批结果只针对具体事项开展与否，并不涉及对部门主管的考评。换言之，管理委员会委员尚须接受每年一度的领导换届考评和三年一度的选举考评，但部门主管是高枕无忧的。部落尚没有任何举措对其工作进行评级或奖惩。对此，恢复司法部行政助理劳伦斯女士直言："不管结果怎样，总需要一个针对他们（部门主管）的考评制度吧。目前的制度下，他们在这方面是没有任何压力的。"

其次，大部分部门主管兼任相关委员会委员甚至主席。财政官依据《预算与财政法》是预算委员会的法定主席；登记与选举办公室主任维拉女士也是登记与选举委员会的委员；住房保障部的部长是住房与保障委员会的委员等。在这样的体制下，专门委员会对所辖部门的"监督"更多的是一种提高行政参与广度的象征形式。实践中，也未见任何委员会向管理委员会提交对部门主管的罢免议案，因为那样的议案在委员会内部表决时，至少可以收到一张来自其本人的反对票。

（二）内部监督：雇员如何监督雇主？

本章下一节将论述部门主管对内部雇员的绝对权威和人事管理方面的个人决策权，因此要依赖内部雇员对主管进行一定程度的监督，在实践中没有可行性。

五　对基层部门领导机制的效率性考察

由于建立时间、领导能力和其他因素等的影响，无论是时效性还是经济性方面的效率，S 部落不同部门之间差异较大。

（一）高效率组：秘书办、通讯部、选举办、住房保障部

通过调研，笔者认为在没有部落统一的效率要求和对部门主管的绩效考核制度下，上述部门具有较高工作效率的原因有以下几个方面。

首先，这些部门建立时间较长，行使部落的传统职能，法律依据完备，工作流程清晰。如登记与选举办公室，其主管的登记与选举事项是部落赖以维持和运转的根本制度。从《宪法》到《成员登记法》《选举法》，有多部法律对其工作事项予以约束，工作程序较为清晰。部门雇员对工作容易上手，没有太多要请示领导或管理委员会集体决策的事项。

其次，这些部门自身的工作性质具有较强时效性，节奏快，客观上要求工作人员高效率工作。如通讯部（仅 5 名工作人员），需要负责部落在脸书主页的每日更新，《S 部落人》官方报刊每月两期（每期 64 版）的编辑和出版，对部落所有公共活动的报道，政府工作的季度报告、年中报告和年底报告共 6 期（300 页以上）的编辑，含所有重大事项通知的政府月历，以及协助所有部门公共小告示的编辑和印刷。因此笔者在多次听证会、部落大会和建筑的奠基仪式等公共集会上见到通讯部部长亲自拍摄和报道。再如登记与选举办公室，每年 9 月至 12 月的选举季是其无法避免的工作繁忙时间。9 月开始需要对选民登记名单进行详细的甄别（除增加当年进行登记的新选民，还须剔除连续三年没有投票的失效选民登记），同时开始接受竞选人申请，直到 10 月中旬截止；11 月负责初选和大选的所有组织工作，之后须向管理委员会提交由选举选委会和确认委员会认可的选举结果。当笔者对这个部门进行约访时，这几个月是不得不避开的时间，用其前台秘书蒂娜的话说"天天加班，没办法呀"。

最后，这些部门一般拥有长期任职的部门主管，对部门业务非常熟悉，具有较高的专业性和强烈的责任心。如住房保障部部长戴安娜女士，在笔者与其进行的两次深度采访中，对所有问题对答如流，当笔者请求复印一些工作报告和法规文件时，她总能第一时间在办公桌或文件柜里拿到相关文本，或在电脑里调出相关文档进行打印，甚至带着笔者到隔壁的复印机亲自操作，对于这位管理着 27 名雇员、年度预算高达 700 万美元的部门主管来说，笔者没有听到过一次"这个事情你去找某某助理"之类的话，所有数据都是她第一时间独立拿到交给笔者，其高效干练的作风让人觉得旁边一直有人在给她掐着秒表计时。再如秘书办主任特萨女士，是一个在部落很有威望的女性，已 60 岁左右。笔者从申请调研阶段到最后离开，与她接触频繁，因为在任何管理委员会会议现场、下班五点后举行的部落听证会现场、晚上或周末举行的全体成员大会的现场，都能见到她亲力亲为的身影。一次笔者提前来到即将在晚上七点举行全体成员大会的现场，黑漆漆的部落集会大厅内，特萨一个人拉着行李箱前来，先到大门后面把灯光全部打开，再拿出行李箱内的笔记本和一些设备电线进行安装，接着再把需要分发的文件摆到门口的接待桌。作为一个有权势的部门主管，这种实干作风让人惊讶。对此她向笔者解释，部门另外两位职员是低级别雇员[1]，法律对下班时间有较为严格的限制，即使本人同意加班，部落也需额外支付报酬；她是高级别职员，可以通过调换工作时间的方式加班，因此由她本人进行上述会议的记录在整体操作上更为合理。通过年度报告我们看到，特萨领导的秘书办在 2013 年组织和记录了 10 次全体成员大会、36 次管理委员会会议、8 次公共听证会和 12 次部落特别会议，同时制作了 150 份管理委员会决议。

（二）低效率组：文化部、档案部、行为健康中心

不可否认，部落中存在一些效率较低的部门，其拖沓的工作作风让人不悦。比如文化部，整个部门有 4 个细分部门，共 20 名雇员，年度预算高达 86 万美元，可是在年度报告中，我们并不能看到其翔实的工作成果。在 S 部落豪华的新办公大楼中，文化部拥有相对宽敞的办公空间，但是当笔者多次前往分发和回收问卷时，常常找不到相关工作人员。

再如行为健康中心占据办公大楼一楼东侧接近四分之一的办公区域，但进入前台门禁后，大部分办公室门口没有门牌，对此一位老年雇员直言"他们就是不贴门牌，免得你能找到他们"。后来笔者认识了该部门外向热心的非部落籍健康咨询员茉莉娅女士，只要工作时间她都在办公室[2]，笔者忍不住问道："为何大部分办公室的人都不在，而你一直在呢？"她神秘地笑着说："你真聪明。发现了这里的秘密。不在的人一般都是部落成员。"

再如青年学术中心，是位于部落学校旁边的一个寄宿中心，向 24 岁以下家庭有困难的青年（含未成年人）提供住宿、膳食、就学交通和课外辅导等全方位的帮助。该学术中心床位只有 50 张，2013 年有 46 位未成年学生入住，但是雇员多达 26 人，年度预算高达 145 万美元，按人均费用来说，入住的学生每位年费用超过 3 万美元，接近美国家庭平均收入水平的

---

[1] 根据 S 部落人力资源部《人事管理条例》，部落雇员总的分为 exempt 和 no-exempt 两类，前者享有更多的福利。

[2] 哪怕接近下班时间，茉莉娅女士也在办公室。因为其性格随和，所以每当有访问对象爽约时，笔者便去找她聊天，咨询一些细节问题。

三分之二。① 其中一项较为特殊的政策是，虽然部落学校近在咫尺，但根据就读学生的个人申请，该中心还有一辆专门的小巴接送车，负责将部分学生送往 20 千米外的外部学校就读，并为此配备一名专业司机。此外，该中心并不仅仅针对部落青年，邻近部落的印第安青年均可申请。2013 年 46 名入住学生中，有 4 名学生来自邻近部落。

六 对基层部门领导机制的公平性考察

（一）部门主管的选拔是否公平？

如前所述，由于尚无一套完备的行政组织法和部门主管晋升制度，因此数目众多的部门主管和项目部经理的遴选和任免都由管理委员会决议进行。虽然管理委员会实行集体决策制，但实践中是否有不公平的现象呢？随着调研的深入，笔者碰到越来越多家族姓氏为杰弗森的部门主管，不完全统计②如表 6 - 11 所示。

表 6 - 11 来自杰弗森家族的部门主管统计（2013 年）

序号	职务	姓名	雇员人数（人）	部门年度预算（万美元）
1	自然资源部部长	梅尔·杰弗森	50	358
2	警局总长	拉尔夫·杰弗森	37	343
3	恢复司法部部长	拉尔夫·杰弗森	13	30
4	计划部部长	理查德·杰弗森	26	204
5	法律办主任	玛丽·杰弗森③	17	149
6	人力资源部部长	托尼·杰弗森	10	88
7	档案部部长	娟丽斯·杰弗森	9（兼职5）	40
8	JOM 学术辅导	多瑞斯·杰弗森	23（兼职19）	38
9	通讯部部长	朱莉·杰弗森	5	36
10	秘书办主任	特萨·巴特④	3	30

① 2013 年美国家庭收入中位数为 46000 美元，印第安部落平均收入水平为 33000 美元。
② 由于 S 部落大部分妇女随美国主流习惯，婚后改为夫姓，在不保留娘家姓的情况下，笔者靠私下打听不能完全掌握由杰弗森家族外嫁的女性主管姓名。
③ 母亲姓杰弗森，嫁入杰弗森。
④ 父亲姓杰弗森，婚后改姓。

续表

序号	职务	姓名	雇员人数（人）	部门年度预算（万美元）
11	青年健康之旅项目经理	乔治·杰弗森	3	14
12	经济发展部项目经理①	瑞塔·杰弗森②	4	11
	总计		200（兼职24）	1341

资料来源：2013 年 S 部落政府工作报告。

从图 6–1 中可以得到，由管理委员会委员和总经理直辖的一级部门共有 29 个，表 6–11 中列出了 2013 年来自杰弗森家族的部门主管和项目部经理达到了 12 位，占总数的 41%；其直接管理的雇员达到 200 人，占整个部门政府雇员（1055 人）的 19.0%；掌握的预算总额为 1341 万美元，占部落政府预算总额（9986 万美元）的 13.4%。

（二）部门主管体制是否公平？

与管理委员会和各专门委员会实行集体领导制不同，S 部落基层部门实行个人领导制，部门主管和项目经理享有较为完整的决策权，对内部的预算、人事和日常事务管理"一个人说了算"。此外，与管理委员会委员每届任期 3 年、部落主席等选举领导任期 1 年不同，对任期没有限制和换届之虞的部门主管来说，管理委员会委员的权威显得不稳定。长期的工作也必定对官员的工作作风造成影响，当"长命"又"专权"的部门主管跟"短期"又习惯于讨好选民的管理委员会委员面对面聊天时，笔者甚至看不出来谁是更高一级的"领导"。采访中得到的一些数据，也佐证了笔者的观察。既是自然资源部中层领导又是管理委员会前委员的雷德福先生透露说："那些长期续任的部门主管当然是很强势的，有时候管委会委员打电话给他们要碰头商量事情，他们直接拒绝说'不好意思我没空'。"再如笔者刚开始接触选举办公室时，其主任对笔者的调研比较抵触，多次拒绝采访和提供资料。笔者不得不寻求其下属职员的配合。一次偶然的机会当维拉主任看到某下属正在帮笔者复印某份文件时，立刻警告该职员道："虽然她（笔者）有管委会主席的签字授权，但这里（选举办公室）是我

---

① 虽然不是一把手，但是掌握独立预算权。
② 瑞塔·杰弗森 2014 年底成功入选管理委员会，并在新晋委员的身份下被选为财政官。

说了算，你明白吗？你虽然整体上是主席的雇员，但更是我的直属雇员，对吧？"神情十分倨傲，让笔者对该职员非常抱歉。所幸到了调研后期，维拉主任彻底改变态度，不仅接受了笔者采访，也提供了多份历史文件。

此外，2010 年发生的一起委员辞职事件更说明了部落成员在"短命"委员和"长命"部长之间的"理性"选择。担任教育部部长多年的伯尼·托马斯入选管理委员会多年，2010 年他被管理委员会内部选举为副主席。由于常任领导拥有单独的办公室和预算，因此根据部落内部规定，管理委员会常任领导须为全职，且不得再担任其他部门一把手，于是托马斯先生不得不在部落副主席和教育部部长之间做出选择。在 2010 年 12 月 6 日的全体成员大会上，托马斯先生在部落新任委员宣誓大会上不出意料地表示，他选择辞任部落副主席，继续担任教育部部长。如果不了解 S 部落体制的上述缺陷，笔者一定会好奇托马斯先生为何放弃更高职位选择低一级的部长。但是经过前述分析，在一年任期的副主席（主管年度预算 340 万美元）和无任期限制的教育部部长（主管预算 1286 万美元）之间进行选择，对任何"理性人"来说显然并不困难。

（三）主管无任期限制对内部雇员是否公平？

虽然那些长期任职的部门主管具备爱岗敬业、高效率等诸多优势，但从制度层面考察，这样潜在的"终身制"现象对部落政府的长远发展有巨大的损害。首先，终身制概念与现代行政理念格格不入，既不利于提高非领导人员的工作积极性，也不利于当值领导的能力提升，容易造成整个体制的僵化。其次，"终身制"现象使部落易忽视对年轻干部的培养。因为当一个部门主管明确提出辞职或退休申请以前，在"终身制"的潜规则暗示下，没人会重视对继任者的培养，相应的，部门中那些升迁无望的年轻人也没有竞争的意愿。因此，笔者发现很多部门的运转得力于那些常年任职的老领导，假设他们因为个人原因突然离岗，对部门来说将是灾难性的损失。最后，"终身制"部门主管易形成专断的作风，对内部事务专断独行。如据现任档案部前台的朱丽尔女士介绍，本来她是登记与选举办公室的行政助理，但由于跟维拉主任关系不好，只得出走其他部落。因故返回 S 部落后，因为维拉女士仍未退休，熟知登记与选举事务的她却不能回到登记与选举办公室发挥特长，只得担任档案部的前台秘书。

七　小结

根据前文考察，我们可以得到表 6 - 12。

表 6 - 12　对 S 部落基层部门领导机制的考察

善治要素	考察角度	考察点	经验	挑战	总分：- 9
法治性	立法层面	1. 是否有清晰的法律依据？		*	- 2
		2. 法律依据是否完备？		*	
		3. 法律依据是否稳定？		—	
	执法层面	4. 行政行为是否依法进行？		—	
透明性	外部透明性	5. 信息对外部成员是否公开？		*	- 3
		6. 决策过程对外部成员是否公开？		*	
	内部透明性	7. 信息对部落成员是否公开？	1	*	
		8. 决策过程对部落成员是否公开？	1	*	
		9. 决策过程是否存在暗箱操作的可能？		*	
参与性	参与广度	10. 参与渠道多寡？	1		0
		11. 参与渠道是否易得？	1		
		12. 实际参与人数多寡？		*	
	参与效度	13. 公众参与能否推动（阻碍）决策进程？		*	
责任性	外部监督	14. 外部监督方式多寡？	2	*	0
		15. 外部监督是否有力？	1	*	
	内部监督	16. 内部监督方式多寡？		*	
		17. 内部监督方式是否有力？		—	
效率性	时效性	18. 沟通是否快捷？	1		0
		19. 决策是否迅速？	1	*	
	经济性	20. 规模和花费多少？	1	*	
		21. 有无重复或浪费？	1	*	
公平性	权利的设定	22. 权利设定是否公平？		*	- 4
	权利的行使	23. 权利行使是否受不利因素影响？		**	
	权利的救济	24. 是否有权利救济途径？		*	

第四节 对 S 部落基层结构预算管理机制的善治考察

一 对基层部门预算管理机制的法治性考察

第一，S 部落《预算与财政法》对基层部门和项目部的预算责任进行了细致的规定。

关于年度预算报告，"项目经理报告"（28.04.010）规定：不迟于每年 12 月 1 日，具体管理资金并需要管理委员会审批和同意的各部门主管和项目经理须向总经理提交年度报告。报告须包括各部门和项目在过去 12 个月内设定的目标和达成的效果，并给出证明。各部门须列明各个渠道的所有收入和支出。总经理须采取必要的措施保证上述报告均及时提交，且准确和完备。

关于预算日常管理，"项目经理和部门主管的权力"（28.09.070）规定：所有的项目经理和部门主管拥有日常的直接权力管理其项目或部门，以确保其资金使用遵守所有法律。项目经理和部门主管须向总经理或其直接行政领导提交有关资金使用的月报告以及被要求的具体事项报告，并须在收到相关违规建议后及时整改。

关于预算超支额度，"项目经理权限"（28.10.020）规定：部落项目经理可以在不超出项目总预算的前提下，对项目内的某一细分项预算超支 5%（同时不超过 2000 美元）。如果提前得到上一级同意，超支额度将有所扩大：总经理有权允许项目经理在不超出项目总预算的前提下，对项目内的某一细分项预算超支 15%（同时不超过 5000 美元）。必要时，给予书面说明。预算委员会有权允许项目经理在不超出项目总预算的前提下，对项目内的某一细分项预算超支 25%（同时不超过 10000 美元），须提交书面说明。

第二，如前所述，获得外部单项资金的部门和项目还须遵守联邦或州政府机构对相关资金的严格规定，如住房保障部、早教中心等。

二 对基层部门预算管理机制的透明性考察

如前所述，部落基层部门的管理在整体上欠缺规范性，因此预算管理的透明性在各部门之间差异较大。

（一）外部透明性考察：基层部门预算管理对外不公开

总的来说，外部采访者和研究者很难得到各部门具体的预算报表。因为这些数据既不在部落网站公开，也不在《S 部落人》等纸质媒体定时公开。偶然出现的公开，也欠缺连续性。如 2014 年 3 月，《S 部落人》上出现了家庭服务部的年度预算统计。但笔者翻阅 2013 年和 2015 年的《S 部落人》，并没有出现关于家庭服务部的年度预算统计。

（二）内部透明性考察：各基层部门预算公开差异大

如表 6-13 所示，在内部成员才能看到的年度政府报告中，有以下现象。

第一，30 个部门与项目部中 4 个部门未提交年度报告，包括警局、部落医院、预算办公室、计划部。

第二，26 个提交了报告的部门中，有 6 个部门未提供任何与预算有关的信息，包括青年健康之旅、小额就业贷款、自治办公室、信息技术部、恢复司法部和家庭服务部下属的退伍军人中心。

第三，上述既提交了年度报告又提供了预算信息的 20 个部门中，只有 7 个部门既提供了预算总额，又标识了使用百分比，即秘书办、经济发展部、文化部、自然资源部、青年娱乐中心、教育部以及家庭服务部下属的老年项目。其中，只有经济发展部对预算使用给出了一定的说明简表，使笔者这样的外部研究者可以看懂相关信息。

第四，剩下 13 个部门的预算信息，如同外星文字一样让人费解。有的给出预算表中的代码，如档案部、行为健康中心、登记与选举办公室等；有的只给出预算类别名字，甚至只是缩略名，如社区服务部，如果不请人帮助，笔者无论如何也无法理解预算项 GITGO 的意思。

总之，即使部落成员拿到年度政府报告，对 20 多个部门的预算情况也无法了解，更别说进行审查了。

在预算管理的动态层面，因为预算委员会就年度预算每年会召开 3 次公共听证会，因此没有任何部门再就预算管理召开公共听证会。在预算委员会召开的公共听证会上，总经理作为中层领导出席和接受质询，但没有基层部门主管到场。也就是说，实际管理大笔资金的基层部门主管无须直接向公众交代大笔资金的具体使用情况。

表 6 – 13　S 部落基层部门预算统计（2013 年）

直属领导	部门名称		预算报告情况	实际预算额（万美元）	雇员人数①（人）	人均预算额（万美元）
1 主席②	1.1 秘书办		296575 美元，87%	30	3	10
	1.2 法律办公室		法律办：71% 检察官和儿童福利：75% 合法律师服务：56%	149	17	8.76
	1.3 经济发展部		部长：138283 美元，100% 分析师：54314 美元，100% 计划师：42554 美元，100% 项目经理：114849 美元，100%	35	4	8.75
	1.4 警局		无报告	343	37	9.27
	1.5 部落医院		无报告	1207	67	18.01
	1.6 就业与培训机会③		87.68%	35	6	5.83
	1.7 部落商业公司		无报告	25	14	1.79
	1.8 失业渔民帮助④		83%	339	10	33.9
	1.9 文化部	文化办	271564 美元，95%	27	5	5.54
		语言办	380877 美元，97.27%	38	7	5.43
		历史办	43.22%	9	3	3
		驱逐办	82.35%	12	5	2.4
		部门小计		86	20	4.3
2 副主席	2.1 青年健康之旅		无预算信息	14	3	4.67
	2.2 法院		87.68%	310	12	25.83
3 财政官	3.1 公诉部		99.4%	58	3	19.33
	3.2 博彩部		85%	100	16	6.25
	3.3 就业促进办⑤		100%	23	11	2.09
	3.4 小额就业贷款⑥		无预算信息	19	2	9.5

---

① 不含兼职人员。
② 由于主席、副主席和财政官独立办公室的预算情况已在第四章分析过，因此本表不再统计。
③ Tribal Employment and Training Opportunities，就业与培训机会。
④ 帮助失业渔民重新获得就业能力，从而实现经济自主。
⑤ SNSO，S Nation Service Organization，比较特殊的部门，办公地点位于部落外。
⑥ CNFI，小额就业贷款。

续表

直属领导	部门名称	预算报告情况	实际预算额（万美元）	雇员人数（人）	人均预算额（万美元）
3 财政官	3.5 自治办公室	无预算信息	53	1	53
	3.6 预算办公室	无报告	256		
4 总经理	4.1 通讯部	93%	36	5	7.2
	4.2 登记与选举办公室	150.0116：98%	21	3	7
	4.3 人力资源部	人力资源管理：92% 人力资源背景审查：90% 培训和发展：71% 办公室安全：86%	88	10	8.8
	4.4 档案部	100.0106：96% 150.0160：112%	40	4	10
	4.5 信息技术部	无预算信息	105	8	13.13
	4.6 恢复司法部	无预算信息	30	13	2.31
	4.7 计划部	无报告	204	26	7.85
	4.8 行为健康中心	青年精神健康：081.5940：82.83% 成人精神健康：387.5940：60.43% 博彩成瘾：171.4810：34.29% LSOC：329.4810：5% 戒毒治疗：084.5200：239.53% 精神咨询：081.5200：133.33%	705	70	10.07
	4.9 自然资源部	管理委员会合同：1.55M 非合同：1.52M 总协助：9.4M 部长办公室：97% 丰收：85.77% 三文鱼养殖：91.3% 贝类繁殖：98.97% 水资源：83.87% 森林：92.67% TFW：79.1%	358	50	7.16
	4.10 住房保障部	90%	700	27	25.93
	4.11 青年娱乐中心①	部落预算：550000 美元 部落发展（土著青年文化资金）：	67	8	7.75

① Youth Recreation/Wellness Center.

续表

直属领导	部门名称		预算报告情况	实际预算额（万美元）	雇员人数（人）	人均预算额（万美元）
4 总经理	4.11 青年娱乐中心		20000 美元 耐克基金：5000 美元 部落社区合同：20000 美元 Tony Hawk 基金：10000 美元 第七代基金：5000 美元 29 掌：5000 美元 就业促进：4500 美元	67	8	7.75
	4.12 教育部	部长办公室	373399 美元，已花费 351511 美元	37	4	9.25
		早教中心	2359191 美元，已花费 798375 美元	236①	60	3.93
		部落学校	9747329 美元，已花费 3375555 美元	975	110	8.86
		JOM② 项目	359111 美元，已花费 384072 美元	38	4	9.5
		部门小计		1286	178	7.22
	4.13 家庭服务部	就业与培训中心③	联邦 TANF：100% 州 TANK：100% 总的帮助：100% 新的帮助：0% WIA（成人）：79% WIA（青年）：12% 职业安置：100%	25	21	1.19
		社区服务部（食品援助)④	319HH：100% 248HH：100% 746HH：100%	148	10	14.8
		老年项目	老年项目管理：150.4700：689882 美元； 老年旅行：150.4725：150000 美元； 老年之家：150.4735：275986 美元 NSIP 食品补给：303.4713：13440 美元 老年保护法 A 补助：3144713：110070 美元	128	17	7.53

---

① 早教中心和部落学校的预算大部分不包含在 S 部落年度预算中。

② Johnson O'Malley Program，基于联邦拨款，旨在提高印第安部落青少年学术水平，提高升学率。

③ Employment and Training Center.

④ 隶属联邦项目。

续表

直属领导	部门名称		预算报告情况	实际预算额（万美元）	雇员人数（人）	人均预算额（万美元）
4 总经理	4.13 家庭服务部	青年安全之家	82.76%	64	10	6.4
		青年学术中心	1450420 美元，100%	145	26	5.58
		退伍军人中心	无预算信息	15	2	7.5

资料来源：2013 年 S 部落政府报告。

三　对基层部门预算管理机制的参与性考察

如上所述，由于基层部门无须参与管理委员会召开的预算听证会，因此在基层部门层面，预算管理的参与性为零。

四　对基层部门预算管理机制的责任性考察

（一）外部监督：联邦项目须接受严格统一的审计

如前所述，基层结构中因获得某项联邦资金或依据联邦全国性项目而成立的项目部，在管理上类似于双重领导，一方面隶属于部落政府，须服从管理委员会的领导和监督；另一方面，也隶属于联邦统一管理结构，其专业技术和日常运营都须符合联邦项目管理机构的标准，预算方面一般也有更为严格和规范的审计。比如掌握年度预算资金高达 700 万美元的住房保障部部长第一时间向笔者显示了其详细的年度预算报告，并告知笔者其每季度都须向联邦 BIA 上报此类报表。再如早教中心项目部部长在采访中告知，其运营中最大的问题不是钱而是人。因为早教中心项目部教师的招聘条件须符合全国早教（Headstart）项目的标准，但工资待遇又不得超过 S 部落人力资源部的规定，因此 S 部落早教中心项目部还空缺好几个职位无法招聘到满意的老师。早教中心项目部的年度报告中显示，三大预算之一的小童早教预算到 2013 年 12 月只花费了 33.8%，可见在严格的外部审计制度下，"有钱没法花"也是个别项目部主管的烦恼。

（二）内部监督：有法可依、执法不明

跟上述接受全国联邦项目定时审计和规范监督的部门不同，由部落内

部决议设立，享受部落整体性预算资金的传统部门在责任方面呈现"有法可依、执法不明"的局面。

《财政与预算法》对部门主管的预算管理责任做了细致的规定。如"个人违纪处理"（28.11.010）规定，任何雇员违反了书面的预算管理规定或超出了其领导给予的预算支配额度，将面临以下一项或多项处罚：书面批评、停薪检查、解雇、减薪以弥补其未授权超支。"法律责任"（28.11.020）规定：如部落雇员或其他正式工作人员被发现有意或重大过失违反上述预算管理规定，并造成部落重大损失时，除去以上行政处罚外，部落有权通过法院的民事或刑事程序进行追究。

但上述规定在实践中是否得到严格实施呢？笔者在调研中无法获得任何信息。不论是电子信息还是纸质媒体，从未公开对任何部门主管及雇员在预算管理方面的违规处理通报。即使成员私下聊天，也对此语焉不详。如调研初期，看到笔者采访大纲上有关于预算公开和贪污渎职等方面的调查，大学学术审查委员会的奥威尔教授（部落成员）对笔者笑起来。

> "你的问题很犀利呀，管委会有些人会被你弄疯的。"（奥威尔教授）
> "部落贪污问题严重吗？"（笔者）
> "呵呵，不知道。"（奥威尔教授）

此外，总经理预算助理史蒂芬妮在访谈中也表示：

> 我不知道具体的情况，但我确定部落的很多钱使用不够规范。毕竟那么大的数字。

当笔者就此问题向较为随和的管理委员会委员暨财政官希尔先生求证时，对方直言：

> "是的，我们非常注意在公开媒体上尽量不要泄露关于部落的负面信息。因为过去我们承受了太多屈辱，白人视我们与黑人为'劣等民族'，往我们身上泼脏水。所以我们现在极为重视向外界传递正面的信息。"（财政官希尔先生）

"但是根据《财政与预算法》，上面对于各级部门主管有着很严格的违纪规定和相应处罚，难道都没有发生过吗？"（笔者）

"发生过的，有时候。"（财政官希尔先生）

"部落是怎么处理的呢？"（笔者）

"口头批评。"（财政官希尔先生）

"口头批评有用吗？"（笔者非常惊讶）

"当然有用了。如你所知，我们都很要面子。我把当事人叫到我办公室，告诉他（她）我们已经知道了相关情况，如果再不改正管委会就要采取下一步行动（书面批评或更严重的解雇），一般就会起作用的。"（财政官希尔先生）

"但是这些过程都不记录下来，是不是有点不够规范呢？"（笔者）

"你相信写下来的东西吗？我不相信，我只相信亲眼看见和听见的事情。就像今天我们这样面对面地聊天。"（财政官希尔先生）

……

连任管理委员会委员 15 年的希尔先生，虽然对笔者的采访和调研非常配合，但也难免带着资深政治人的老道和保守。公众的看法是否与他一致呢？问卷调查的统计证明了笔者的假设。认为部落政府需要加强监督和提高透明性的受访者占 55.2%，而认为部落政府很廉洁的受访者只占 2.6%（见表 6 - 14）。

表 6 - 14　问卷调查："你怎么看待部落很少曝光违纪行为？"

问卷调查	频率（次）	百分比（%）
1. 说明政府很廉洁	2	2.6
2. 说明政府需要加强监督	13	16.7
3. 说明政府需要提高透明性	30	38.5
4. 很难说	33	42.3
合计	78	100.0

五　对基层部门预算管理机制的效率性考察

（一）时效性考察：预算周期长、效率低

从部落统一的流程看，各部门的年度预算制定环节如图 6－4 所示，从 10 月开始，一般需持续 1～2 个月。

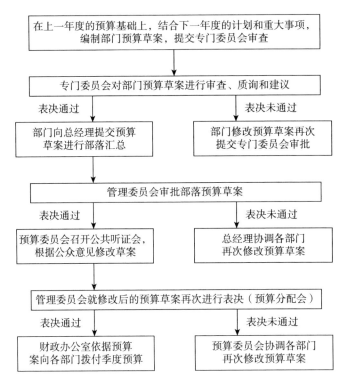

图 6－4　S 部落基层部门年度预算制定流程

（二）经济性考察：各部门预算效率差异大

就基层部门预算管理的经济性而言，如表 6－15 所示，各部门和项目部之间预算差异较大。年度预算额排名前五的部门是教育部、部落医院、行为健康中心、住房保障部和家庭服务部，其预算总额达到了 4423 万美元，占部落年度总预算的 44.29%。[①] 可见如特萨女士所言，部落预算的确对教育、医疗、住房及家庭保障等福利方面给予了极大的倾斜。

---

① 　如前所述，S 部落 2013 年度预算总额为 9986 万美元。

表 6 - 15　S 部落基层部门预算统计（2013 年）

部门名称	实际预算额（万美元）	预算额度排名	雇员人数（人）	人均完成预算额（万美元）	效率排名
4.12 教育部	1286	1	178	7.220	18
1.5 部落医院	1207	2	67	18.010	6
4.8 行为健康中心	705	3	70	10.070	8
4.10 住房保障部	700	4	27	25.930	3
4.13 家庭服务部	525	5	86	6.100	23
4.9 自然资源部	358	6	50	7.160	20
1.4 警局	343	7	37	9.270	12
1.8 失业渔民帮助	339	8	10	33.900	2
2.2 法院	310	9	12	25.833	4
3.6 预算办公室	256	10	——	——	——
4.7 计划部	204	11	26	7.850	16
1.2 法律办公室	149	12	17	8.760	14
4.5 信息技术部	105	13	8	13.130	7
3.2 博彩部	100	14	16	6.250	22
4.3 人力资源部	88	15	10	8.800	13
1.9 文化部	86	16	20	4.300	26
4.11 青年娱乐中心	67	17	8	8.375	16
3.1 公诉部	58	18	3	19.330	5
3.5 自治办公室	53	19	1	53.000	1
4.4 档案部	40	20	4	10.000	9
4.1 通讯部	36	21	5	7.200	19
1.3 经济发展部	35	22	4	8.750	15
1.6 就业与培训机会	35	23	6	5.830	24
1.1 秘书办	30	24	3	10.000	18
4.6 恢复司法部	30	25	13	2.310	27
1.7 部落商业公司	25	26	14	1.790	29
3.3 就业促进办	23	27	11	2.090	28
4.2 登记与选举办公室	21	28	3	7.000	21

续表

部门名称	实际预算额 （万美元）	预算额 度排名	雇员人数 （人）	人均完成 预算额 （万美元）	效率 排名
3.4 小额就业贷款	19	29	2	9.500	11
2.1 青年健康之旅	14	30	3	4.670	25

资料来源：2013 年 S 部落年度预算报告。

根据对预算使用效率的考察，假设管理委员会在各部门之间进行较为公平的分配的话，部门预算越多，代表其所履行的职责越大。预算与雇员的比值代表一个部门内雇员的工作效率高低。比值越高，则单位雇员完成的预算量越多，工作效率越高；比值越低，则单位雇员完成的预算量越少，工作效率越低。根据整理，表 6 - 13 中各基层部门的预算使用效率排名见表 6 - 16。

值得一提的是，青年健康之旅、文化部、恢复司法部等排名靠后，与上一节所考察的决策效率一致。

表 6 - 16　S 部落基层部门预算使用效率统计（2013 年）

部门名称	实际预算额 （万美元）	雇员人数 （人）	人均完成预算额 （万美元）	使用效率排名
3.5 自治办公室	53	1	53.000	1
1.8 失业渔民帮助	339	10	33.900	2
4.10 住房保障部	700	27	25.930	3
2.2 法院	310	12	25.833	4
3.1 公诉部	58	3	19.330	5
1.5 部落医院	1207	67	18.010	6
4.5 信息技术部	105	8	13.130	7
4.8 行为健康中心	705	70	10.070	8
4.4 档案部	40	4	10.000	9
1.1 秘书办	30	3	10.000	9
3.4 小额就业贷款	19	2	9.500	11
1.4 警局	343	37	9.270	12

续表

部门名称	实际预算额（万美元）	雇员人数（人）	人均完成预算额（万美元）	使用效率排名
4.3 人力资源部	88	10	8.800	13
1.2 法律办公室	149	17	8.760	14
1.3 经济发展部	35	4	8.750	15
4.11 青年娱乐中心	67	8	8.375	16
4.7 计划部	204	26	7.850	17
4.12 教育部	1286	178	7.220	18
4.1 通讯部	36	5	7.200	19
4.9 自然资源部	358	50	7.160	20
4.2 登记与选举办公室	21	3	7.000	21
3.2 博彩部	100	16	6.250	22
4.13 家庭服务部	525	86	6.100	23
1.6 就业与培训机会	35	6	5.830	24
2.1 青年健康之旅	14	3	4.670	25
1.9 文化部	86	20	4.300	26
4.6 恢复司法部	30	13	2.310	27
3.3 就业促进办	23	11	2.090	28
1.7 部落商业公司	25	14	1.790	29
3.6 预算办公室	256	—	—	–

资料来源：2013年S部落年度预算报告。

六　对基层部门预算管理机制的公平性考察

如上所述，S部落基层部门中不同项目的预算金额和使用效率存在较大差异。虽然由于部落尚未建立规范的绩效管理，预算办公室所倡导的"绩效预算管理方法"尚在政策制定过程中，我们难以对不同部门之间的工作量和预算金额进行部落统一的公平性分析。但经过调研，我们发现不同部门在对预算的分配和监督中存在以下不公平。

（一）预算分配不公平

第一，不同部门预算来源类别不同。如前所述，基层部门中传统部门的预算一般来自部落的整体性预算，管理委员会对其额度有绝对的调整权，如秘书办、登记与选举办公室等；新兴项目部，尤其是联邦统一项目，如早教中心、部落学校、住房保障部、部落医院等部门，其预算来自独立的联邦拨款，管理委员会对其预算额只有增加权，没有削减权。因此在部落年度预算分配过程中，传统部门对管理委员会决议较为依赖，每次分配会议都积极参加，对部门的开销和计划做详细汇报，据理力争；后述这些预算来源稳定的部门则与管理委员会保持较为特殊的关系，除了形式上的年终会议，他们无须跟管理委员会有过多交涉。比如住房保障部部长表示："如你所见，我们没有搬到新办公大楼①，所以我跟管理委员会委员不太见面。年终会议我也参加，给一个年度报告，但平时我们的联系不多。"

第二，不同部门预算来源渠道数量不同。有的部门只有一项预算来源，如档案部；有的部门有八九项预算来源，如青年学术中心、青年娱乐中心等。因此，相比预算单一的部门，来源广泛的项目部也与管理委员会保持更为疏远的距离。相比向管理委员会请求增加预算，争取更多外部基金有时更为简单。如青年学术中心主任介绍，除了部落拨款，该中心还可以收到一些非政府组织的捐款，如福特基金、盖茨基金等。

（二）预算监督不公平

如上所述，由于预算来源渠道不同，不同部门接受内外监督的力度也不同。总的来说，接受联邦或外部基金组织监督的部门，在预算管理方面显示出更胜一筹的规范性；接受部落整体预算的部门，接受的监督力度较弱。

七　小结

根据前文考察，我们可以得到表 6 - 17。

表 6 - 17　对 S 部落基层部门预算管理机制的善治考察

善治要素	考察角度	考察点	经验	挑战	总分：-9
法治性	立法层面	1. 是否有清晰的法律依据？	1		4
		2. 法律依据是否完备？			

---

① 虽然不在同一片办公场所，但住房保障部办公地点与部落新办公大楼相距不足 2 千米。

续表

善治要素	考察角度	考察点	经验	挑战	总分：−9
法治性	立法层面	3. 法律依据是否稳定？	1		4
	执法层面	4. 行政行为是否依法进行？	1		
透明性	外部透明性	5. 信息对外部成员是否公开？		*	−4
		6. 决策过程对外部成员是否公开？		*	
	内部透明性	7. 信息对部落成员是否公开？	1	*	
		8. 决策过程对部落成员是否公开？		*	
		9. 决策过程是否存在暗箱操作的可能？		*	
参与性	参与广度	10. 参与渠道多寡？		*	−4
		11. 参与渠道是否易得？		*	
		12. 实际参与人数多寡？		*	
	参与效度	13. 公众参与能否推动（阻碍）决策进程？		*	
责任性	外部监督	14. 外部监督方式多寡？	1		0
		15. 外部监督是否有力？	1	*	
	内部监督	16. 内部监督方式多寡？		*	
		17. 内部监督方式是否有力？		—	
效率性	时效性	18. 沟通是否快捷？		*	−3
		19. 决策是否迅速？		*	
	经济性	20. 规模和花费多少？	1	*	
		21. 有无重复或浪费？		*	
公平性	权利的设定	22. 权利设定是否公平？		*	−2
	权利的行使	23. 权利行使是否受不利因素影响？		*	
	权利的救济	24. 是否有权利救济途径？		—	

第五节 对 S 部落基层结构人事管理机制的善治考察

一 对基层部门人事管理机制的法治性考察

S 部落人力资源部制定的《人力资源管理手册》为部落建立了全面的人事管理规定。该法颁布于 2000 年 8 月 1 日，之后经过了多次修改，目前

含七章和附录，共 103 页。如表 6 - 18 所示，《人力资源管理手册》包括
总则，招聘与考核，休假与福利，付薪、考勤和培训，解雇与辞职，雇员
行为规范等七章 61 条规定。

表 6 - 18   S 部落《人力资源管理手册》目录

章节	编号	内容	生效时间 （年 - 月 - 日）
第一章 总则	101	雇员关系、责任	2000 - 8 - 1
	102	利益冲突	2000 - 8 - 1
	103	外部工作	2011 - 7 - 26
	104	信息保护（16 项）	2000 - 8 - 1
	105	个人着装	2011 - 6 - 21
第二章 招聘与 考核	201	雇员类别	2011 - 6 - 21
	202	招聘启事	2000 - 8 - 1
	203	部落优先原则和退伍军人优先原则	2009 - 8 - 4
	204	与传统渔业（受联邦合约保护）的雇用	2000 - 8 - 1
	205	残疾照顾	2000 - 8 - 1
	206	新晋雇员实习期	2011 - 6 - 21
	207	绩效考核	2011 - 6 - 21
第三章 休假与 福利	301	雇员福利	2000 - 8 - 1
	302	假期	2011 - 3 - 15
	303	年休假	2009 - 5 - 5
	304	病假	2009 - 5 - 5
	305	不带薪假	2009 - 5 - 5
	306	兵役假	2009 - 5 - 5
	307	文化假	2000 - 8 - 1
	308	丧亲假	2012 - 7 - 10
	309	法院陪审员职责假	2000 - 8 - 1
	310	出庭作证假	2000 - 8 - 1
	311	疗养和健身	2000 - 8 - 1
	312	部落语言	2000 - 8 - 1
	313	短期残疾	2000 - 8 - 1

续表

章节	编号	内容	生效时间 （年 – 月 – 日）
第三章 休假与 福利	314	长期残疾	2000 – 8 – 1
	315	健康和牙科保险	2000 – 8 – 1
	316	人身保险	2000 – 8 – 1
	317	养老金计划 401（K）	2000 – 8 – 1
第四章 付薪、考勤 和培训	401	工作时间和弹性制度	2000 – 8 – 1
	402	计薪时长计算	2000 – 8 – 1
	403	付薪时间	2000 – 8 – 1
	404	离职赔偿	2009 – 2 – 24
	405	提前付薪	2000 – 8 – 1
	406	付薪错误和调整	2000 – 8 – 1
	407	付薪扣除	2000 – 8 – 1
	408	各委员会和理事会	2000 – 8 – 1
	409	加班	2000 – 8 – 1
	410	考勤	2000 – 8 – 1
	411	紧急关闭	2000 – 8 – 1
	412	教育和培训协助	2000 – 8 – 1
第五章 解雇与辞职	501	雇员行为规范	2000 – 8 – 1
	502	解雇	2011 – 7 – 26
	503	辞职	2000 – 8 – 1
	504	违纪纠正	2008 – 3 – 17
	504A	离岗审查	2009 – 5 – 5
	505	申诉程序	2011 – 4 – 19
第六章 雇员行为 规范	601	安全	2011 – 3 – 15
	602	吸烟	2011 – 3 – 15
	603	药物和酒精使用	2009 – 5 – 5
	604	性骚扰和其他非法骚扰	2000 – 8 – 1
	605	工作场所的外访者	2000 – 8 – 1
	606	工作场所的暴力行为	2000 – 8 – 1

续表

章节	编 号	内容	生效时间 （年－月－日）
第七章 其他	701	电脑和电子邮件的使用	2000－8－1
	702	对电话、传真和邮件的个人使用	2000－8－1
	703	财产归还	2000－8－1
	704	工作旅行费用	2000－8－1
	705	工作驾车	2011－4－19
	706	背景审查（6种）	2008－5－6
	707	裙带关系	2000－8－1
	708	个人档案	2000－8－1

资料来源：S部落《人力资源管理手册》。

二 对基层部门人事管理机制的透明性考察

如前所述，由于部落政府在基层部门呈现相对分权的体制特点，没有任期限制、实行个人负责制的部门主管享有较为专断的对内管辖权，因此除比预算管理接受更多外部监督外，基层部门内部的人事管理透明性也较低。

（一）外部透明性考察：网站可查人力资源部的招聘信息

虽然基层部门人事管理的整体透明性较低，部落网站也几乎不能查阅信息，但人力资源部的招聘信息却及时更新在部落网站上，可供部落内外成员实时查询。

（二）内部透明性考察：所有人事管理环节不公开

第一，除部门副职①需要上报管理委员会同意外，基层部门内部职位的任命一般属于部门主管的决策范围。据人力资源部托尼介绍，各部门需要招聘内部雇员时，可以将招聘要求提交人力资源部，由后者进行前期的招募和筛选，但进入面试环节后，部门主管具有独立的决策权，他说："我们（人力资源部）只是一个辅助性的部门，不直接参与决策。我们尽

---

① 小的部门一般不设副职。

己所能为各部门找到最合适和优秀的员工。"笔者调研中的观察证实了托尼所言，部门主管对内部的人事招聘享有绝对权威。如登记与选举办公室主任维拉对其行政秘书帕崔克先生所说："虽然你也是部落政府的雇员，但你首先是我（这个部门）的雇员，知道吗？"该部门前台兼职人员蒂娜女士在 2014 年初沮丧地告诉笔者："下次你再来我可能就不在这里了，维拉告诉我可能不会续聘我。"待一个月后再次在部门前台见到蒂娜，她又开心地说："维拉改变主意了，我又续签了一年。"

第二，考勤制度和工资额度归部门主管管辖，不公开。由于笔者常常不能在上班时间找到一些工作人员，自然对 S 部落的考勤制度产生兴趣。对此人力资源部托尼部长告知笔者部落也许会在不久的将来购买打卡机或指纹机，但目前考勤尚由各部门主管负责，因此对于那些仍然领取计时工资的兼职人员和较低职位的雇员来说，怎么计算工作时间显然属于部门主管的"个人裁量空间"。笔者在某次调研时看到，登记与选举办公室的帕崔克先生上班的第一时间到办公室公共区的考勤本上签字，不得不说这还是一种易受主管干涉的初级考勤方式。

第三，年度绩效考核受制于部门主管意见，结果不公开。《人力资源管理手册》（207）规定了部落的绩效考核制度，包括常规绩效考核、新晋雇员实习考核和培训考核等。对于每位雇员都须进行的常规绩效考核，虽然由人力资源部统一进行，但是在前述部门内部相对封闭的日常管理下，其考核的具体结果和等级仍然依赖于部门主管的独立意见。① 那么，每年绩效考核的结果如何呢？当笔者向人力资源部托尼部长请求复印时，对方回答："考核结果涉及雇员隐私，我们不能随便透露。"

三　对基层部门人事管理机制的参与性考察

如前所述，由于部门主管享有较为专断的内部管辖权，因此在人事管理方面没有太多大众参与的空间。不论部门大小，都不会针对内部雇员的招聘、晋升或罢免举行公共听证会。即使对于本节第六部分将要介绍的人事管理申诉制度，也没有设置部落常见的公共听证会。

---

① 关于 2013 年度绩效考核的结果，人力资源部部长认为这属于雇员隐私，不得公开。

四 对基层部门人事管理机制的责任性考察

(一) 外部监督：除雇员权利保障办公室外，管理委员会和法院不受理人事管理申诉

《人力资源管理手册》规定，所有人事管理的决定由主管部门享有终决权，涉及利益回避时，才由人力资源部部长行使终决权。但部落有一个较为特殊的部门，产生于《雇员权利保障法》。根据该法，对雇员权利保障办公室主任做出的不利决定，当事人有权在穷尽雇员权利保障委员会申诉途径后，向管理委员会和法院提交下一步申诉。这项规定与《人力资源管理手册》出现了一定的矛盾。但是根据特别法优先于普通法的原则，我们可以理解为这是对雇员权利保障办公室的特别规定。但对于实践中是否有成员提起过相关申诉，笔者未能获得相关信息。

(二) 内部监督：有法可依，执法不明

对雇员的行为规范和处理办法，《人力资源管理手册》做出了详尽的规定。(501) 规定了雇员行为规范，(504) 规定了雇员违纪处理办法，分为递进的步骤：首次违纪给予口头警告；第二次违纪给予书面批评；第三次违纪给予停职反省或解雇。但如前所述，笔者在为期两年的调研中，尽力搜集并详细翻阅了所能接触到的一切部落文件，也未能获得任何关于雇员违纪和后续处理的相关信息。

五 对基层部门人事管理机制的效率性考察

(一) 时效性考察：各个部门大不同

在部门主管个人负责制下，基层部门内部人事管理的效率较高。如前所述，当部门主管可以独立决定一个雇员的任免、晋升、薪资水平[1]和年度考核结果时，其对雇员的权威是毋庸置疑的。因此，当一个部门拥有一位工作效率较高的主管时，其部门的整体工作效率尤其高。如前述秘书

---

[1] 如前所述，对于领取计时工资的雇员来说，其薪资水平由工作时间决定，而工作时间的计算由部门主管负责。2013 年，为了进一步规范整个部落政府基层部门雇员的薪资水平，人力资源部出台了《雇员薪资额度表》，将雇员分为 7 级，每级 7 档，不同部门但相同职级的雇员应当领取同档工资，但此项改革到笔者调研结束，尚未全面实施。

办、登记与选举办公室、通讯部和住房保障部等部门。

关于效率，笔者与住房保障部部长戴安娜女士还有一次有趣的聊天：

"我看你办事总是风风火火，跟我在新大楼见到的有些部门（如文化部）差别较大呀。"（笔者）

"呵呵，我这个人就是这样，比较急性子。"（戴安娜）

"我常常到那边找不到人，发现他们的假期特别多。比如有时候为了葬礼，就可以请很久的假吗？"[①]（笔者）

"我这里不放这些假。只放国家法定节假日，因为我们算联邦分支机构。"（戴安娜）

"真的吗？"（笔者难以置信）

"是的，他们（管委会）放假我也不放假，这个我说了算。"（戴安娜）

"你试过跟新大楼里的人工作吗？"（笔者）

"别提了，有一次我跟总经理办公室的人为了某项工作需要开会。提前两周我就给副总经理发了文件，等到开会那天我过去，一个人都没有，还问我带复印资料了没有，我说'两周前就给你邮件了呀'，对方竟然茫然地说没收到，真是受不了他们那个样子！"（戴安娜）

"呵呵，我能理解。我也碰到过。我常常花很长时间跟他们约访谈，然后转几趟公交过来，但是到了时间见不着人，也没有电话或者邮件通知我取消访谈。"（笔者）

（二）经济性考察：大小部门都需要设置前台秘书吗？

不到 5000 人的 S 部落，却拥有 1055 名正式雇员的超大政府。除去五花八门、反复重叠的项目部外，各部门都设有 1~2 名前台秘书也是冗员杂陈的原因之一。两年来笔者在 S 部落各部门进出多次，虽然各部门的前台秘书给了本调研无数的帮助，但其数目之多，仍然让笔者猜测"前台秘书政策"是否为部落提高就业率的一项举措。表 6-1 中所有部门，不论雇员规模大小，除去住房保障部外，都设有 1~2 名前台秘书。尤其是登记与

[①]　S 部落《人力资源管理手册》规定，部落雇员享有丧亲假，对范围较大的直系亲属和第二代旁系血亲去世都可以请丧亲假。

选举办公室、档案部、总经理办公室、公诉部等雇员人数在 3~5 名的小规模部门，仍然设置前台秘书，实为一种人事管理的浪费。

六 对基层部门人事管理机制的公平性考察

（一）回避制度是否完全杜绝了裙带关系？

S 部落《人力资源管理手册》（707）对"裙带关系"有所规定：任何部门主管的直接家庭成员[1]和同居伴侣（及其家庭成员）不得进入部门雇员的招聘范围。除非该职位没有其他合适的人选，经人力资源部部长同意，可以进行例外处理。但对该雇员进行年度考核和晋升选拔时，人力资源部需考虑到其主管意见须剔除家庭成员关系的影响。此外，上述关系人员可以成为同一部门的雇员。

基于上述规定，是否可以完全杜绝部落内的裙带关系呢？答案是否定的。首先，来自杰弗森家族的"一把手"显示了大家族对部落政府人事任免的强大影响。其次，问卷调查（见表 6-19）显示公众认为来自大家庭的成员更易被部落雇用。最后，笔者对自然资源委员会主席艾登·希尔进行访谈时，对方谈道："虽然我和我唯一的儿子还是 S 部落成员，但是我妻子放弃了，加入了别的部落。她对这里的政府非常失望，因为很多新兴项目部的人员组建都不是按照人的才能进行招聘，而是交给那些领导的家族成员。"

表 6-19 问卷调查："你认为大家族成员在部落更易被雇用吗？"

问卷选项	频率（次）	百分比（%）
1. 完全同意	23	29.5
2. 同意	33	42.3
3. 不确定	15	19.2
4. 不同意	6	7.7
5. 完全反对	1	1.3
合计	78	100.0

---

[1] 根据 S 部落《人力资源管理手册》（308）"丧亲假"规定，直接家庭成员包括配偶、父母、子女、兄弟姐妹、表亲、叔侄、祖父母、孙子女和第一代表亲。可见其范围不仅包括了三代直系亲属，也包括了两代旁系血亲。

（二）雇员申诉制度完备吗？

《人力资源管理手册》（505）规定了雇员申诉程序，但笔者发现其对雇员权利的救济存在不完备性。首先，该申诉制度只适用于完成了试用期的兼职和全职人员，即试用期人员不适用。其次，该申诉制度只针对雇员面临的三种违纪处罚：解雇、不带薪离职审查和不带薪停职。对年度绩效考核的不利结果，雇员不能进行申诉。最后，申诉的处理过程是由人力资源部组建"申诉审查委员会"，先对书面申诉和主管的答辩意见进行前期审查，再对申诉雇员和其主管领导以及涉及的其他人员进行面谈，最后提出建议呈报总经理，从而由总经理做出最终决定。① 无论总经理是否支持该雇员的申诉，其决定具有终决性。因此该处理流程欠缺更具透明性和大众参与的公共听证会，从而缺乏对雇员这一弱势方的有力保障。

（三）部落优先政策是否伤害外部雇员？

《人力资源管理手册》（203）明确规定部落任何职位的公开招聘、晋升和培训机会等环节，都必须遵守 S 部落成员优先于非 S 部落印第安人，非 S 部落印第安人优先于非印第安人的基本原则。而且该"优先"原则不同于"同等条件下优先录用原则"，而是"只要参与竞聘的 S 部落成员满足人力资源部公开发布的基础性要求，则予以录取；有两个以上 S 部落成员竞聘时，择优录取"。举例来说，如果某职位的招聘要求是高中以上学历，那么一个具备高中学历的 S 部落成员可以在竞聘过程中毫无意外地打败具备更高学历的非部落成员。截至笔者调研结束，S 部落非部落成员担任的最高职位是总经理，汤姆先生是一位来自南方某部落的非 S 部落籍印第安人。此外，早教中心项目部经理也是来自阿拉斯加某部落的非 S 部落籍印第安人。

此优先政策是否导致非部落籍雇员感到工作环境欠缺一定的公平性呢？人力资源部部长托尼在邮件采访中直言不讳地回答："我想 S 部落政府最终和最高的目标是为 S 部落成员服务，如果非部落籍雇员意识到这一点，就不应当将在部落的职位当作他们事业的长期发展规划。我们当然感谢所有非部落籍雇员的才能和对部落政府的支持。"调研中，两起案例也佐证了托尼部长的说法：总经理汤姆先生和首席财政官林登先生，都平静

---

① 当总经理为申诉雇员的直接主管时，最终决定由人力资源部部长做出。

地告知笔者他们即将结束在 S 部落的主管任职，并会依据合同，在离职前尽快培养一位部落提拔的候选人进行工作交接。

某次公共听证会上，现场来了两位主管部门内部的白人雇员，一直安静地坐在听众席上，认真聆听，到观众发言环节时，某位保守的 S 部落女性成员直接坐在凳子上质问："请问现场两位白人女性是哪个部门的？都没人介绍一下，让我有点不舒服。"主持听证会的主管赶紧解释是其部门聘请的业务专家，两位白人女士也起身打招呼，但可以看出场面较为尴尬。

七　小结

根据前文考察，我们可以得到表 6-20。

表 6-20　对 S 部落基层部门人事管理机制的善治考察

善治要素	考察角度	考察点	经验	挑战	总分：-4
法治性	立法层面	1. 是否有清晰的法律依据？	1		3
		2. 法律依据是否完备？	1		
		3. 法律依据是否稳定？	1		
	执法层面	4. 行政行为是否依法进行？		—	
透明性	外部透明性	5. 信息对外部成员是否公开？	1	*	-2
		6. 决策过程对外部成员是否公开？		*	
	内部透明性	7. 信息对部落成员是否公开？	1		
		8. 决策过程对部落成员是否公开？		*	
		9. 决策过程是否存在暗箱操作的可能？		*	
参与性	参与广度	10. 参与渠道多寡？		*	-3
		11. 参与渠道是否易得？		*	
		12. 实际参与人数多寡？		—	
	参与效度	13. 公众参与能否推动（阻碍）决策进程？		*	
责任性	外部监督	14. 外部监督方式多寡？		*	-2
		15. 外部监督是否有力？		—	
	内部监督	16. 内部监督方式多寡？		*	
		17. 内部监督方式是否有力？			

续表

善治要素	考察角度	考察点	经验	挑战	总分：-4
效率性	时效性	18. 沟通是否快捷？	1		1
		19. 决策是否迅速？	1		
	经济性	20. 规模和花费多少？	1	*	
		21. 有无重复或浪费？		*	
公平性	权利的设定	22. 权利设定是否公平？	1		-1
	权利的行使	23. 权利行使是否受不利因素影响？		**	
	权利的救济	24. 是否有权利救济途径？	1	*	

第六节　完善 S 部落基层部门的制度建议

一　对 S 部落基层部门善治考察的汇总

根据本章的考察，我们可以将 S 部落基层部门的产生机制（表 6 - 7）、领导机制（表 6 - 12）、预算管理机制（表 6 - 17）和人事管理机制（表 6 - 20）的善治考察得分汇总为表 6 - 21。

表 6 - 21　对 S 部落基层部门各项善治考察汇总

考察要素	法治性	透明性	参与性	责任性	效率性	公平性	小计
产生机制	2	1	0	-2	-4	-1	-4
领导机制	-2	-3	0	0	0	-4	-9
预算管理机制	4	-4	-4	0	-3	-2	-9
人事管理机制	3	-2	-3	-2	1	-1	-4

据此我们可以看出，S 部落基层部门的产生机制、领导机制、预算管理机制和人事管理机制四个环节在善治考察中"成绩"都很糟糕。其根本原因在于以下几方面。

第一，如文化委员会格林先生在笔者的调研申请答辩会上所说："我知道你们中国的秦始皇。他很伟大，把一些弱小的国家联合起来，创造了强大的中国。现在我们做的事情跟他很像。以前我们都是一些分散的部落，慢慢联合起来，形成 S 部落。所以我们在很多方面都有不适应的地方，需要加强。"因此从传统文化和产生过程来说，S 部落政府还是一个年轻的政府，在对基层部门的管理和控制方面，存在历史形成的民主分散传统和现实中的管控乏力问题。

第二，部落预算不独立，联邦发放项目资金的审批程序严格、竞争激烈，使成功获得了外部资金的部门主管非常骄傲。再加上前述不同部门预算来源和审计方式的不同，使管理委员会对那些预算"独立"的部门几乎没有实质的控制权和监督权。

第三，11 名管理委员会委员每年轮换 3 ~ 4 名，常任领导每年轮换，导致在高层集体领导的体制下，难以形成强势的个人权威来面对基层主管。尤其是在尚未建立部门主管任期制和竞聘制的情况下，强势的部门主管漠视总经理，甚至抗衡管理委员会委员，挑战制度权威。

二 完善 S 部落基层部门的制度建议

第一，完善部门产生依据，制定行政组织法，防止管理委员会对基层部门的任意调整。首先，如第四章所述，加快制定行政组织法，提高部落职能部门和项目部设立的标准化，是 S 部落基层部门改革的当务之急。行政组织虽有不同种类和级别之分，但同类同级组织应当具有共同标准。[①]行政组织法主要涉及行政机关的设置、性质、隶属关系、职责权限、任职期限、工作原则以及职务设置等内容。完整的行政组织法，应当具有权力配置（设定权力、分配权力、调整权力）、规范管理、控制行政规模膨胀等功能。[②] 从 S 部落政府变化无常的组织结构中，我们可以看到由于缺乏行政组织法的控制作用，管理委员会依据"合法"的决议方式，滥用权力，随意设立项目部，频繁调整下属部门的管辖关系，从而导致部门林立、项目繁多。其次，结合第五章所述对总经理管理范围的改革，可对 S 部落庞大的基层结构做如下调整（见图 6 - 5），将所有的职能部门和项目部划归到运营、经济发展、司法、教育、家庭福利、环境资源、医疗卫生

---

① 应松年、薛纲凌：《行政组织法基本原则之探讨》，《行政法学研究》2001 年第 2 期，第 6 ~ 16 页。

② 应松年、薛纲凌：《行政组织法与依法行政》，《行政法学研究》1998 年第 1 期，第 12 ~ 20 页。

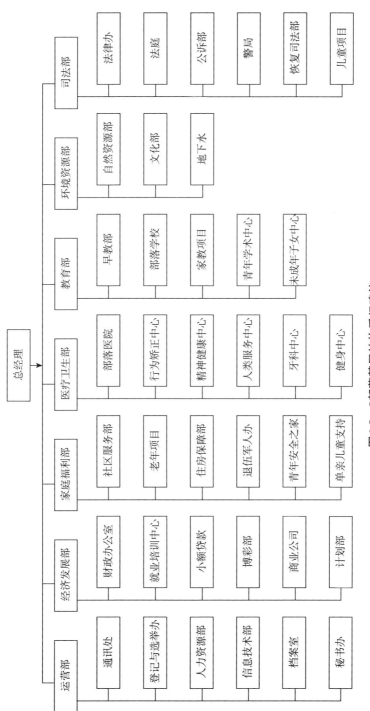

图6-5 S部落基层结构重组建议

七个部门中，提升部门主管的权力，加强部落政府中级结构的控制力。从而使管理委员会集中于决策，专门委员会集中于监督，总经理、部长和部门主管这一直线型结构集中于执行。

第二，建立部门主管固定任期制、公开竞聘制和定期考核制。首先，应当尽快建立规范的部门主管任期制。笔者建议部门主管任期以 3 年为宜，同管理委员会委员任期一致。任期届满可以连任，但须通过部落公开进行的主管竞聘。其次，主管换届时，管理委员会应当对每个部门主管的任职要求进行公示，欢迎部落内外的人员报名，再通过资格审查、公开辩论、公共面试等环节择优录取。这样的公开选拔机制顺利运转后，部落政府将改变如今的工作状态，年轻人和非领导职务工作人员的积极性将被空前提升。如果再出现长期续任的部门主管人，也是其自身实力的体现而非"终身制"的惯性。最后，应当建立对部落领导的定期评估机制以及与此对应的罢免程序。如同一位具有本科学历，代表部落新兴力量的年轻成员在采访中所说："相对于管理委员会委员的年度选举，我们（部落）的部门管理环节太过薄弱。你想想，姑且不说结果，我们竟然没有一个针对他们的评估机制，这是多么不可思议！"届时，在公开竞聘和定期考核的压力下，基层部门主管依赖个人因素而呈现不同效率的现状应可以大幅改变。

第三，重视网站建设，提高信息透明性。如前所述，对网站建设信息的公开是 S 部落从上至下各级机构的共同任务。对于直接面对部落群众，提供各种服务的基层部门来说，更应重视和利用网站的信息公开和交流作用。具体来说，各部门和项目部应公开以下信息。

一是部门业务信息，包括各类办事流程，建设网络办理窗口等，例如选民登记电子化。

二是各类听证会的内容和公示材料，方便成员提前知晓及准备。

三是部门预算报表和预算支出简表。

四是部门人事管理信息。如雇员招聘信息及招聘进程（虽然由人力资源部统一负责，但部门也可以同步更新）；内部职务晋升公告；绩效考核的部分结果，基于部门的传统，可公开考核优秀的人员名单以及辞退人员的事由。

五是各部门在网站主页上设置网络留言板，方便成员对特定事务进行集中讨论，提高公众参政议政的效率。

第四，根据部落的民主传统和民选氛围，各部门每年度应至少举行一次公共听证会或座谈会，汇报部门工作成果和预算支出详情。尤其是掌握大额预算的部门和项目部，如自然资源部、精神健康中心等，它们更应对项目的具体支出进行更为详尽的汇报。

第七章

结　语

第一节　结论

依据在第一章设计的善治考察表，我们在第三至六章对 S 部落自治体制进行了深入的考察，现在把部落各级机构的分项得分汇总如表 7 - 1 所示。

表 7 - 1　对 S 部落各级机构善治考察得分汇总

考察要素		法治性	透明性	参与性	责任性	效率性	公平性	小计	平均
全体成员大会		4	- 1	2	0	1	1	7	7
管理委员会	产生机制	4	2	2	0	4	1	13	6
	领导机制	0	- 2	0	1	2	1	2	
	预算管理机制	4	- 1	0	0	2	- 1	4	
中层结构	专门委员会	2	0	3	1	2	- 1	7	7
	总经理	- 1	1	- 4	0	3	- 3	- 4	- 4
基层部门	产生机制	2	1	0	- 2	- 4	- 1	- 4	- 7
	领导机制	- 2	- 3	0	0	0	- 4	- 9	
	预算管理机制	4	- 4	- 4	0	- 3	- 2	- 9	
	人事管理机制	3	- 2	- 3	- 2	1	- 1	- 4	
总计		20	- 9	- 4	- 2	8	- 10	—	—

从表 7 - 1 可以看出，S 部落的善治水平呈现两个维度的不同排名。

以各级机构来说，如表 7-2 所示，全体成员大会、管理委员会和专门委员会经验多于不足，这说明 S 部落的中上层结构具备一定的制度优越性，而总经理和基层部门得分较低，显示出部落中下层结构的制度设计存在较大的改善空间。

从考察要素来说，如表 7-3 所示，部落自治体制在法治性与效率性方面经验多于不足，而在参与性、责任性、透明性和公平性方面问题较多。

表 7-2　S 部落各级机构善治水平排名

排名	各级机构	得分
1	全体成员大会	7
1	专门委员会	7
3	管理委员会	6
4	总经理	-4
5	基层部门	-7

表 7-3　S 部落善治要素水平排名

排名	善治要素	得分
1	法治性	20
2	效率性	8
3	责任性	-2
4	参与性	-4
5	透明性	-9
6	公平性	-10

一　S 部落自治体制的主要经验

第一，作为部落最高权力机关，全体成员大会向部落成员提供了"当家做主"的基本平台。大会上绝对公开的议事过程和"一人一票"的多数决制度，给予了每一位成员对公共事务平等的参与权与决策权。作为一种最终的纠纷解决和权利救济途径，大会给每一位成员提供了足够的安全感，得到了成员的普遍信任。

第二，基于一个制度完备、运行良好的选举制度，作为部落政府最高自治机构的管理委员会拥有较为公开、民主、平等的决策机制，公众对管理委员会会议形式参与较多，互动良好。年度预算过程形式完备，公众参与充分。

第三，作为部落的传统与特色制度，专门委员会在提高公众参与的广度与效度、提高人才利用效率、降低行政经费、监督部门预算等方面具有比较成熟的经验。

第四，总经理制度在提高部落政府的整体效率和规范性上效果显著。其在工作报告的公开方面，也成为整个部落政府的表率。

第五，基层结构作为直接面对部落成员、提供多项福利和服务的一线部门，其广泛召开的部门听证会、座谈会和项目推广会成为部门与成员交流的主要途径。联邦统一管理的新兴项目部在接受严格审计方面的适应性与规范性为部落传统部门起到了一定的示范作用。《人力资源管理手册》为部落提供了详细的雇员管理依据。

二　S 部落自治体制的主要挑战

第一，大家族在人数上的天然优势使其在全体成员大会上拥有"合法"控制权，这影响了一部分人的参会热情，加上部落严重的毒品和酗酒现象，部落成员不够自立和健康的生活方式，导致全体成员大会到会率极低，参与性不足。此外，大会议事效率低下，缺乏对管理委员会决议、政府报告、预算报告及重大决定的实质审批权和否决权，也导致其对管理委员会的监督乏力。

第二，在缺乏外界有力监督的情况下，管理委员会有利用议程设置权和决议权日益集权的倾向，对基层部门的设立和调整不受约束地频繁进行。对三大常任领导的预算缺乏有效监督。管理委员会年度报告、预算报告和重大工程信息公开不足，不能接受实质审查。

第三，专门委员会中部分委员会缺乏明确依据，使其职权范围不清晰。不统一的委员产生办法尤其是由管理委员会任命的方式降低了专门委员会监督的力度和公平性。对口部门现职人员的加入也导致了"左手监督右手"的形式监督。

第四，由于缺乏细致的设计和明确的法律依据，总经理制度存在严重的缺陷：与所监督的"委员部长"互为上级，难以有效开展工作；与管理委员会的关系严重失衡，任期不稳、权威不足。此外，对总经理办公室的预算监督缺位。

第五，内外不同的产生机制和行政组织法的缺乏，导致基层部门的设立与调整较为混乱，组织机构频繁变更，存在"因人设事"的随意现象。缺乏规范的主管任期制和考核制，使部门主管在选拔、考核和任免环节都无章可循。长期任职的主管拥有较为集中的内部预算和人事管理权力，信息基本不公开。预算来源广泛和长期任职的部门主管在工作中无视总经理，甚至比管理委员会委员强势，不利于部落政府的整体规范和制度构建。

三 完善 S 部落自治体制的建议

由于部落体制是一个有机整体，各级机构的权力分配和机制运转相互影响不可分割，因此在前文对各级机构的分项提出完善建议后，我们将对 S 部落自治体制最主要的完善建议归纳如下。

（一）重组部落自治体制

基于前文考察，部落体制呈现最高机构监督乏力、管理委员会日趋集权、中层散乱脆弱、基层各自为政的情况，笔者建议按照图 7-1 的模式进行重组。

第一，全体成员大会设置独立的秘书办，负责大会的组织、文件管理、网站维护和信息公开等方面的工作，从而提升大会组织性、透明性和行动力。

第二，管理委员会委员集中于决策环节，不再直辖任何基层部门。据此可简化三大领导的独立办公室，减少预算和雇员数量，扭转管理委员会委员掌握大量预算而无人监督的局面，降低委员贪腐的可能。

第三，作为富有传统特色的监督制度，专门委员会应全部由全体成员大会产生，向全体成员大会负责，形成对政府机构的外部监督。

第四，重组基层部门，将所有部门和项目部划归图 7-1 所示的运营、教育、医疗卫生、司法、经济发展、家庭福利和环境资源 7 大部门，总经理只直接管理 7 个部长，从而缩小管理范围，有利于进一步提升管理效率，

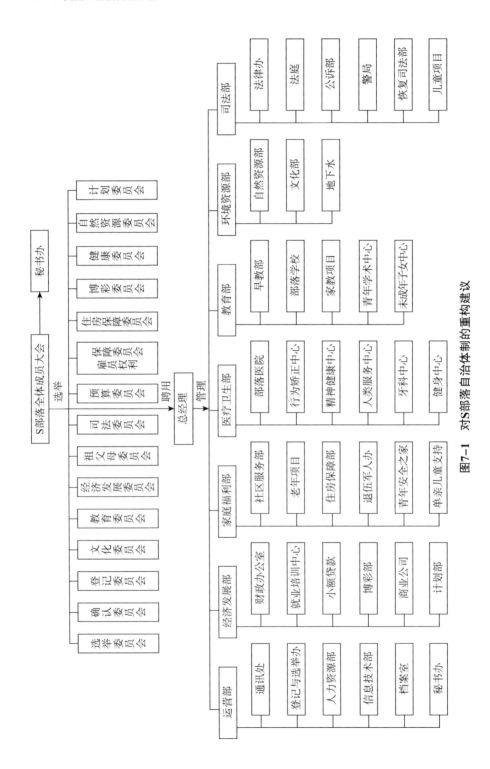

图7-1 对S部落自治体制的重构建议

加强监督实效。同时，管理委员会为总经理和部长赋权，使其享有基于组织结构的制度权威，如人事提名权和预算监督权。

（二）完善各级法制框架

法制的重要性在现代公共行政框架下怎么强调都不为过。静态维度法制的完备、稳定与清晰和动态维度的依法行政构成一个公共组织遵守法制的有机体。S部落在法治性考察环节排名第一，展现了卓越的法治经验。但基于存在的问题，还可从以下环节加强。

第一，修改S部落《宪法》。作为部落最高权力机关，S部落亟须通过《宪法》改革加强全体成员大会对管理委员会的监督权，尤其是对管理委员会决议、年度工作报告、预算报告和重大工程计划的实质审批权和否决权。

第二，修改S部落《选举法》。首先，增加对贿选行为的界定和责任追究。其次，应考虑对常任领导的任期长度进行修改，目前1年的短暂任期对决策的连续性有一定影响，常任领导任期应同委员一致，以3年为宜。

第三，制定S部落专门委员会管理条例，统一各专门委员会的职权范围和委员产生办法。专门委员会委员宜全部由全体成员大会选举产生，任期同管理委员会委员一致，以3年为宜，由于专门委员会职能较为单一，因此可简化其选举程序，自然资源委员会目前采取的当场提名、当场投票形式较为可行。此外，应完善专门委员会的回避制度，禁止对口部门的现职雇员尤其是部门主管进入监督委员会，避免"左手监督右手"的形式监督，浪费公共资源。

第四，制定S部落总经理条例。作为部落设立不足10年的新举措，总经理制度急需一部全面、清晰的行政组织法对其招聘条件、任期制度、职权范围等进行详细的说明。尤其是目前总经理与"委员部长"之间矛盾的上下级关系，应通过法律的制定将其尽快理顺。在管理委员会委员中推选总经理，使其权力提高一级，是当前部落体制下较为折中的选择。管理委员会三大领导中，主席主要负责定夺管理委员会决策（当其他委员表决出现平局时），财政官主要领导预算办公室，副主席可兼任总经理。

第五，完善行政组织法，制定S部落部门设立条例与部门主管任职条例，改变目前基层部门在设立、调整和领导任期、考评等环节无章可循的状态。部门设立条例将为基层部门和项目部的设立和调整提供一定标准，彻底扭转目前管理委员会根据"决议"任意变更的状态，使部落基层保持较为稳定的组织结构。部门主管任职条例则应建立针对部门主管的固定任期制、公开竞聘制和定期考核制。部门主管任期也以 3 年为宜，任期届满可以连任，但须通过公开竞聘程序。此外，应当建立对部落领导的定期评估机制以及与此对应的罢免程序。

（三）全面建设电子政府

如表 7－1 所示，透明性是 S 部落得分靠后的环节，其根本原因在于对部落网站的不重视和对网络公开的抵触与回避。因此，部落上下应高度重视对官方网站的建设，大力建设电子政府。

第一，全体成员大会应有自己的独立网页，及时公开各次会议信息，包括议程安排的详细告示、意见征集、会议通知以及会议结果简报。

第二，作为民选机构，管理委员会应利用网站的建设和信息公开与选民更好地交流；作为政府最高管理机构，管理委员会也应在建设电子政府的进程中起到带头作用，在网站上及时更新所有非涉密文件和决议，如管理委员会会议的议程简表、政府工作报告（年报、季报和月报）、年度预算报告、重大工程计划与进程以及部门与项目部设立计划。

第三，专门委员会也应重视对工作网站的建设，及时更新例会的日程和会议简报。总经理办公室作为部落行政中枢，应将更为详细的工作简报及时上传到网站，方便部落成员查阅。

第四，作为面向部落成员，直接提供各种服务的一线职能部门，基层部门应在网站公开部门业务信息、办事流程、听证会材料和日程、部门预算报表、人事管理和招聘信息。

第五，各大机构都应当在网站主页上设置网络留言板，方便成员对具体的公共事务进行集中讨论，提高公众参政议政的效率。

第二节　讨论

一　对官僚制的批评是否太多？

20 世纪公共行政学研究领域最突出的特征之一是对官僚制的激烈批判

和对扁平化的倡议。对于韦伯所定义的官僚制所拥有的层级分明、正式规章、文书记档和考核任命等特点，在批评者眼中具有结构臃肿、效率低下、沟通阻隔和流程烦琐等难以克服的弊病。而在新公共管理倡导者眼中，以分权为基础的扁平化是一种制度良药，有弹性、效率、责任、回应性等诸多美好的品质。

但是，通过本书对 S 部落自治体制的研究，尤其是对其政府上中下结构的细分考察，不难发现 S 部落政府的大部分制度缺陷是由官僚制不足造成的，如正式规章不足、层级模糊、考核任命和法理型权威的缺乏。与此对应，分权程度较深、机构呈现典型扁平化特征的 S 部落政府基层结构也没有体现新公共管理倡导者所预言的诸多优势，尤其是那些传统强势的职能部门在外部关系上各自为政、难以协调，在对内管理上专断集权，高度封闭。

因此，笔者同意古德赛尔①的部分观点。第一，我们应当区分作为制度的官僚制和由官僚制所造成的官僚主义，前者也许是目前人类社会建立公共组织所必需的制度基础，后者则是我们需要预防和克服的制度衍生品。第二，我们要正确区分一个公共组织所具备的官僚制的成熟程度。对一个高度官僚化的公共机构来说，减少和预防官僚主义是必须的；对一个发展中的年轻政府来说，官僚制的不足与建设是当务之急。

此外，分权和扁平化倡议者应当注意，没有官僚层级的基础性约束，没有规范的制度保障，过分强调分权的公共组织将如同 S 部落政府一样缺乏从上至下的有效传导和协调，这在整体看来是对资源和效率极大的浪费。

二 选举是否必然产生善治？

选举的重要性和必要性被一些政治学者反复强调，以至于被一些大众媒体片面宣传，成为公共治理失灵的最终解药。选举等于善治，或有了选举必然产生善治，成为国内外一些学者和部分公众的观点。但是 S 部落的实例告诉我们，虽然有一个产生 80 余年、制度完备、运行良好的选举制度，S 部落的善治水平却不尽如人意。从本研究得到的善治考察得分汇总（表 7-1）中，也能看到管理委员会选举制度的得分远远高于政府其他机

---

① Charles T. Goodsell, *The Case for Bureaucracy: A Public Administration Polemic*, Chatham: Chatham House Publishers, 1983, pp. 53-79.

制。那么，为什么选举不等于善治，80 多年来运行良好的选举制度为什么还不能产生较为理想的善治水平呢？因为选举也许是善治的必要条件，也许是善治的有益要素，但绝非善治的充分必要条件。跟体制内的权力制衡、司法独立、公民素质、媒体监督等诸多公共治理要素比起来，选举这个单一要素的作用或许被某些学者强调得过多了。

三　外部财政扶持是否有助于少数民族地区可持续发展？

在分配公平、逆向歧视等讨论之外，S 部落的例子也引发了我们对外部财政扶持的效率性和可持续性问题的思考。诚如文中所述，即使是部落精英对联邦资金是否被滥用或浪费的态度也相当让人失望。从更广的范围思考，这些外部财政资金也来源于纳税人对国家的义务和资金被正当高效使用的预期，当数百万的项目拨款花费在一些相互重叠的项目上，且并未取得多少实际效果时，这样的财政扶持是否还应继续存在下去？美国民众对印第安项目资金的低效使用怒气并不小①，但由于印第安问题在政治上的敏感性，因此舆论一般针对那些涉及贪腐丑闻的联邦机构工作人员，如印第安事务局官员。另外，这些不被高效合理使用的资金能否促成少数民族地区的可持续发展？当习惯了"挥霍"外部资金的当地领导管理内部财政收入时，能否立马转变为"勤俭持家"的公仆？如果外部财政支持在某种程度上促使部落领导养成"挥霍"的习惯，那么从人才培养的角度来说对部落反而相当不利。

第三节　研究展望

由于这是笔者首次通过审批进入美国印第安保留地进行实地调研，因此在知识储备、调研准备和资料收集方面都存在不足。与研究对象的首次接触与前期磨合给调研带来了始料未及的困难。因此，笔者希望在将来的研究中完成下列计划。

---

① Catherine Curtis & Miriam Jorgensen, American Indian Tribes' Financial Accountability to the U. S. Government: A Report to the Department of Indian Affairs and Northern Development, in *Aboriginal Policy Research*: *Setting the Agenda for Change*, Toronto: Thompson Educational Publishing, 2004, pp. 17 – 34.

　　第一，获得对 S 部落政府的回访机会，以 3 ~ 5 年或更长时段的完整数据为基础，完成对其善治水平的演化趋势分析。

　　第二，获得对美国或加拿大另外一个印第安部落政府的调研机会，完善本次善治研究的考察表，完成对两个部落政府的对比研究。

　　第三，完成对我国西南少数民族地区村级直选的调研，从宗族对社区选举的影响层面完成对中美少数民族选举实践的对比研究。

参考文献

［1］ Devon A. Mihesuah, *Natives and Academics*: *Researching and Writings About American Indians*, Lincoln and London: University of Nebraska Press, 1998.

［2］ Lisa J. Mcintyre, *Need to Know*: *Social Science Research Methods*, New York: Mcgraw-Hill, 2005.

［3］ Shawn Wilson, *Research is Ceremony*: *Indigenous Research Methods*, Halifax: Fernwood Publishing, 2008.

［4］ Frederick J. Martone, "American Indian Tribal Self-Government in the Federal System: Inherent Right or Congressional License?" *North Dame Lawyer*, 1976, (51).

［5］ Alvin J. Ziont, After Martinez: Civil Rights Under Tribal Government, University of California, Davis, 1979, (12).

［6］ Nell Jessup Newton, "Federal Power over Indians: Its Sources, Scope and Limitations," *University of Pennsylvania Law Review*, 1983 – 1984, (132).

［7］ Francis Paul Prucha, *Great Father*: *The United States Governments and The American Indians*, Abridged Edition, University of Nebraska Press, 1986.

［8］ Honorable William C. Jr., Status of Indian Tribes in American Law Today, Presentation at the 1986 Jurisprudential Lecture, Sponsored by the University of Washington, School of Law and the Washington Law Review, 1987.

［9］ Judith Resnik, "Dependent Sovereigns: Indian Tribes, States and the Federal Courts," *The University of Chicago Law Review*, 1989, (56).

［10］ Stephen Cornell, "The Return of the Native: American Indian Political Resurgence," *American Journal of Sociology*, 1989, 95 (2).

[11] Joseph W. Singer, "Sovereignty and Property," *Northwestern University Law Review*, 1991, 86 (1).

[12] George Pierre Castile & Robert L. Bee., *State and Reservation: New Perspectives on Federal Indian Policy*, Arizona: The University of Arizona Press, 1992.

[13] Gloria Valencia-Weber, "Shrinking Indian Country: A State Offensive to Divest Tribal Sovereignty," *Connecticut Law Review*, 1995, (27).

[14] Kenneth R. Philp, "Indian Self-Rule: First-Hand Accounts of Indian-White Relation from Roosevelt to Reagan," Logan, Utah: Utah State University Press, 1995.

[15] Robert B. Porter, "Pursuing the Path of Indigenization in the Era of Emergent International Law Governing the Rights of Indigenous People," *Yale Human Rights & Development Law Journal*, 2002, (5).

[16] Stephen L. Pevar, *The Rights of Indians and Tribes: The Authoritative Guide to Indian and Tribal Rights*, New York and London.: New York University Press, 2004.

[17] Matthew L. M., "Fletcher. Reviving Local Tribal Control in Indian Country," *Federal Lawyer*, 2006.

[18] Matthew L. M. Fletcher., "The Supreme Court and Federal Indian Policy," *Nebraska Law Review*, 2006, (85).

[19] Stella U. Ogunwole, We the People: American Indians and Alaska Natives in the United States: 2000, Issued Feb 2006.

[20] Tina Norris, Paula L. Vines and Elizabeth M. Hoeffel, the American Indian and Alaska Native Population: 2010, Issued Jan 2012.

[21] Matthew L. M. Fletcher, "Retiring the Deadliest Enemies Model of Tribal-State Relations," *Tulsa Law Review*, 2007, (43).

[22] Matthew L. M. Fletcher, "The Supreme Court's Indian Problem," *Hastings Law Journal*, 2008, (59).

[23] Matthew L. M. Fletcher, "The Original Understanding of The Political Status of Indian Tribes," *St. John's Law Review*, 2008, 82 (1).

[24] Matthew L. M. Fletcher, "Resisting Federal Courts on Tribal Jurisdiction,"

University of Colorado Law Review, 2010, 81.

[25] Paul Mckenzie-Jones, "'We are Among the Poor, the Powerless, the Inexperienced and the Inarticulate' Clyde Warrior's Campaign for a 'Greater Indian America'," *American Indian Quarterly*, 2010, 34 (2).

[26] Becca Gercken, "Manifest Meanings: The Selling (Not Telling) of American Indian History and the Case of 'The Black Horse Ledger'," *American Indian Quarterly*, 2010, 34 (4).

[27] Lori Murphy, "Enough Rope: Why United States V. White Plume Was Wrong on Hemp and Treaty Rights, and What it Could Cost the Federal Government," *American Indian Law Review*, 2010 – 2011, 35 (2).

[28] David E. Wilkins & Heidi Kiiwetinepinesiik Stark, *American Indian Politics and the American Political System*, United kingdom: Rownman & Littlefield Publishers, 2011.

[29] Leah Sneider, "Gender, Literacy and Sovereignty in Winnemucca's Life among the Piutes," *American Indian Quarterly*, 2012, 36 (3).

[30] Sally Harrison, "May I See Your ID? How Voter Identification Laws Disenfranchise Native Americans' Fundamental Right To Vote," *American Indian Law Review*, Vol. 37, No. 2, Special Presentation: Symposium Materials Presented at the University of California at Berkeley Law School, 2012, (27 – 28).

[31] Caitlain Devereaux Lewis, "Policies of Inequity: A World Apart: a Comparison of the Policies Toward Indigenous Peoples of a Post-Colonial Developing Nation to Those of a Post-Industrial Developed Nation," *American Indian Law Review*, 37 (2), Special Presentation: Symposium Materials Presented at the University of California at Berkeley Law School, 2012, (27 – 28).

[32] P. Jane Hafen, "Help Indians Help Themselves," *American Indian Quarterly*, The Society of American Indians and Its Legacies: A Special Combined Issue of SAI and the AIQ, 2013, 37 (3).

[33] Chadwick Allen, "Locating the Society of American Indians," *American Indian Quarterly*, The Society of American Indians and Its Legacies: A

Special Combined Issue of SAI and the AIQ, 2013, 37 (3).

[34] Cathleen D. Cahill, "Marie Louise Bottineau Baldwin: Indigenizing the Federal Indian Service," *American Indian Quarterly*, The Society of American Indians and Its Legacies: a Special Combined Issue of SAI and the AIQ, 2013, 37 (3).

[35] K. Tsianina Lomawaima, "The Mutuality of Citizenship and Sovereignty: The Society of American Indians and the Battle To Inherit America," *American Indian Quarterly*, The Society of American Indians and Its Legacies: A Special Combined Issue of SAIL and AIQ, 2013, 37 (3).

[36] Sharon O'Brien, *American Indian Tribal Governments*, Norman and London: University of Oklahoma Press, 1989.

[37] Stephen Cornell & Joseph P. Kalt. , "Pathways from Poverty: Economic Development and Institution-Building on American Indian Reservations," *American Indian Culture and Research Journal*, 1990, 14 (1).

[38] Stephen Cornell & Joseph P. Kalt, Where is the Glue? Institutional Bases of American Indian Economic Development, Harvard Project on American Indian Economic Development, Project Report Series, John F. Kennedy School of Government, Harvard University, 1991.

[39] L. H. Legters, *American Indian Policy: Self-governance and Economic Development*, Santa Barbara, Califoria: Greenwood Publishing Group, 1994.

[40] Tadd M. Johnson & James Hamilton, "Self-governance for Indian Tribes: From Paternalism to Empowerment," *Connecticut Law Review*, 1994 – 1995, (27).

[41] Robert B. Porter, "Strengthening Tribal Sovereignty Through Government Reform: What are the Issues?" *Kansas Journal*, 1997 – 1998, (7).

[42] Richard Trudell, Indian Tribes as Sovereign Governments, Source on Federal-Tribal History, Law and Policy, American Indian Lawyer Training Program, 1998.

[43] Eric D. Lemont, *American Indian Constitutional Reform and the Rebuilding of Native Nations*, Texas: University of Texas Press, 2006.

[44] Angela R. Riley, "Good Native Governance," *Columbia Law Review*,

2007, 107 (5).

[45] Miriam Jorgensen, *Rebuilding Native Nations-Strategies for Governance and Development*, Arizona: University of Arizona Press, 2007.

[46] Jonathan B. Taylor, Determinants of Development Success in the Native Nations of the United States, an Introduction to the Research Findings of the Harvard Project on American Indian Economic Development, Harvard University, and the Native Nations Institute for Leadership, Management, and Policy, The University of Arizona, 2008.

[47] Susan Lobo et al. , *Native American Voices: A Reader*, Third Edition, New Jersey: Pearson Education, 2010.

[48] Stephen Cornell & Joseph P. Kalt, American Indian Self-determination: The Political Economy of a Successful Policy, Joint Occasional Paper on Native Affairs (JOPNA) of Native Nations Institute for Leadership Management and Policy in the University of Arizona and Project on American Indian Economic Development in Harvard University, 2010, (1).

[49] Catherine Curtis & Miriam Jorgensen, American Indian Tribes' Financial Accountability to the United States Government: Context, Procedures and Implications, This is an Excerpt From "Setting the Agenda for Change" in the Aboriginal Policy Research Series, Toronto: Thompson Educational Publishing, 2013, (2).

[50] Stephen Cornell, "Strategic Analysis: A Practical Tool for Building Indian Nations," Harvard Project on American Indian Economic Development, Udall Center for Studies in Public Policy, April 1998, *American Indian Culture and Research Journal*, 1998, 22 (3).

[51] M. Dixon, "Tribal Perspectives on Indian Self-determination and Self-governance in Health Care Management: A report," *National Health Board*, 1998.

[52] Stewart Wakeling et al. , Policing on American Indian Reservations, A Report to the National Institute of Justice, Program in Criminal Justice Policy and Management and Harvard Project on American Indian Economic Development, 2001.

[53] Kathryn Manuelito, "The Role of Education in American Indian Self-de-termination: Lessons from the Ramah Navajo Community School," *Anthropology & Education Quarterly*, 2005, 36 (1).

[54] Alexa Koenig & Jonathan Stein, "Federalism and the State Recognition of Native American Tribes: A Survey of State-Recognized Tribes and State Recognition Processes Across the United States," *Santa Clara Law Review*, 2008, (48).

[55] Valerie H. Hunt et al., "The Forgotten Minority: an Analysis of American Indian Employment Patterns in State and Local Governments, 1991 – 2005," *American Indian Quarterly*, 2010, 34 (4).

[56] Eileen M. Luna-Firebaugh, "American Indians and the Pavee of Ireland: The Struggle for Self-determination through Fair and Accountable Police Services," *American Indian Quarterly*, 2013, 37 (4).

[57] Gary D. Kennedy, "Tribal Elections: An Appraisal after the Indian Civil Rights Act," *American Indian Law Review*, 1975, 3 (2).

[58] Jeff J. Corntassel et al., "American Indian Tribal Government Support of Office-Seekers: Findings From the 1994 Election," *The Social Science Journal*, 1997, 34 (4).

[59] Noreen C. Lennon, "Department of Interior Authorized to Review 'Final' Decision of Tribal Election Board and Invalidate Tribal Election Board on Eligible Tribal Election Board Based on Eligibility Disputes in Shakopee Mdewakanton Sioux (Aakota), Community V. Barritt," *Creighton Law Review*, 1997 – 1998, (31).

[60] K. Shaw & G. Davidson, "Community Elections for Regeneration Partnerships: A New Deal for Local Democracy?" *Local Government Studies*, 2002, 28 (2).

[61] Derek H. Ross, "Protecting the Democratic Process In Indian Country Through Election Monitoring: A Solution to Tribal Election Disputes," *Columbia Law Review*, 2007, 107 (5).

[62] Paul W. Shagen, "Safeguarding the Integrity of Tribal Elections Through Campaign Finance Regulation," *Cardozo Pubic Law, Policy & Ethics Jour-*

nal, 2009 – 2010, (8).

[63] *The S Indians of Northwest Washington*, New York: Columbia University Press, 1934.

[64] Wayne Prescott Suttles, Economic Life of the Coast Salish of Haro and Rosario Straits, A Thesis Submitted in Partial Fulfilled for the Degree of Doctor of Philosophy, University of Washington, 1951.

[65] Wayne Suttles, "Past-Contact Culture Change Among the S Indians," *British Columbia Historical Quarterly*, 1954, 562 (1 – 2).

[66] Dr. Wallace Heath et al. , The S Community: A History Before 1800 to 1973, Taken From the S Aquaculture Final Report, 1974.

[67] Vine Deloria. Jr. , *The S Indian Community: The Fishermen of the Pacific Northwest. American Indian Economic Development*, Hague: Mouton Publishers, 1978.

[68] Daniel I. Boxberger, *To Fish in Common: The Ethnohistory of S Indian Salmon Fishing*, Seattle and London: University of Washington Press, 1999.

[69] Ruth Kirk, *Tradition and Change on the Northwest Coast*, Seattle: University of Washington Press, in Association with the Royal British Columbia Museum, 1986.

[70] Tom Mcfeat, *Indians of the North Pacific Coast*, Seattle: University of Washington Press, 1989.

[71] Carter Smith ed. , *Student Almanac of Native American History (Volume1/ 2)*, London: Greenwood Press, 2002.

[72] Allen & Cain, *Salish-Pend D' Oreille. Culture Committee and Elders Cultural Advisory Council Confederated Salish and Kootenai Tribes. The Salish People and the Lewis And Clark Expedition*, Lincoln and London: University of Nebraska Press, 2005.

[73] K. Tsianina Lomawaima & Teresa L. Mccarty, *To Remain an Indian: Lessons in Democracy from a Century of Native American Education*, Columbia University, New York and London: Teachers College Press, 2006.

[74] Tim Plumptre & John Graham, *Governance and Good Governance: Inter-*

national and Aboriginal Perspectives, Institute on Governance, 1999.

[75] Thomas G. Weiss, "Governance, Good Governance and Global Governance: Conceptual and Actual Challenges," *Third World Quarterly*, 2000, 21 (5).

[76] Francis N. Botchway, "Good Governance: the Old, the New, the Principle, and the Elements," *Florida Journal of International Law*, 2000 – 2001, 13.

[77] Merilee S. Grindle, Good Enough Governance: Poverty Reduction and Reform in Developing Countries, Report of the Poverty Reduction Gruop of the Word Bank, 2002.

[78] Daniel C. Esty, "Good Governance at the Supranational Scale: Globalizing Administrative Law," *The Yale Law Journal*, 2006, 115 (7).

[79] Larry Jay Diamond, "Three Paradoxes of Democracy," *Journal of Democracy*, 1990, 1 (3).

[80] Philippe C. Schmitter, "Terry Lynn Karl. What Democracy is… and is Not," *Journal of Democracy*, 1991, 2 (3).

[81] Arend Lijphart, *Electoral Systems and Party Systems: A Study of Twenty-Seven Democracies*, 1945 – 1990, Oxford: Oxford University Press, 1994.

[82] David Beetham, *Defining and Measuring Democracy*, London: Sage Publications, 1994.

[83] Benjamin Highton, "Easy Registration and Voter Turnout," *The Journal of Politics*, 1997, 59 (2).

[84] Richard J. Timpone, "Structure, Behavior and Voter Turnout in The United States," *The American Political Science Review*, 1998, 92 (1).

[85] Christopher J. Anderson, "Economic Voting and Political Context: A Comparative Perspective," *Electoral Studies*, 2000, 19.

[86] J. Sean Mccleneghan & Ruth Ann Ragland, "Municipal Elections and Community Media," *The Social Science Journal*, 2002, 39.

[87] Shaheen Mozaffar & Andreas Schedler, "The Comparative Study of Electoral Governance-Introduction," *International Political Science Review*, 2002, 23 (1).

[88] Marsha Matson & Terri Susan Fine, "Gender, Ethnicity and Ballot Information: Ballot Cues in Low-Information Elections," *State Politics and Policy Quarterly*, 2006, 6 (1).

[89] Steven F. Huefner, "Remedying Eletion Wrongs," *Harvard Journal on Legislation*, 2007, 44.

[90] Susan J. Henders, "Ecological Self-government: Beyond Individualistic Paths to Indigenous and Minority Rights," *Journal of Human Rights*, 2005, 4 (1).

[91] Catherine Curtis & Miriam Jorgensen, American Indian Tribes' Financial Accountability to the U. S. Government, A Report to the Department of Indian Affairs and Northern Development, *Aboriginal Policy Research*: *Setting the Agenda for Change*, Toronto: Thompson Educational Publishing, 2004, 2.

[92] Stephen P. Robbins, *The Administrative Process*, Englewood Cliffs: Prentice-Hall, 1980.

[93] 郝时远、阮西湖:《当代世界民族问题与民族政策》,四川民族出版社,1994。

[94] 刘全胜:《论少数民族人权的国际保护》,《四川大学学报》1997 年第 1 期。

[95] 朱伦:《关于民族自治的历史考察与理论思考——为促进现代国家和公民社会条件下的民族政治理性化而作》,《民族研究》2009 年第 6 期。

[96] 闫柏:《民族自治地方政府能力与区域经济社会发展》,云南大学出版社,2010。

[97] 姚建军:《试析美国"熔炉论"理想与现实之间的悖论》,《世界民族》2011 年第 2 期。

[98] 胡献旁:《法治视野下的民族自治地方政府研究》,知识产权出版社,2011。

[99] 马得勇:《国家认同、爱国主义与民族主义——国外近期实证研究综述》,《世界民族》2012 年第 3 期。

[100] 周少青:《非均质化民族自治——多民族国家处理民族自治问题的

一种新范式》,《当代世界与社会主义》2013 年第 5 期。

[101] 李剑鸣:《美国印第安人保留地制度的形成与作用》,《历史研究》1993 年第 2 期。

[102] 黄兆群:《论美国民族政策模式》,《烟台师范学院学报》(哲学社会科学版) 1993 年第 3 期。

[103] 李剑鸣:《美国土著部落地位的演变与印第安人的公民权问题》,《历史研究》1994 年第 2 期。

[104] 李剑鸣:《文化接触与美国印第安人社会文化的变迁》,《中国社会科学》1994 年第 3 期。

[105] 李剑鸣:《文化的边疆——印第安人与白人文化关系史论》,天津人民出版社,1994。

[106] 高小刚:《图腾柱下——北美印第安文化漫记》,生活·读书·新知三联书店,1997。

[107] 吴洪英:《美国政府对印第安人政策的轨迹》,《世界历史》1995 年第 6 期。

[108] 马戎:《美国的种族与少数民族问题》,《北京大学学报》(哲学社会科学版) 1997 年第 1 期。

[109] 王铁志:《美国的民族问题与民族政策》,《西北民族研究》1998 年第 1 期。

[110] 邱惠林:《美国印第安悲剧的悖论分析》,《西南师范大学学报》(哲学社会科学版) 1999 年第 3 期。

[111] 张友伦:《美国印第安人历史研究中应当澄清的几个问题》,《南开学报》1999 年第 5 期。

[112] 黄剑波:《小民族文化生存的人类学考察——以美国印第安人为例》,《广西民族研究》2003 年第 3 期。

[113] 胡锦山:《二十世纪美国印第安人政策之演变与印第安人事务的发展》,《世界民族》2004 年第 2 期。

[114] 周传斌:《论多民族国家的政治理念及其贡献——以中国多民族国家与美国民族 - 国家的比较为例》,《广西民族研究》2006 年第 2 期。

[115] 喻冰峰:《美国城市印第安人的反向移居与印第安人的自治政策》,

《经济与社会发展》2006 年第 10 期。

[116] 丁见民：《美国的印第安人新政研究》，《史学月刊》2006 年第 5 期。

[117] 丁见民：《试论美国土著民族反对印第安人新政的原因》，《世界历史》2006 年第 6 期。

[118] 杨恕：《美国印第安人保留地制度现状研究》，《美国研究》2007 年第 3 期。

[119] 杨恕、李捷：《当代美国民族政策评述》，《世界民族》2008 年第 1 期。

[120] 王建平：《美国印第安人研究的现状》，《美国研究》2010 年第 3 期。

[121] 杨光明：《美国印第安部落自治的演进及其启示》，《黑龙江民族丛刊》2012 年第 2 期。

[122] 陈晓萍、徐淑英、樊景立：《组织与管理研究的实证方法》，北京大学出版社，2012。

[123] 李平、曹仰锋主编《案例研究方法：理论与范例》，北京大学出版社，2012。

[124] 宋蜀华、白振声：《民族学理论与方法》，中央民族大学出版社，2003。

[125] 斯蒂芬·范埃弗拉：《政治学研究方法指南》，陈琪译，北京大学出版社，2006。

[126] 罗杰·皮尔斯：《政治学研究方法：实践指南》，张睿壮、黄海涛、刘丰译，重庆大学出版社，2014。

[127] 斯坦因·U. 拉尔森：《政治学理论与方法》，任晓译，上海人民出版社，2006。

[128] 俞可平：《治理与善治》，社会科学文献出版社，2000。

[129] 俞可平：《增量民主与善治》，社会科学文献出版社，2000。

[130] 俞可平：《治理与善治：一种新的政治分析框架》，《南京社会科学》2001 年第 9 期。

[131] 刘军宁、王焱编《直接民主与间接民主》，载《公共论丛》第 5 辑，生活·读书·新知三联书店，1998。

［132］约翰·洛克：《政府论》（下篇），刘晓根译，北京出版社，2007。

［133］托克维尔：《论美国的民主》（下卷），董果良译，商务印书馆，1998。

［134］密尔：《代议制政府》，王瑄译，商务印书馆，1982。

［135］陈振明：《公共管理学——一种不同于传统行政学的研究途径》，中国人民大学出版社，2003。

［136］欧文·E. 休斯：《公共管理导论》，张成福、王学栋译，中国人民大学出版社，2007。

［137］科尼利厄斯·M. 克温：《规则制定——政府部门如何制定法规与政策》，刘璟、张辉、丁洁译，复旦大学出版社，2007。

［138］李景平：《行政管理学》，兰州大学出版社，2006。

［139］丁煌主编《行政学原理》，武汉大学出版社，2007。

［140］杰伊·M. 沙夫里茨、克里斯托弗·P. 伯里克：《公共行政导论》，刘俊生、欧阳帆等译，中国人民大学出版社，2011。

［141］张康之、李传军主编《公共行政学》，北京大学出版社，2007。

［142］芭芭拉·凯勒曼编《领导学：多学科的视角》，林颖、周颖等译，格致出版社、上海人民出版社，2008。

［143］孔维民：《东西方领导者行为分析——领导心理学新论》，山东人民出版社，2007。

［144］张长立：《领导权威论——兼论马克思主义的领导观》，知识产权出版社，2010。

［145］崔卓兰、闫立彬：《论民主与效率的协调兼顾——现代行政程序的双重价值辨析》，《中国行政管理》2005 年第 9 期。

［146］罗伯特·A. 达尔：《论民主》，李风华译，中国人民大学出版社，2012。

［147］O. C. 麦克斯怀特：《公共行政的合法性——一种话语分析》，吴琼译，中国人民大学出版社，2002。

［148］陈国权：《论权力制衡与行政监督》，《中国行政管理》2000 年第 8 期。

［149］孟德斯鸠：《论法的精神》（上册），张雁深译，商务印书馆，1961。

［150］周志忍：《行政效率研究的三个发展趋势》，《中国行政管理》2000

年第 1 期。

[151] 苏曦凌:《分殊还是融合:科学行政与民主行政之关系探讨》,《行政论坛》2015 年第 2 期。

附录 1

调研自荐表

Self-introduction of my Research about S Nation

Dear Sir/Madam,

I'm Wei Fan, a visiting scholar in Political Department of Western Washington University from Lanzhou University of China. As a PhD candidate in Public Administration with the focus on the Administrative development in minority regions, my major research project is "annual elections and development of the modern self-governance: a comparative study between the American Indians and Chinese Yi People".

It is well-known that American Indian Reservation experienced kinds of long and tough difficulties and developed the special self-governance systems according to the various traditions and cultures. As a researcher, I want to study and analyze the similarities and differences between the American Indian reservation system and Chinese regional nationality autonomous system and to see if there are some great experiences which are helpful to each other.

I've been preparing for 24 months after I began my PhD research and 12 months for the field-work about American Indian Reservation after I arrived in Bellingham. After taking suggestions from many professors in WWU, I decided to take S Nation as my study case and plan to do a series of interviews and surveys because S Nation is an excellent example for me to study.

I fully understood and will respect all the privacy and other related issues, and I guarantee that I would try my best to protect the interests of S Nation. Please support my research and I sincerely appreciate this opportunity and all the assistance.

Best wishes to all the S Nation People!

Sincerely, Wei Fan

Mar 20th, 2013

Please feel free to contact me at 360-820-2390 or fway1999@gmail. com!

|附录 2|

调研保密承诺

Confidentiality Statement

To LIBC,

Thanks for your approval and support to my research survey in LIBC. In order to protect to the maximum of the interests of S Nation, I guarantee that all the documents and information I get from LIBC or other sources will be kept in secret and I will use cryptonym in all the possible quotations so that any people, departments and S Nation itself will not be identified in my future publications.

In addition, I shall follow all the guidelines and regulations from IRB of NWIC during my research process. All relevant legal responsibility shall be taken by myself.

Best wishes!

Sincerely,

Wei Fan

Mar 1st, 2013

问卷调查表

Annual Elections and Modern Self-governance

Thanks for your interest and cooperation in this research project. This study plans to examine the differences between the development of the modern self-governance of American Indian Reservation and Chinese Yi People autonomous country. Upon agreeing to participate in this survey, please understand that your participation is voluntary and that you have the right to omit answers to any questions and withdraw from the study at any time. If you have any questions about the survey or your participation, please contact Wei Fan, PhD candidate Wei Fan at 360-820-2390, fway1999@ gmail. com (preferred).

Please choose the answers base on your situation for the following questions.

Ⅰ Personal Background

1. Are you an enrolled tribal member of S Nation?　　□Yes　　□No

2. What's your age?

□18 – 30　　□31 – 40　　□41 – 50　　□51 – 60

□61 – 70　　□greater than 70

3. What is your gender?　　□Male　　□Female

4. What's your education level completed?

☐ Elementary school 　　☐ Community college 　　☐ Middle school

☐ Undergraduate University 　　☐ High school 　　☐ Graduate University

5. Generally annual income of your household in 2013 is?

☐ Less than ＄20,000 　　　　☐ ＄20,000 – 33,000①

☐ ＄33,000 – 46,000② 　　　　☐ ＄46,000 – 60,000

☐ ＄60,000 – 100,000 　　　　☐ More than ＄100,000

6. What's the main source (more than 50%) of your family income?

☐ Run a business 　　　　☐ Employee

☐ Assistance from government

7. If you are currently employed, where is your primary working site?

☐ On the reservation 　　　　☐ Off the reservation

Ⅱ Personal understanding and experiences of annual elections

8. Do you know the Tribal Constitution?

☐ Never heard about it 　　　　☐ Heard about it

☐ Read it before 　　　　☐ Discussed it with others

9. Do you know Tribal Election Code?

☐ Never heard about it 　　　　☐ Heard about it

☐ Read it before 　　　　☐ Discussed it with others

10. Do you think it's necessary to hold the tribal elections for Tribal Council every year?

☐ Yes, I think it's necessary. ☐ No, I don't think it's necessary.

☐ It's hard to say.

11. The annual election is the most important event in the community.

☐ Strongly Agree 　　　　☐ Agree 　　　　☐ I am not sure

☐ Disagree 　　　　☐ Strongly disagree

12. Do you know the procedures of the annual elections, including voters registration, candidates petitions and primary election, general election?

☐ I know all of them 　　　　☐ I know many of them

---

① 33000 美元是 2013 年美国印第安部落的平均家庭收入。

② 46000 美元是 2013 年美国所有家庭的平均收入。

☐ I know some of them   ☐ I know nothing of them

13. According to the Tribal Constitution and Election Code, all the tribal members are eligible for voting as long as they are 18 years old and older.

☐ True   ☐ False   ☐ Uncertain

14. According to Tribal Constitution and Election Code, all the tribal members are eligible as candidates as long as they are 18 years old or older.

☐ True   ☐ False   ☐ Uncertain

15. According to Tribal Constitution and Election Code, people need to be registered before voting in accordance with the Election Code?

☐ True   ☐ False   ☐ Uncertain

16. According to the Tribal Constitution and Election Code, people will be removed from the voters list if they haven't voted for 3 consecutive years.

☐ True   ☐ False   ☐ Uncertain

17. How often have you voted since you became eligible?

☐ Every year   ☐ Most of times   ☐ Many times

☐ Sometimes   ☐ Seldom   ☐ Never

18. What is the primary reason for you to vote?

☐ It's my constitutional right as a tribal member and I would like to exercise it.

☐ It's my obligation as a tribal member.

☐ It's significant for the self – governance of our tribe.

☐ I need to vote for the people I support.

☐ I enjoy the feelings of voting by comparing all the candidates to myself.

☐ As there are many benefits to voting.

☐ Some people call me to vote, so I do it.

☐ The voting is always held on weekend, I don't have anything else to do, so I just go for vote.

☐ None of above.

19. What is the primary reason when you NOT to vote?

☐ I'm too busy with my own affairs to vote.

☐ I'm quite busy with my own affairs and don't like to vote for others.

☐ I don't need to support any of the candidates this year.

☐ I don't want the headache of comparing all the candidates when voting.

☐ I don't think it's necessary to vote because I can't change the results.

☐ I don't care about the elections.

☐ None of above.

20. If one candidate is close to you (friend, relative or colleague), how will you vote?

☐ I will vote for the people who are close to me no matter which candidate is more competent.

☐ I will prefer to vote for the people I feel close to if s/he is similar to others with their capabilities.

☐ I will vote for the one I think s/he is the most competent no matter if s/he is close to me.

☐ None of above.

21. Could you rank the number of 1 - 5 for the statements below (1 as the most important factor and 5 as the least important factor) to give the following priorities of the following factors on how you decide to vote by comparing the candidates?

_____ The personal relation between you and the candidates.

_____ The connection between your family and the candidates' family.

_____ The public impression and evaluation of the candidates' personalities.

_____ The candidates' opinions do represent my opinions the most.

_____ The candidates' capabilities seems to address the community needs.

22. Could you rank the number of 1 - 5 for the statements below (1 as the most important factor and 5 as the least important factor) to give the priorities of the various ways you know the candidates?

_____ Personal contact and communication in this community.

_____ Public discussions in the community.

_____ Family members' talking.

_____ Annual candidates forum and debate.

_____ Self-introduction from the candidates in Squol Quol.

23. How often did you experience the personal contact from candidates, such as by phone call or talks?

☐ Every year ☐ Many times ☐ Sometimes

☐ Seldom ☐ Never

24. Do you think there are some improper or illegal activities votes during the annual elections, such as bribes or something similar?

☐ No, I don't think so. ☐ I have no idea. ☐ Maybe.

☐ Yes, sometime. ☐ Yes, it always happens.

25. Would you change your vote by personal soliciting votes from the candidates?

☐ It's difficult to change my original opinions no matter what the candidate says.

☐ I will change my decision if the candidates solicits my vote very sincerely.

☐ It depends on many other factors.

☐ I would not vote for the people who sincerely solicit for my vote.

☐ None of above.

26. Would you like to run for the Council election in the future?

☐ Yes, of course. ☐ Probably. ☐ I am not sure.

☐ Probably not. ☐ No, I won't. ☐ Never considered.

27. What is the primary reason you would like to run for the Council election in the future?

☐ I want to serve the community.

☐ I want to achieve my self-fulfillment.

☐ I want to the challenge of the election race.

☐ None of above.

28. What is the primary reason you don't want to run for the Council election in the future?

☐ I'm afraid I can't win.

☐ I don't feel interested in any political affairs.

☐ I don't like to be involved in the public affairs of this community.

☐ None of above.

29. Could you mark the number of 1 – 8 for the statements below (1 as the most important factor and 8 as the least important factor) of the factors for the candidates to possibly win the elections?

_____ From a large family.

_____ Pleasant and moral Personality.

_____ Wide social relationship.

_____ Excellent education background.

_____ Plentiful career experiences.

_____ Enthusiasm for public affairs.

_____ Being rich.

_____ Having a relative who is/was on the Council.

30. Which is your opinion of the length of the 3 year term of Council?

☐ It's suitable (not so long and not so short).

☐ It should be longer than 3 years.

☐ It should be shorter than 3 years.

☐ It's hard to say.

31. Which one is your opinions about " there are no limits for the re-election and terms of the Council. "

☐ I think there should sometimes be limits for the terms.

☐ I don't think there should be any limits because people should be on the Council as long as s/he can win the elections.

☐ It's hard to say.

32. What's your opinion about "the 1 – year term of the Chairman, Vice-Chairman, Treasurer and Secretary of LIBC".

☐ The 1 – year term is suitable because we can change it every year if someone is not competent.

☐ The 1 – year term is too short which makes the long-term reform impossible.

☐ It's hard to say.

33. Generally speaking, how many of the candidates that you vote for get elected every year?

☐ All of them   ☐ Most of them   ☐ Some of them

☐ A few of them   ☐ None of them   ☐ I am not sure

34. It's easier for the present Council to win again in the next election.

☐ Strongly Agree   ☐ Agree   ☐ I am not sure

☐ Disagree   ☐ Strongly disagree

35. It's easier for the candidate from a large family to win the election.

☐ Strongly Agree   ☐ Agree   ☐ I am not sure

☐ Disagree   ☐ Strongly disagree

36. There have been too many Council members from large families at LIBC.

☐ Strongly Agree   ☐ Agree   ☐ I am not sure

☐ Disagree   ☐ Strongly disagree

37. It's easier for the people from large families to get a job at LIBC.

☐ Strongly Agree   ☐ Agree   ☐ I am not sure

☐ Disagree   ☐ Strongly disagree

38. The large families actually dominate most of the public affairs in this community.

☐ Strongly Agree   ☐ Agree   ☐ I am not sure

☐ Disagree   ☐ Strongly disagree

39. There are more and more female candidates in annual elections.

☐ Strongly Agree   ☐ Agree   ☐ I am not sure

☐ Disagree   ☐ Strongly disagree

40. There are more and more Council women in LIBC.

☐ Strongly Agree   ☐ Agree   ☐ I am not sure

☐ Disagree   ☐ Strongly disagree

41. The women hold completely same status with the men in annual elections in this community.

☐ Strongly Agree   ☐ Agree   ☐ I am not sure

☐ Disagree   ☐ Strongly disagree

42. The women hold completely same status with the men when they work in LIBC.

☐ Strongly Agree   ☐ Agree   ☐ I am not sure

☐ Disagree   ☐ Strongly disagree

43. Generally speaking, how many winners of the elections are deserving of the votes?

☐ All of them   ☐ Most of them   ☐ Some of them

☐ I am not sure   ☐ A few of them   ☐ Few of them

☐ None of them

44. Generally speaking, the total process of the annual elections is open to all the tribal members.

☐ Strongly Agree   ☐ Agree   ☐ I am not sure

☐ Disagree   ☐ Strongly disagree

45. Generally speaking, the entire atmosphere of the annual elections is democratic.

☐ Strongly Agree   ☐ Agree   ☐ I am not sure

☐ Disagree   ☐ Strongly disagree

46. Generally speaking, the procedure of the annual elections is held fairly to all the participants.

☐ Strongly Agree   ☐ Agree   ☐ I am not sure

☐ Disagree   ☐ Strongly disagree

47. Generally speaking, the organizations of tribal annual election is quite efficient.

☐ Strongly Agree   ☐ Agree   ☐ I am not sure

☐ Disagree   ☐ Strongly disagree

Ⅲ Personal Attitude towards LIBC and your life in community

48. Generally speaking, what's your opinion about your life in this community?

☐ It's very good and I enjoy it.

☐ It's fine but a little confined within reservation.

☐ Not so good but I tolerate it.

☐ Quite unsatisfied and I will try to leave it.

☐ None of above.

49. I'm quite dependent on this community and won't leave it until I die.

☐ Strongly Agree   ☐ Agree   ☐ I am not sure

☐ Disagree   ☐ Strongly disagree

50. Generally speaking, how satisfied are you with the Education for kids in this community?

☐ Quite satisfied   ☐ Satisfied   ☐ I am not sure

☐ Not satisfied   ☐ Quite unsatisfied

51. Generally speaking, how satisfied are you with the Health services in this community?

☐ Quite satisfied   ☐ Satisfied   ☐ I am not sure

☐ Not satisfied   ☐ Quite unsatisfied

52. Generally speaking, how satisfied are you with the Housing services in this community?

☐ Quite satisfied   ☐ Satisfied   ☐ I am not sure

☐ Not satisfied   ☐ Quite unsatisfied

53. Generally speaking, how satisfied are you with the Community Facilities (such as transportation, fitness center, etc.) in this community?

☐ Quite satisfied   ☐ Satisfied   ☐ I am not sure

☐ Not satisfied   ☐ Quite unsatisfied

54. Generally speaking, how satisfied are you with the Environmental Quality of this community?

☐ Quite satisfied   ☐ Satisfied   ☐ I am not sure

☐ Not satisfied   ☐ Quite unsatisfied

55. Generally speaking, how satisfied are you with the Safety of this community?

☐ Quite satisfied   ☐ Satisfied   ☐ I am not sure

☐ Not satisfied   ☐ Quite unsatisfied

56. How often do you attend the General Council meetings?

☐ Always   ☐ Most of time

☐ Sometimes   ☐ Seldom   ☐ Never

57. Why do you attend General Council meetings?

☐ I will try to attend many of the General Council meetings because there is usually something important to discuss.

☐ I like to attend to General Council meetings because I can meet many people.

☐ I like to attend to General Council meetings because there is usually a nice meal.

☐ I won't try to attend the General Council meetings if I'm busy with my personal life.

☐ I don't feel interested of the General Council meetings because I don't think it has anything to do with me.

☐ None of above.

58. Have you read the LIBC annual budget which is delivered at the annual General meeting?

☐ Never saw it and not interested.

☐ Though I saw it sometimes, but I don't think I can understand it for the professional items, tables, charts.

☐ I read it but feel quite unsatisfied with it.

☐ I read it and feel satisfied with it.

☐ None of above.

59. Did you attend the LIBC annual budget public hearing in 2013?

☐ No and had no idea when it was held.

☐ No and I'm not interested.

☐ Yes, but felt it was symbolic.

☐ Yes and felt it was quite important for the development of transparency of democracy for LIBC.

☐ None of above.

60. There is seldom any publication of the individual wrongdoings of officials and employees of LIBC. What is your opinions about it?

☐ It shows the LIBC is very honest.

☐ It shows LIBC needs improve its supervising it's system.

☐ It shows LIBC needs to improve its transparency.

☐ It's hard to say.

61. Generally speaking, are your satisfied with the LIBC's openness with official information?

☐ Quite satisfied   ☐ Satisfied   ☐ I am not sure

☐ Not satisfied   ☐ Quite unsatisfied

62. Generally speaking, it is quite easy to express your personal opinions of LIBC's public affairs to them.

☐ Strongly Agree   ☐ Agree   ☐ I am not sure

☐ Disagree   ☐ Strongly disagree

63. When you have some personal opinions about public affairs, how do you prefer to communicate it?

☐ Give a speech at General Council meeting

☐ Contact individual members on Council

☐ Talk to any employee who works at LIBC

☐ Post in LIBC Communications on Facebook

☐ Send emails

☐ Other: _____

64. Generally speaking, how often do you receive a response from LIBC about your opinions or complains?

☐ Always   ☐ Most of time   ☐ Many times

☐ Sometimes   ☐ Seldom   ☐ Never

65. Generally speaking, the LIBC's governance is quite democratic.

☐ Strongly Agree   ☐ Agree   ☐ I am not sure

☐ Disagree   ☐ Strongly disagree

66. Generally speaking, the LIBC's governance is strictly enforced according to the tribal Constitution and laws.

☐ Strongly Agree   ☐ Agree   ☐ I am not sure

☐ Disagree   ☐ Strongly disagree

67. Generally speaking, the LIBC's governance is quite fair to all the tribal members.

☐ Strongly Agree   ☐ Agree   ☐ I am not sure

☐ Disagree   ☐ Strongly disagree

68. Generally speaking, the public services supplied by LIBC is efficient. (For example, if you apply for a service, you will receive a response soon)

☐ Strongly Agree   ☐ Agree   ☐ I am not sure

☐ Disagree   ☐ Strongly disagree

69. Generally speaking, how many departments of LIBC do you feel satisfied with, which means they usually make a good work?

☐ All of them   ☐ Most of them   ☐ Some of them

☐ I am not sure   ☐ A few of them   ☐ Few of them

☐ None of them

70. Generally speaking, how many people who work in LIBC do you feel satisfied with?

☐ All of them   ☐ Most of them   ☐ Some of them

☐ I am not sure   ☐ A few of them   ☐ Few of them

☐ None of them

71. Generally speaking, the governance of LIBC has been improved year by year.

☐ Strongly Agree   ☐ Agree   ☐ I am not sure

☐ Disagree   ☐ Strongly disagree

72. Could you write down some feelings or suggestions of the annual election and governance of LIBC?

Thanks very much for your great help!

Best wishes!

附录 4

结构性访谈提纲

Interview Outline

Explanation: I want to explain my attitude about asking all the questions. Exactly I am quite shocked by the administrative development of S Nation, so I want to make a first as well as detailed introduction in my paper as much as I can. As a researcher, I need to ask many theoretical questions which may be critical and unpractical to your work. Please understand my view for a study and let me know if any question is not welcomed.

1. Do you have any experience of the annual elections? Could you share it with me?

2. In 2013, about 1400 tribal members got registered for voting and finally 803 voted among the 2404 eligible members, do you think this rate is high or low? Why?

3. Could you share your opinions about the election model of LIBC?

4. Could you share your opinions about the procedures of the annual elections? Do you think it is open, fair, democratic, efficient and active?

5. Could you share your opinions about the large families in the annual elections? Do you think it's easier for the candidates from the large family to win?

6. Do you think there are some illegal phenomena during the annual elections' process, like bribing or compulsion?

7. Could you share your opinions about the annual budget of LIBC, like its openness, fairness and efficiency?

8. Could you share your opinions about the general governance of LIBC? Do you think it is legal, open, fair, democratic, accountable and efficient?

9. Could you share your opinions about more and more women running the elections? Why the women are able to win the traditional dominant male candidates? Do you think the Council women can hold a completely fair status in LIBC?

10. Do you have any suggestions to the development of LIBC in the future?

Thanks very much for your great support!

后　记

本书源自我的博士毕业论文。

出生于西南少数民族自治县的我，从小对民族行政实践中的优势、困境与挑战有切身感受。因此攻读博士学位时，选择了民族行政发展这个跨学科方向。本想以家乡的民族实践为研究对象完成毕业论文，未曾想博二时获得海外联培学习的机会，于是开始探索万里之外的美国印第安部落的自治历程。

2012 年 10 月到达美国西华盛顿大学人文社科学院开始学习后，面对 S 部落，却不能立即展开正式调研。虽然联培导师 Kristen Parris 教授多方联系和帮忙，但从初步联系在西华盛顿大学授课的 S 部落成员、经过某大学学术委员会初审、S 部落文化委员会二审到部落管理委员会三审，并最终获得部落主席签字许可，经历了漫长的 9 个月。在此之前，我只能通过参加部落开放的各类文化集会的方式近距离观察。2013 年 7 月拿到 S 部落的正式审批后，记得自己以近乎"疯狂"的方式对部落上中下四级管理机构、数十个工作部门和上百名工作人员展开撒网式的调查和采访申请。可是部落政府看似公开却难以获得有效信息，部落成员大多性格和蔼却对外部调研心怀戒备，虽然递出上百份自我介绍，发出上百份邮件申请，约下数个采访日期，期待中的调查和采访却进展得时而顺利时而停滞。即使已过去五六年，我依然清晰地记得每一次辗转拿到部落内部资料时的激动，第一次现场观摩部落选举主席时的惊叹，每一次参加传统文化仪式时的神圣。同时，也依然记得每一次查询信息失败时的失落，被采访对象生硬拒绝或无端爽约时的难过，天黑后独自在保留地站台等待 100 分钟才有一趟公交时的恐惧……

　　整整两年的田野调查，数十次的见面、采访、邮件联系，使我在当地结下无数珍贵友谊。尤其是调研后期，记得自己沉浸在每一次深挖部落体制积弊后的惊喜，导致调研迟迟不能结束，第一次体会到学术研究让人意犹未尽的乐趣和兴奋。每一次意气风发去部落完成当天的任务时，感觉自己特别像刘瑜老师所说的"一个人要像一支队伍"。

　　2014 年 8 月终于结束调研回国，面对装满电脑和书房的调研资料，真希望拥有几个得力助手帮忙整理。奈何全职脱产学习，停止了教学也没有了学生，抓破头皮后还得一个人缓慢进行。幸而两年后，当拿着二百多页的毕业论文参加预答辩、校外专家评审和最终答辩等一系列流程时，得到了参与评审的数位校内外专家一致认可。尤其记得 2016 年 6 月最终答辩时，答辩委员会主席丁煌教授指着论文感叹："这么多原始英文资料的收集、整理和比较，是非常不容易，非常费功夫的。"厦门大学朱德米教授甚至开起玩笑："看到你论文题目第一眼，我就好奇怎么是个女同学完成的？我们的男同学呢？全国那么多男同学竟然让一个女生率先做成这件事？"

　　听到这番话，所有付出都值得。

　　接下来，必须呈上无法穷尽却不能省略的感谢名单。

　　首先，感谢祖国的日益强盛，没有教育部留学基金委"建设高水平大学"的博士联合培养项目支持，一个来自西南少数民族县城的学生就不可能有机会领着国家奖学金去万里之外的美国少数民族地区进行田野调查。在异国他乡的每一天，在对中美经济、文化、社区生活的每一次对比中，我都能体会到祖国发展的日新月异。

　　接着，要感谢兰州大学管理学院为每一个学生提供的高水平学术交流平台，使我在博士学习阶段显著提高了专业水平和研究能力。五年艰苦的学习使我终身受益。我的国内导师徐黎丽教授，用她朴实无华的学术精神、亲切随和的待人原则，让我在每一次学习汇报时免去了许多客套与忧虑。尤其是徐老师对田野调查的高度重视，鼓励我走上了海外调研的道路，并在我无数次想中途放弃时，给予最直接和有力的肯定。

　　美国西华盛顿大学的 Kristen Parris 教授，在华裔同胞罗宝珍教授的热情引荐下成为我的海外联培导师，从联系印第安部落进行调研到设计毕业论文框架，从问卷上的每一个问题到访谈中的困惑与艰难，二位教授都在义务工作的情况下给予了专业严谨的指导和无微不至的关怀。此外，美国西北印第安大学的大卫·奥威尔教授①也从调研申请阶段就给予了最真诚、无私和不设限制的帮助。没有以上三位教授的无私奉献，就没有我的本次调研，也无从谈起本书的写作。我也无法用语言来形容在整个留学期间帮助过我的所有人：西华盛顿大学 Vernon Joghnson 教授、Paul Chen 教授、Sara Weir 教授，可爱的房东 Joann 女士，像亲人一样朝夕相处的刘氏夫妻，逢年过节招待我及家人的智灵大姐，多次开车载我去部落的红伟，与我周末聚会的盈盈、碧兰、何超、曦茉……当然，还有 S 部落不计其数的成员们，感谢他们真诚地视我为朋友，给我微笑与拥抱，对调研给予最大限度的支持和帮助……

从 2018 年初出版选题申报，到一审稿、二审稿、三审稿……到如今付梓的终审稿，真诚地感谢社会科学文献出版社周丽、史晓琳、许文文等老师为本书编辑付出的专业、细致和辛苦的工作！

最后，要将最深的感谢送给我数目庞大的家人和朋友，是你们毫无保留的爱与赞美让我自信，也是你们不计回报的支持与陪伴让我坚持完成本书的写作。尤其是在读书和访学期间，母亲无怨无悔地帮我照顾家庭，免去我的后顾之忧。也必须真诚地向先生和女儿说一句抱歉，因为除了无怨无悔的支持，他俩还承受了很多我遇到困难时的坏情绪。

真诚地谢谢大家，谢谢自己！

范薇

2019 年 5 月 1 日于四川乐山

---

① 为保护受访人的隐私，恕无法给出 S 部落所有人员的真实姓名。

图书在版编目(CIP)数据

美国 S 部落自治体制 / 范薇著. -- 北京 : 社会科学
文献出版社, 2019.5
ISBN 978 - 7 - 5201 - 4490 - 2

Ⅰ.①美…　Ⅱ.①范…　Ⅲ.①部落 - 地方法规 - 研究
- 美国　Ⅳ.①D971.27

中国版本图书馆 CIP 数据核字（2019）第 047427 号

美国 S 部落自治体制

著　　者 / 范　薇

出 版 人 / 谢寿光
责任编辑 / 史晓琳
文稿编辑 / 许文文

出　　版 / 社会科学文献出版社·国际出版分社（010）59367142
　　　　　　地址：北京市北三环中路甲 29 号院华龙大厦　邮编：100029
　　　　　　网址：www.ssap.com.cn
发　　行 / 市场营销中心（010）59367081　59367083
印　　装 / 三河市龙林印务有限公司

规　　格 / 开　本：787mm × 1092mm　1/16
　　　　　　印　张：18.75　字　数：307 千字
版　　次 / 2019 年 5 月第 1 版　2019 年 5 月第 1 次印刷
书　　号 / ISBN 978 - 7 - 5201 - 4490 - 2
定　　价 / 128.00 元